西政文库·教授篇

新时代铸魂育人研究
当代大学生社会主义核心价值观认知与培育

邓 斌 著

图书在版编目(CIP)数据

新时代铸魂育人研究：当代大学生社会主义核心价值观认知与培育 / 邓斌著. — 北京：商务印书馆，2023

（西政文库）

ISBN 978-7-100-23035-3

Ⅰ.①新… Ⅱ.①邓… Ⅲ.①大学生－社会主义核心价值观－研究－中国 Ⅳ.①G641

中国国家版本馆CIP数据核字（2023）第177957号

权利保留，侵权必究。

教育部2019年度高校示范马克思主义学院和优秀教学科研团队建设重点项目"'把培育和践行社会主义核心价值观贯穿思想政治理论课教学全过程'教学模式研究"（项目编号：19JDSZK032）

2022年度国家社科基金高校思政课研究专项一般项目"培育和践行社会主义核心价值观融入大学生思想政治教育工作全过程研究"（项目编号：22VSZ085）

2023年重庆市高校思想政治理论课名师工作室

西政文库
新时代铸魂育人研究
——当代大学生社会主义核心价值观认知与培育
邓　斌　著

商　务　印　书　馆　出　版
（北京王府井大街36号　邮政编码100710）
商　务　印　书　馆　发　行
三河市尚艺印装有限公司印刷
ISBN 978-7-100-23035-3

2023年12月第1版　　开本 680×960　1/16
2023年12月第1次印刷　　印张 23 3/4

定价：120.00元

西政文库编委会

主　任：付子堂
副主任：唐　力　周尚君
委　员：（按姓氏笔画排序）

　　　　龙大轩　卢代富　付子堂　孙长永　李　珮
　　　　李雨峰　余劲松　邹东升　张永和　张晓君
　　　　陈　亮　岳彩申　周尚君　周祖成　周振超
　　　　胡尔贵　唐　力　黄胜忠　梅传强　盛学军
　　　　谭宗泽

总　序

"群山逶迤，两江回环；巍巍学府，屹立西南……"

2020年9月，西南政法大学将迎来建校七十周年华诞。孕育于烟雨山城的西政一路爬坡过坎，拾阶而上，演绎出而今的枝繁叶茂、欣欣向荣。

西政文库以集中出版的方式体现了我校学术的传承与创新。它既展示了西政从原来的法学单科性院校转型为"以法学为主，多学科协调发展"的大学后所积累的多元化学科成果，又反映了学有所成的西政校友心系天下、回馈母校的拳拳之心，还表达了承前启后、学以成人的年轻西政人对国家发展、社会进步、人民福祉的关切与探寻。

我们衷心地希望，西政文库的出版能够获得学术界对于西政学术研究的检视与指引，能够获得教育界对于西政人才培养的考评与建言，能够获得社会各界对于西政长期发展的关注与支持。

六十九年前，在重庆红岩村的一个大操场，西南人民革命大学的开学典礼隆重举行。西南人民革命大学是西政的前身，1950年在重庆红岩村八路军办事处旧址挂牌并开始招生，出生于重庆开州的西南军政委员会主席刘伯承兼任校长。1953年，以西南人民革命大学政法系为基础，在合并当时的四川大学法学院、贵州大学法律系、云南大学法律系、重庆大学法学院和重庆财经学院法律系的基础上，西南政法学院正式成立。中央任命抗日民族英雄、东北抗日联军第二路军总指挥、西南军政委员会政法委员会主任周保中将军为西南政法学院首任院长。1958年，中央公安学院重庆分院并入西南政法学院，使西政既会聚了法学名流，又吸纳了实务精英；既秉承了法学传统，又融入了公安特色。由此，学校获誉为新中国法学教育的"西南联大"。

20世纪60年代后期至70年代，西南政法学院于"文革"期间一度停办，老一辈西政人奔走呼号，反对撤校，为保留西政家园不屈斗争并终获胜利，为后来的"西政现象"奠定了基础。

20世纪70年代末，面对"文革"等带来的种种冲击与波折，西南政法学院全体师生和衷共济，逆境奋发。1977年，经中央批准，西南政法学院率先恢复招生。1978年，经国务院批准，西南政法学院成为全国重点大学，是司法部部属政法院校中唯一的重点大学。也是在70年代末，刚从"牛棚"返归讲坛不久的老师们，怀着对国家命运的忧患意识和对学术事业的执着虔诚，将只争朝夕的激情转化为传道授业的热心，学生们则为了弥补失去的青春，与时间赛跑，共同创造了"西政现象"。

20世纪80年代，中国的法制建设速度明显加快。在此背景下，满怀着憧憬和理想的西政师生励精图治，奋力推进第二次创业。学成于80年代的西政毕业生们，成为今日我国法治建设的重要力量。

20世纪90年代，西南政法学院于1995年更名为西南政法大学，这标志着西政开始由单科性的政法院校逐步转型为"以法学为主，多学科协调发展"的大学。

21世纪的第一个十年，西政师生以渝北校区建设的第三次创业为契机，克服各种困难和不利因素，凝心聚力，与时俱进。2003年，西政获得全国首批法学一级学科博士学位授予权；同年，我校法学以外的所有学科全部获得硕士学位授予权。2004年，我校在西部地区首先设立法学博士后科研流动站。2005年，我校获得国家社科基金重大项目（A级）"改革发展成果分享法律机制研究"，成为重庆市第一所承担此类项目的高校。2007年，我校在教育部本科教学工作水平评估中获得"优秀"的成绩，办学成就和办学特色得到教育部专家的高度评价。2008年，学校成为教育部和重庆市重点建设高校。2010年，学校在"转型升格"中喜迎六十周年校庆，全面开启创建研究型高水平大学的新征程。

21世纪的第二个十年，西政人恪守"博学、笃行、厚德、重法"的西政校训，弘扬"心系天下，自强不息，和衷共济，严谨求实"的西政精神，坚持"教学立校，人才兴校，科研强校，依法治校"的办学理念，推进学校发展取得新成绩：学校成为重庆市第一所教育部和重庆市共建高校，入选首批卓越法律人才教育培养基地（2012年）；获批与英国考文垂大学合作举办法学专业本科教育项目，6门课程获评"国家级精品资源共享课"，两门课程获评"国家级精品视频公开课"（2014年）；入选国家"中西部高校基础能力建设工程"院校，与美国凯斯西储大学合作举办法律硕士研究生教育项目（2016年）；法学学科在全国第四轮学科评估中获评A级，新闻传播学一级学科喜获博士学位授权点，法律专业硕士学位授权点在全国首次专业学位水平评估中获评A级，经济法教师团队入选教育部"全国高校黄大年式教师团队"（2018年）；喜获第九届世界华语辩论锦标赛总冠军（2019年）……

不断变迁的西政发展历程，既是一部披荆斩棘、攻坚克难的拓荒史，也是一部百折不回、逆境崛起的励志片。历代西政人薪火相传，以昂扬的浩然正气和强烈的家国情怀，共同书写着中国高等教育史上的传奇篇章。

如果对西政发展至今的历史加以挖掘和梳理，不难发现，学校在教学、科研上的成绩源自西政精神。"心系天下,自强不息,和衷共济,严谨求实"的西政精神,是西政的文化内核,是西政的镇校之宝,是西政的核心竞争力;是西政人特有的文化品格,是西政人共同的价值选择,也是西政人分享的心灵密码!

西政精神,首重"心系天下"。所谓"天下"者,不仅是八荒六合、四海九州,更是一种情怀、一种气质、一种境界、一种使命、一种梦想。"心系天下"的西政人始终以有大担当、大眼界、大格局作为自己的人生坐标。在西南人民革命大学的开学典礼上,刘伯承校长曾对学子们寄予厚望,他说:"我们打破旧世界之目的,就是要建设一个人民的新世界……"而后,从化龙桥披荆斩棘,到歌乐山破土开荒,再到渝北校区新建校园,几代西政人为推进国家的民主法治进程矢志前行。正是在不断的成长和发展过程中,西政见证了新中国法学教育的涅槃,有人因此称西政为"法学黄埔军校"。其实,这并非仅仅是一个称号,西政人之于共和国的法治建设,好比黄埔军人之于那场轰轰烈烈的北伐革命,这个美称更在于它恰如其分地描绘了西政为共和国的法治建设贡献了自己应尽的力量。岁月经年,西政人无论是位居"庙堂",还是远遁"江湖",无论是身在海外华都,还是立足塞外边关,都在用自己的豪气、勇气、锐气,立心修德,奋进争先。及至当下,正有愈来愈多的西政人,凭借家国情怀和全球视野,在国外高校的讲堂上,在外交事务的斡旋中,在国际经贸的商场上,在海外维和的军营里,实现着西政人胸怀世界的美好愿景,在各自的人生舞台上诠释着"心系天下"的西政精神。

西政精神,秉持"自强不息"。"自强不息"乃是西政精神的核心。西政师生从来不缺乏自强传统。在20世纪七八十年代,面对"文革"等带来的发展阻碍,西政人同心协力,战胜各种艰难困苦,玉汝于成,打造了响当当的"西政品牌",这正是自强精神的展现。随着时代的变迁,西政精神中"自强不息"的内涵不断丰富:修身乃自强之本——

尽管地处西南，偏于一隅，西政人仍然脚踏实地，以埋头苦读、静心治学来消解地域因素对学校人才培养和科学研究带来的限制。西政人相信，"自强不息"会涵养我们的品性，锻造我们的风骨，是西政人安身立命、修身养德之本。坚持乃自强之基——在西政，常常可以遇见在校园里晨读的同学，也常常可以在学术报告厅里看到因没有座位而坐在地上或站在过道中专心听讲的学子，他们的身影折射出西政学子内心的坚守。西政人相信，"自强不息"是坚持的力量，任凭时光的冲刷，依然能聚合成巨大动能，所向披靡。担当乃自强之道——当今中国正处于一个深刻变革和快速转型的大时代，无论是在校期间的志愿扶贫，还是步入社会的承担重任，西政人都以强烈的责任感和实际的行动力一次次证明自身无愧于时代的期盼。西政人相信，"自强不息"是坚韧的种子，即使在坚硬贫瘠的岩石上，依然能生根发芽，绽放出倔强的花朵。

西政精神，倡导"和衷共济"。中国司法史上第一人，"上古四圣"之一的皋陶，最早提倡"和衷"，即有才者团结如钢；春秋时期以正直和才识见称于世的晋国大夫叔向，倾心砥砺"共济"，即有德者不离不弃。"和衷共济"的西政精神，指引我们与家人美美与共：西政人深知，大事业从小家起步，修身齐家，方可治国平天下。"和衷共济"的西政精神指引我们与团队甘苦与共：在身处困境时，西政举师生、校友之力，攻坚克难。"和衷共济"的西政精神指引我们与母校荣辱与共：沙坪坝校区历史厚重的壮志路、继业岛、东山大楼、七十二家，渝北校区郁郁葱葱的"七九香樟""八零花园""八一桂苑"，竞相争艳的"岭红樱"、"齐鲁丹若"、"豫园"月季，无不见证着西政的人和、心齐。"和衷共济"的西政精神指引我们与天下忧乐与共：西政人为实现中华民族伟大复兴的"中国梦"而万众一心；西政人身在大国，胸有大爱，遵循大道；西政人心系天下，志存高远，对国家、对社会、对民族始终怀着强烈的责任感和使命感。西政人将始终牢记：以"和衷共济"的人生态度，以人类命运共同体的思维高度，为民族复兴，为人类进步贡献西政人的智慧和力量。这是西政人应有的大格局。

西政精神，着力"严谨求实"。一切伟大的理想和高远的志向，都需要务实严谨、艰苦奋斗才能最终实现。东汉王符在《潜夫论》中写道："大人不华，君子务实。"就是说，卓越的人不追求虚有其表，有修养、有名望的人致力于实际。所谓"务实"，简而言之就是讲究实际，实事求是。它排斥虚妄，鄙视浮华。西政人历来保持着精思睿智、严谨求实的优良学风、教风。"严谨求实"的西政精神激励着西政人穷学术之浩瀚，致力于对知识掌握的弄通弄懂，致力于诚实、扎实的学术训练，致力于对学习、对生活的精益求精。"严谨求实"的西政精神提醒西政人在任何岗位上都秉持认真负责的耐劳态度，一丝不苟的耐烦性格，把每一件事都做精做细，在处理各种小事中练就干大事的本领，于精细之处见高水平，见大境界。"严谨求实"的西政精神，要求西政人厚爱、厚道、厚德、厚善，以严谨求实的生活态度助推严谨求实的生活实践。"严谨求实"的西政人以学业上的刻苦勤奋、学问中的厚积薄发、工作中的恪尽职守赢得了教育界、学术界和实务界的广泛好评。正是"严谨求实"的西政精神，感召着一代又一代西政人举大体不忘积微，务实效不图虚名，博学笃行，厚德重法，历经创业之艰辛，终成西政之美誉！

"心系天下，自强不息，和衷共济，严谨求实"的西政精神，乃是西政人文历史的积淀和凝练，见证着西政的春华秋实。西政精神，在西政人的血液里流淌，在西政人的骨子里生长，激励着一代代西政学子无问西东，勇敢前行。

西政文库的推出，寓意着对既往办学印记的总结，寓意着对可贵西政精神的阐释，而即将到来的下一个十年更蕴含着新的机遇、挑战和希望。当前，学校正处在改革发展的关键时期，学校将坚定不移地以教学为中心，以学科建设为龙头，以师资队伍建设为抓手，以"双一流"建设为契机，全面深化改革，促进学校内涵式发展。

世纪之交，中国法律法学界产生了一个特别的溢美之词——"西政现象"。应当讲，随着"西政精神"不断深入人心，这一现象的内涵正在不断得到丰富和完善；一代代西政校友，不断弘扬西政精神，传承西政文化，为经济社会发展，为法治中国建设，贡献出西政智慧。

是为序。

西南政法大学校长，教授、博士生导师
教育部高等学校法学类专业教学指导委员会副主任委员
2019 年 7 月 1 日

序 一

新时代高校社会主义核心价值观铸魂育人的理与路

党的十八大以来,高校积极培育和践行社会主义核心价值观,明确引领作用、实现教学内容系统化、形成有效协作。《新时代铸魂育人研究》一书系西南政法大学马克思主义学院邓斌教授在商务印书馆出版的一本学术专著。本书主要从新时代高校践行社会主义核心价值观铸魂育人的理论思考、现状分析、路径探索三方面进行阐述,内容架构宏大、论述逻辑清晰、分析鞭辟入里,是近年来分门别类研究高校践行社会主义核心价值观铸魂育人的非常有特色的专门性著述,有助于从中华优秀传统文化中挖掘社会主义核心价值观的历史底蕴,有助于对当代大学生的价值观认同进行系统研究并提出有效对策。

一、本书系统论述了新时代高校践行社会主义核心价值观铸魂育人的理论意义

党的二十大报告提出的"社会主义核心价值观铸魂育人"具有重大的现实意义,指明了新时代高校开展社会主义核心价值观教育的新要求,是拓展高校社会主义核心价值观教育的新境界、助力高校思想政治工作开展的新抓手和加强高校时代新人培养的新举措。

根据"马魂中根西鉴"的中国特色社会主义核心价值观理论，本书在布局谋篇上进行了合理设计，首先，结合马克思主义基本原理、经典学说与社会主义核心价值体系、价值观的表述，论证社会主义核心价值观这一"真正的哲学"的形成、发展、表达与意义。其次，从中华优秀传统文化的层面，提炼社会主义核心价值观的传统文化底蕴——中华优秀传统核心价值观，梳理并阐述传统价值观的社会转型、哲学对话以及对今天建设社会主义核心价值观的历史指向意义。最后，理性地借鉴西方价值观形成中具有启发性的理论学说，在大学生社会主义核心价值观认知与培养上做出一个批判式的建构，即根据大学生具有的认知模式特点与水平，积极探索科学有效的社会主义核心价值观培育路径，提升大学生社会主义核心价值观的心理认同度和践行度。

本书从第一章到第四章是关于新时代高校践行社会主义核心价值观铸魂育人理论研究的相关内容。第一章，梳理社会主义核心价值观的形成与发展理论，明确其实质是科学社会主义基本价值理念的进一步提炼，是中国特色社会主义意识形态基本主张在新时代的最新理论成果，这一过程更集中体现了马克思主义的本质特征以及中国共产党的根本宗旨。第二章，探讨社会主义核心价值观的"家"哲学底蕴，作为一种当然的存在，"家"哲学在中华优秀传统文化的价值观链条下，对塑造中国人的精神气质、缔造家内秩序以及参与政治生活等方面都产生了重要的贡献。第三章，揭示社会主义核心价值观的传统底蕴，国家、社会、个人三个层面的中华优秀传统文化都蕴含着社会主义核心价值观的深刻底蕴。透过对传统底蕴的把握，寻找到社会主义核心价值观强大的历史根基，是国家文化软实力的集中体现。第四章，提炼中华优秀传统核心价值观认知与培育经验，中华优秀传统核心价值观中的个人对社会、国家的责任意识与家国情怀，其本质是一种"身位"与"序列"的"同心圆"价值体系，身处于这一结构中的人与价值有着各自的位阶，这些环环相扣的位阶，在道德伦理与政治规则中都扮演着各自的角色。

二、本书系统探索了新时代高校践行社会主义核心价值观铸魂育人的认知培育路径

本书从第五章到第七章是关于新时代高校践行社会主义核心价值观铸魂育人路径探索的相关内容，分别从当代大学生社会主义核心价值观认知模式现状调查、从认知的角度构建当代大学生社会主义核心价值观的认知模式、从培育的角度构建当代大学生社会主义核心价值观的方略路径几个方面进行研究。

大学生社会主义核心价值观培育和践行的前提在于认识当代大学生对社会主义核心价值观的心理认同及认知模式现状。只有充分把握大学生知晓、学习、接受社会主义核心价值观的心理过程、机制及其运行态势，才能为认同和践行社会主义核心价值观提供认识的参照和实践路径的指导。通过编制问卷，调查大学生对社会主义核心价值观三个层面十二个词汇的认知以及对其行为方式的影响，探究大学生对社会主义核心价值观的心理现状特点及存在问题，梳理大学生社会主义核心价值观认知模式现状特点，进而为大学生社会主义核心价值观认知模式的理论构想和培育路径提供现实支撑。

认知模式是个体与外部世界互动基础上形成的认知方式，是个体对知识进行组织和表达的模式，在社会主义核心价值观的学习过程中，个体的认知模式发挥着重要的作用，即一定的认知逻辑与模式是支撑社会主义核心价值观培育的基础。通过运用马克思主义价值论的主要观点，探讨在信仰与科学之间的意象图式认知培育价值，分析意象图式中的误区，得出基于价值合理性和形式合理性相统一的核心价值观培育逻辑。这既可以为社会主义核心价值观培育凝练出有效的认知方

法，又有利于培育目标的实现。

培育大学生社会主义核心价值观，必须以一定的认知模式与逻辑为支撑，应切实把社会主义核心价值观转变成"自觉追求"，以契合价值观"认知"与"培育"的基本特性。首先，必须立足顶层设计，紧扣社会主义核心价值观融入教育的切入点，坚持方向性与开放性的统一，坚持传承性与创新性的统一，坚持系统性与层次性的统一。其次，把握路径选择，突出社会主义核心价值观的培育作用，强化社会主义核心价值观教育的宣传作用与影响，营造良好环境是社会主义核心价值观融入教育的契合点，注重实践体验是社会主义核心价值观融入教育的关键点，完善制度构建是社会主义核心价值观融入教育的着力点。最后，结合现实生活中个体特点，突破制约社会主义核心价值观融入教育的难点，与时俱进地把握核心价值观的动态发展。

三、研究展示的显性成果

培育和践行社会主义核心价值观，是推进中国特色社会主义伟大事业、实现中华民族伟大复兴中国梦的战略任务。邓斌教授十几年来沿着这一宗旨进行学术的探索，沿着用社会主义核心价值观铸魂育人这一主题，本著作有三个较显著的研究成果：一是本研究全面准确把握中华传统核心价值的历史变迁、文化积淀以及当代重建的基本路径，重构文化认同与民族自信，在当代大学生社会主义核心价值观的塑造过程中推动中华传统核心价值的自我更新。二是本研究从当代大学生价值观念发展的实际和大学生社会主义核心价值观认知和培育的实际出发，以马克思主义基本原理和思想政治教育学原理为理论基础，借鉴政治学、心理学、社会学、教育学等多个学科的研究成果，吸取多年来实践中形成的经验与教训，综合运用理论与实践相结合的研究方法、统筹兼顾的系统研究方法、多学科整合与借鉴的研究方法，在对大学生社会主义核心价值观认知和培育的环境、状况等问题进行深入调研的基础上，对大学生社会主义核心价值观培育的目标、思路、方法、机制等问题展开充分论证，力求构筑一个科学高效、便于操作运用的综合性实施方案。三是巩固和深化大学生社会主义核心价值观认知的机制研究。通过建立内化机制，巩固当代大学生社会主义核心价值观认知和培育教育成效，主要包括社会主义核心价值观理论的解读机制，社会主义核心价值观内涵的教育机制，命题模式、意象图式模式、隐喻模式和转喻模式等四个理念化的认知模式，构建社会主义核心价值观培育路径。

四、研究具有的创新点

沿着用社会主义核心价值观铸魂育人这一主题，本著作有三个方面的理论创新点。

一是对中华优秀传统文化进行了重新解读。优秀文化的判断标准，除了要有深厚的历史底蕴，还要有符合时代精神的延续性。中华优秀传统文化林林总总、博大精深，无法用简单的语言、逻辑加以叙说，且文化本身生命力的表现与特定的时代有着密切的联系，因此除了要认知什么是优秀文化，还要解读什么是真正符合我们这个时代的优秀文化。本书所指的"中华优秀传统核心价值观"，既是一种立身准则与政治秩序，也是一种民族性格与时代精神。它既内化于每一个家庭与社会成员的精神—道德性力量，同时也意指一种潜在于每一个中国人以及整个民族性格中的传统话语标签。中国先哲提出了"格物、致知、诚意、正心、修身、齐家、治国、平天下"的治理模式，这种模式包含着对人的价值观的改造、对家庭伦理的认知、对社会关系的理解以及对天下国家情怀的培育。

二是提供核心价值观的线性输出模式。在培育社会主义核心价值观的过程中，个体的认知模式发挥着重要作用。社会主义核心价值观吸收中华优秀传统文化固然重要，但更重要的是学习中国先哲的那种对家庭、社会、国家的责任意识与家国情怀，这实际上可以总结为核心价值观的输出模式。即在"身位"与"序列"的价值体系中，人或价值有着各自的位阶，这些环环相扣的位阶，有可能是"宅兹中国，心系天下"的爱国情怀，有可能是"敬业乐群，惟精惟一"的敬业精神，还有可能是"不偏不易，中正和合"的和谐思想。

三是重新理解社会主义核心价值观在马、中、西层面的学说基础及其关系。中国共产党人对于社会主义现代化建设的各种探索，最终是要建立起马克思主义中国化在世界意识形态领域的话语权，这种话语既包含着马克思主义基本原理与中国自身传统相结合的现状，又与西方的核心价值观有本质的区别，同时建构起中国特色社会主义的道路自信、理论自信、制度自信和文化自信，很显然，对"社会主义核心价值观"的认知与培育，就是这种崇高理想的一个具体实践。

最后我想表达的是，弘扬中华优秀传统文化，对于我们目前积极培育和践行社会主义核心价值观是一个重大的理论课题，也是一个重要的关键点和举措。邓斌教授完成的这部专著较好地阐述了新时代高校社会主义核心价值观铸魂育人的理与路，体现了后辈学子的责任意识、家国情怀和学术追求，值得肯定和鼓励，我愿意把本书推荐给大家！

吴潜涛
2023 年 7 月于清华大学

序 二

《新时代铸魂育人研究》一书系西南政法大学马克思主义学院邓斌教授的一本学术专著。近十年来,我基本上形成了这样的一个习惯,只要是自己学生出了新书,都会认真阅读,然后多多少少写点文字见证学术收获的喜悦与祝福。

马克思曾指出,真正的哲学是自己时代的精神上的精华。习近平总书记强调,"每个时代都有每个时代的精神,每个时代都有每个时代的价值观念"。价值观是一个人对世界的总体的评价和其重要性的评估,它属于人的意识范畴。"时代感"与"世界观"总是建基于一定的历史背景,因而只有站在历史的高度才能准确地把握两者的内涵。从这个意义上讲,真正的价值观总是产生于过去与现在不间断的对话过程之中,意味着它们的生成、延续、创新都遵循着一定的历史脉动,例如中华文明在世界历史文明进程中展现的突出特性,即具有突出的连续性、创新性、统一性、包容性和和平性,在今天的时代背景下仍旧展现出它独有的魅力。

在当代大学生中培育社会主义核心价值观,是高校思想政治教育的重要任务。教育引导大学生树立和践行社会主义核心价值观,事关全面贯彻党的教育方针,事关新时代中国特色社会主义事业后继有人,对于落实立德树人根本任务、巩固马克思主义在意识形态领域的指导地位,具有重要的时代意义和战略价值。党的二十大报告有关"用社会主义核心价值观铸魂育人"的重要论述，深刻揭示了全面建设社会主义现代化国家与培养担当民族复兴大任的时代新人之间的内在关系，蕴含着深刻的立德树人逻辑，为新时代新征程用社会主义核心价值观铸魂育人提供了根本遵循。

自党的十六届六中全会提出社会主义核心价值体系这一重要命题以来，对于社会主义核心价值观的研究一直是学校培育人才的着力点。党的十八大报告明确指出："倡导富强、民主、文明、和谐，倡导自由、平等、公正、法治，倡导爱国、敬业、诚信、友善，积极培育和践行社会主义核心价值观。"社会主义核心价值观有多重要，社会主义核心价值观教育就有多重要。中华优秀传统文化是中国特色社会主义的植根之基，实现中国梦，解答前进中面临的"中国问题"，既需要坚持马克思主义指导思想，也必须借鉴吸收中华优秀传统文化的精华。

经过几年来的艰辛探索和努力，西南政法大学的邓斌教授获得2013年国家社科基金一般项目"当代大学生社会主义核心价值观认知模式与培育路径研究"、2014年重庆市社会科学规划重点项目"社会主义核心价值观对传统价值观的继承与发展研究"，在此基础上，2014年明确了博士论文的研究方向：对于中国特色社会主义核心价值观的培育，中华优秀传统文化中的思想基因仍具备鲜活的生命力和借鉴意义，社会主义核心价值观把涉及国家、社会、公民的价值要求融为一体，既体现了社会主义本质要求，继承了中华优秀传统文化，也吸收了世界文明有益成果，体现了时代精神。2016年，在我的悉心指导下，邓斌教授顺利完成博士论文《中华优秀传统文化与社会主义核心价值观建设》的写作与答辩，该论文提出民族的精神就是时代的宝藏，中华优秀传统文化所倡导的核心价值观与社会主义核心价值观在国家、社会、个人三个层面是一脉相承的，即个人信仰与价值的培育能够带来社会与国家的长远进步，社会的稳定是个人成长与国家兴盛的保障，国家与民族的伟大复兴能带来社会的繁荣与个人物质与精神生活的极大改善。该博士论文引起学术界的关注和好评，目前被引80次，下载11006次。

值得欣慰和肯定的是，2019年3月，邓斌教授主持了教育部2019年度高校示范马克思主义学院和优秀教学科研团队建设重点项目"'把培育和践行社会主义核心价值观贯穿思想政治理论课教学全过程'教学模式研究"，目前的书稿是该项目的阶段性成果。

习近平总书记强调，"中华优秀传统文化已经成为中华民族的基因，植根在中国人内心，潜移默化影响着中国人的思想方式和行为方式"。"一个民族、一个国家的核心价值观必须同这个民族、这个国家的历史文化相契合，同这个民族、这个国家的人民正在进行的奋斗相结合，同这个民族，这个国家需要解决的时代问题相适应。"社会主义核心价值观是中国人整体哲学思想在时代感召下的集中表达，"中华优秀传统文化与社会主义核心价值观建设"的辩证关系，实际上已经蕴含了价值观"认知"与"培育"两个面向。从"认知"的层面来看，就是要探索"我们有怎样的传统"以及回答"如何从传统的延续中认识当下"；从"培育"的层面来看，就是要将先辈留给我们的优秀传统文化进行创造性的转化，从而建构起契合我们这个时代需求的价值观。中国人的价值观，凝聚着中华民族普遍认同的价值取向、精神特质以及道德范式，同时也是马克思主义中国化的具象表达。

"办好思想政治理论课关键在教师，关键在发挥教师的积极性、主动性、创造性。"本书作者十几年沿着这一宗旨进行了学术的探索。沿着用社会主义核心价值观铸魂育人这一主题，本著作确定了两项研究重点：一是如何准确认知、定义中华优秀传统文化与中华优秀传统核心价值观的基本概念，正确理解优秀传统核心价值观与社会主义核心价值观的辩证关系，为社会主义核心价值的塑造提供学理支撑。通过中华优秀传统文化的认知与价值观的培育，让当代大学生熔铸共同的理想信念、准确把握民族与时代的精神、陶冶爱国爱家的高尚情操、巩固多民族的文化与国家认同。二是如何准确处理认知模式与马克思主义认识论的既有区别又有联系的关系，建构当代大学生社会主义核心价值观的认知模式。理念化的认知模式分别是命题模式、意象图式模式、隐喻模式和转喻模式，此四个认知模式不是孤立的，而是相互联系的，命题认知模式作为出发点和归宿，贯穿于其他认知模式之中，意象图式认知模式处于基础地位，是构建隐喻认知模式和转喻认知模式的认知框架，隐喻认知模式和转喻认知模式是建立在命题认知模式和意象图式认知模式上的认知事物的过程和方式，并且二者相互作用。

沿着用社会主义核心价值观铸魂育人这一主题，本著作做了如下编排和论述：第一章，梳理社会主义核心价值观的形成与发展理论；第二章，探讨社会主义核心价值观的"家"哲学底蕴；第三章，揭示社会主义核心价值观的传统底蕴；第四章，提炼中华优秀传统核心价值观认知与培育经验；第五章，当代大学生社会主义核心价值观认知模式现状调查；第六章，从认知的角度构建当代大学生社会主义核心价值观的认知模式；第七章，从培育的角度构建当代大学生社会主义核心价值观的培育方略。结语部分，结合马克思主义价值观的基本理论，作者认为，一种价值观是否在历史的剧场中凸显它"文明"与"核心"的面向，关键要看它是否能被传统与历史建构起来、得到社会认同并能唤起时代的共鸣。习近平总书记强调："中国优秀传统文化的丰富哲学思想、人文精神、教化思想、道德理念等，可以为人们认识和改造世界提供有益启迪，可以为治国理政提供有益启示，也可以为道德建设提供有益启发。对传统文化中适合于调理社会关系和鼓励人们向上向善的内容，我们要结合时代条件加以继承和发扬，赋予其新的涵义。"加强当代大学生社会主义核心价值观培育研究，确立科学的培育目标，创新思路与方法，建立长效机制，是高校思想政治教育的重要课题。做好这项研究工作，不仅对于在当代大学生中培育社会主义核心价值观特别是新时代铸魂育人具有重要的意义，而且对于在全社会培育积极向上的价值观念，为新时代中国特色社会主义建设新征程提供强大的精神动力具有重要的作用。

时代是思想之母，实践是理论之源。事业越发展，新情况新问题就越多，也就越需要我们在实践上大胆探索、在理论上不断突破。用社会主义核心价值观铸魂育人，重在培养担当民族复兴大任的时代新人，重在为全面建设社会主义现代化国家、全面推进中华民族伟大复兴奠定价值基础，提供人才支撑。同时，社会主义核心价值观绝对不是一个"空中楼阁"，我们也不能忽视人类历史上一切有益的哲学成果，不管它是古代的还是现代的，也不管是东方的还是西方的。不过，当代中国人的思想家园并不是一个哲学的大熔炉、大杂烩，而是以马克思主义和习近平新时代中国特色社会主义思想为灵魂和指导，以中华优秀传统文化（价值观）为根基和底蕴，借鉴和吸收自工业革命以来西方包括其他民族优秀文化而形成自成体系的社会主义核心价值观。要明确"马魂中根西鉴"的中国特色社会主义核心价值观发展道路主张，在综合创新中整体推进中国特色社会主义文化建设。

综上所述，本书立足新时代新征程，正确把握社会主义核心价值观铸魂育人的重大意义、核心意涵和实践理路，对于更好培养担当民族复兴大任的时代新人，具有重要的理论和实践价值。

在本书出版之际，受邓斌教授委托为其作序，由衷祝贺。

是为序。

东北师范大学思想政治教育研究中心

教授、博士生导师

杨晓慧

2023 年夏题于东北师范大学自由校区

目 录

引　言..1

第一章　社会主义核心价值观的发展历程..........................31
　第一节　社会主义核心价值体系的形成发展......................31
　第二节　社会主义核心价值观的理论溯源..........................43
　第三节　社会主义核心价值观认知与培育的价值意蕴......59

第二章　社会主义核心价值观的"家"哲学底蕴..............67
　第一节　"家"哲学在西方文明与价值观中的异化..............68
　第二节　中国传统价值生产模式中的"家"哲学底蕴..........75
　第三节　完善"家"哲学在社会主义核心价值观中的表达..........82

第三章　社会主义核心价值观的民族基因..........................91
　第一节　国家层面的中华优秀传统文化底蕴......................93
　第二节　社会层面的中华优秀传统文化底蕴....................101
　第三节　个人层面的中华优秀传统文化底蕴....................109

第四章　中华优秀传统核心价值观的传承弘扬..................119
第一节　中华优秀传统核心价值观的认知与培育..................119
第二节　中华优秀传统核心价值观的深远立意..................129
第三节　中华优秀传统核心价值观的现代转型..................141

第五章　当代大学生社会主义核心价值观认知模式现状调查..........151
第一节　当代大学生社会主义核心价值观认知模式问卷编制.....152
第二节　当代大学生社会主义核心价值观心理认同现状分析.....176
第三节　当代大学生社会主义核心价值观认知模式分析............240

第六章　当代大学生社会主义核心价值观的认知模式..................256
第一节　认知模式理论梳理..................256
第二节　社会主义核心价值观的命题认知模式..................260
第三节　社会主义核心价值观的意象图式认知模式..................275

第七章　当代大学生社会主义核心价值观的培育方略..................292
第一节　意象图式认知的培育图景..................292
第二节　隐喻和转喻认知的教育智慧..................303
第三节　构建社会主义核心价值观的培育路径..................313

结　语..................326

参考文献..................330

附录：当代大学生社会主义核心价值观认知模式与培育路径研究
　　调查问卷..................345

引 言

一、研究缘起

任何一个社会的核心价值观,都是这个社会之所以存在和发展的根本所在。重视培育大学生的价值观,是中国共产党的优良传统。党的十七大报告提出,要"弘扬中华文化,建设中华民族共有精神家园"。党的十八大报告进一步提出,"以'三个倡导'为基本内容的社会主义核心价值观,与中国特色社会主义发展要求相契合,与中华优秀传统文化和人类文明优秀成果相承接"。张岱年认为,所谓民族精神是指"过去的人们作为生活行为的最高指导原则,为多数的先民所信奉,能够激励人心,是民族文化的主导思想"①。党的十八大报告提出的社会主义核心价值观,规定了在当前社会历史条件下,我国个人层面、社会层面以及国家层面的思想导向和客观要求,是体现全社会价值共识的一项重要工程,而中华优秀传统文化则是社会主义核心价值观的沃土,是当代中国人的民族性根源,是当代大学生培育和践行社会主义核心价值观的根本底蕴与思想载体。

马克思曾经指出:"人的思维是否具有客观的真理性,这不是一个理论的问题,而是一个实践的问题。人应该在实践中证明自己思维

---

① 张岱年:《文化与哲学》,教育科学出版社1988年版,第73页。

的真理性，即自己思维的现实性和力量，自己思维的此岸性。关于离开实践的思维的现实性或非现实性的争论，是一个纯粹经院哲学的问题。"①习近平指出："牢固的核心价值观，都有其固有的根本。"要认知与培育社会主义核心价值观，就必须认同并了解我们的传统，要认同我们的传统，就必须要"讲清楚中华优秀传统文化的历史渊源、发展脉络、基本走向，讲清楚中华文化的独特创造、价值理念、鲜明特色，增强文化自信和价值观自信"②。培育当代大学生的社会主义核心价值观，是高校思想政治教育的重要任务，事关中国特色社会主义事业是否后继有人。培育社会主义核心价值观，可以使其成为当代大学生的行动指南，而认知社会主义核心价值观，则需要回归到伟大而深沉的中国历史传统当中，从中国古代人的思想世界中寻找符合时代要求与民族精神的品格。从这个意义上来看，当代大学生社会主义核心价值观的认知和培育是一个既"向前看"，又"往回看"的过程。

有鉴于此，本研究以能否有效引导当代大学生树立和践行社会主义核心价值观作为检验研究成果科学与否、价值大小的最高标准。

二、研究意义

（一）有助于从中华优秀传统文化中挖掘社会主义核心价值观的历史底蕴

党的十八届四中全会强调，强化国家治理体系，必须大力弘扬中华传统美德，更加凸显个人、家庭、社会的美德教育。中华优秀传统文化的精髓在于使传统核心价值观成为一种行动范式、一种精神与信仰、一种不需要外部强制力即能指导伦常日用的本能。弘扬中华优秀

---

① 马克思、恩格斯：《马克思恩格斯选集》（第1卷），人民出版社1995年版，第58页。
② 习近平：《习近平谈治国理政》（第1卷），外文出版社2018年版，第164页。

传统文化是一项兼具民族性与时代性的重大课题。对于社会主义核心价值观的认知和培育，中华优秀传统文化中的思想仍具备鲜活的生命力和借鉴意义。比如传统士子在家庭、社会与国家中扮演的角色，很大程度上就值得当代大学生借鉴与反思。以中华优秀传统核心价值观作为切入点，培育社会主义接班人掌握求知、进德、处世、修身的方法，掌握这一方法，既是社会角色赋予的一种基本义务，也是承担社会责任必备的素质。

（二）有助于对当代大学生的价值观认同进行系统研究并提出有效对策

学界对社会主义核心价值观认同相关问题进行的深入探讨，为进一步深化本研究提供了重要的理论资源和学理借鉴，但从总体上看，仍然处于"破题"阶段，呈现出"点、散、广"的研究特点，对社会主义核心价值观认同问题的系统性研究仍不多见，对社会主义核心价值观认同的规律、障碍、动因、现状、过程、本质、内涵、特点等多层次、多策略的系统化研究仍显匮乏。针对上述学术界研究中存在的不足，本研究坚持"宏大叙事"与"元叙事"统一、群体研究与个体研究统一、实证研究与理论研究统一，从技术与价值的辩证关系出发，从系统论视角对当代大学生的价值观认同进行系统、全面研究：作为认知活动中的一种，大学生在对社会主义核心价值观的认识、理解、内化、外化的过程中，如何调动大脑概念化层面原有的认知结构，参照已有的知识体系，用于识别、判断、鉴别、吸收新信息，从而达到对新知识的理解与掌握，是十分重要的一环。我们根据命题模式、意象图式模式、隐喻模式和转喻模式四种不同的认知模式，编制相应问卷以测查大学生社会主义核心价值观认知模式发展水平及呈现特点，探索更为有效的大学生社会主义核心价值观培育途径与方式。

（三）有助于为巩固中国特色社会主义制度提供重要保障

确立并建设一个社会的核心价值观，对于保持这个社会的稳定，巩固其社会制度具有十分重要的作用。中国古代的文献典籍中曾充分论证过社会的核心价值观对于社会的重要作用，把价值观上升到关系国家存亡的高度。比如《管子》曾经论述过"国维"问题："国之四维，一维绝则倾，二维绝则危，三维绝则覆，四维绝则灭。倾可正也，危可安也，覆可起也，灭不可复错也。"这里的礼、义、廉、耻就是一种社会价值观。社会主义既是作为一种"应然状态"的理论存在，又是作为一种"实然状态"的制度存在，同时还是一种在实践中被不断创造和超越的历史存在。社会主义既是一种科学的理论体系、先进的社会制度，也是一种崇高的价值观念体系。也就是说，社会主义不同于其他实体具有固有的先在性，它是在一种主客体关系中被创造出来的。所以，如同不断探索社会主义本质、社会主义实现道路一样，也需要对社会主义基本价值进行大力探求。因此，通过建设社会主义核心价值观，确立一个为社会大多数人所遵守的共同的价值诉求、价值取向、价值目标和价值规范，是当前中国特色社会主义实践的紧迫需要。

三、研究现状述评

自党的十六届六中全会首次阐述社会主义核心价值体系以来，许多学者开始关注社会主义核心价值体系的基本理论问题研究。尤其是十八大以来，随着国家、社会和个人三个层面的社会主义核心价值观被明确提出，学者们在理论研究的基础上，开始关注社会主义核心价值体系和社会主义核心价值观建设、培育的方法与路径，进行大量的基本理论研究和实证研究。截止到 2023 年 6 月 30 日，笔者在"中国知网"中，以"社会主义核心价值观"为篇名检索到全部文献 27593

条结果。国内有关"社会主义核心价值观"的研究自2005年始,于2013年倍速增长、2016年达到顶峰,近年来学术关注力度下降:2005年1篇,2006年2篇,2007年54篇,2008年110篇,2009年132篇,2010年199篇,2011年219篇,2012年351篇,2013年843篇,2014年3158篇,2015年4731篇,2016年4458篇,2017年3554篇,2018年2946篇,2019年2671篇,2020年1952篇,2021年1331篇,2022年891篇,2023年上半年329篇。(见图1)

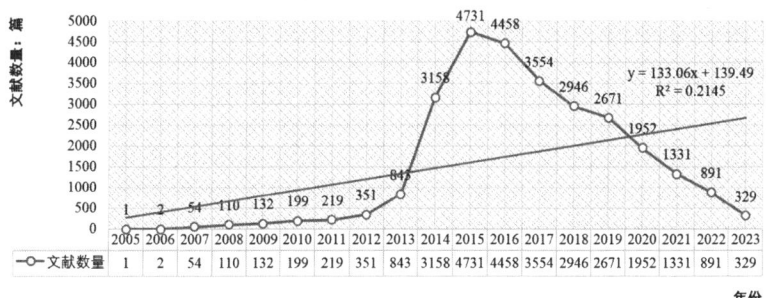

图1 CNKI有关"社会主义核心价值观"学术研究文献趋势分布分析

(一)国外研究述评

国外学术界对价值观相关问题研究起步较早,研究者就价值本质、价值类型、价值等级、价值选择等方面进行了系统地讨论,这些讨论丰富了西方价值哲学的研究,并在理论视角和研究方法上推动了价值观认同的研究。国外社会价值观实践教育成效显著:美国的"阿斯彭品格教育宣言"通过借助品格教育这一先进理念,构建六种现代西方法治国家的核心道德价值观进行普及宣传;英国政府提出对青少年进行"英国核心价值观"教育的计划;新加坡的共同价值观培育对于推动社会发展起到了巨大的作用。[①]

---

① 钟轩:《新加坡共同价值观建设的启示》,《人民日报》2015年6月19日,第14版。

自20世纪80年代以来,新加坡开始提倡"文化再生"运动,该运动的主要内容是发扬中国传统的"忠孝仁爱礼义廉耻"的儒家精神。1982年春节,李光耀总理曾号召新加坡人民保持和发扬中华民族儒家的传统道德,他在讲话中强调,在西方人的眼中,好的制度往往可以抵消掉人性中恶的东西,但是东方人则认为,必须建构出一个强大的价值观机制来规训人性之恶,这个价值观强调个人从属于家庭,家庭从属于家族,家族从属于社会,而政府不能真正地代替家庭去培育一个人的价值观,这就是儒家文明的高明之处。1988年,第一副总理吴作栋提出将儒家价值观作为新加坡政府治国理政的指导思想,使之成为公民的行动指南与国家治理的意识形态。1991年,在《共同价值观白皮书》中,新加坡官方提出了包括"国家、社会、家庭"三个层次的"核心价值观",这个核心价值观提倡"关怀、宽容、共识、和谐、立异、求同"等具体的价值形态。[1]

韩国应该是全世界对中华传统文化信仰最为虔诚,对儒教文明保存得相对完整的国家之一。自明代以来,韩国人崇尚以程朱理学为核心的儒家思想,在礼仪上尤其注重对朱子家礼的整理与研究,在韩国人的婚丧祭祀仪式上,至今还保存着中国传统礼仪色彩,而在韩国人的价值观念中,传统儒学中的"仁义礼智信"始终是他们的最高理想。韩国人认为儒教不仅改变了他们个人的生活习惯与价值观念,更改变了他们整个民族的精神面貌,他们相信"儒教乃传统文化及民族精神"[2]。

基于社会主义核心价值观这一概念具有鲜明的时代感、地域性、民族性以及阶级特征等,国外很少有学者专门针对这一命题展开实质性研究,其相关的研究主要针对价值、价值观以及核心价值观等概念而展开。具体来说,主要包括以下相关内容。

---

[1] 王杰:《中国传统文化在国外的传播和影响》,《学习时报》2006年5月29日,第6版。
[2] 周月琴:《儒教在当代韩国的命运及其传统文化意义》,《理论参考》2007年第11期。

1. 关于价值的研究

海外的中国学研究的鼻祖当属1814年法国法兰西学院的汉学家雷慕沙（Jean Pierre Abel Rémusat，1788—1832），迄今为止，汉学的研究已经在海外持续了两百多年。① 作为一门研究中国人和中国文化的学科，汉学（Sinology，或称中国学）在海外历经游记汉学、传教士汉学、学院汉学、中国研究等多个阶段，已从传统的人文学研究扩展到政治、经济、社会等多领域的研究。长期以来，海外汉学家对于中国文化的理解，重在构建一种"体验"与"输出"的理想图景。所谓体验，即对传统中国文化做一个西方价值模式的理解，试图通过西方人的观念去重新解构中国的儒家文明；而所谓输出，即在重构中华传统文化之余，希望借助汉学家的力量，将古老中国的神秘性揭示在全世界的面前，让世界真正更好地了解过去的中国。在汉学领域中，李约瑟（J. Needham）、费正清（J. K. Fairbank）和巴拉茨（Etienne Balazs）分别代表着英、美、法的汉学权威。他们认为，只有借助体验模式，才能更好地深入剖析中华传统文化的本来面目，而只有输出这种价值模式，才能从传承与变迁中重续它的光辉。

国外很多学者对价值进行了探讨和研究，英国伦敦大学社会人类学研究者大卫·格雷伯（David Graeber）在《论价值观的三种方式》一文中认为，有三种思想的汇聚，凝结成价值的形态，即社会学、经济学与语言学意义上的价值，这三者分别代表着善的观念，渴求物质的程度以及语言中有意义的差别。著名人类学家克莱德·克拉克洪（Clyde Kluckhohn）在其专著《跨文化交际学概论》中认为，所谓价值观就是人类对于基本问题中显现的或者隐藏的概念与物体的一种基本判断，即通过人性的取向、时间的取向、人与自然关系的取向、人类活动的取向等四种价值取向来决定什么是可取的、什么是不可取的认

---

① 李昶伟：《汉学家使命是研究中国理解西方》，《南方都市报》2014年9月10日，第4版。

知。朱文秋在《R. B. 培里的一般价值论及其伦理结论》一文中介绍了美国学者 R. B. 培里在批判地分析了以往的价值学说的基础上，采用哲学分析的方法，将价值定义为是一种兴趣与对象之间的关系，即相应的价值中蕴含着相应的兴趣，所属的兴趣应当归入相应的价值当中。

2. 关于价值观的研究

美国哲学家查尔斯·莫里斯（Charles William Morris）曾通过问卷调查的方式来探讨中国人的价值观。在其研究著作《人类价值种种》里，他指出了生活态度和价值观上的差异。较之于东方，西方社会更为注重个人本位，并将其作为社会核心价值观，这种个人本位首先需要以财产作为基础，同时还应基于个体的独立和自由等。例如，在拥有多元文化和信仰的英国，社会共享的价值观念主要体现为民主、言论自由以及对建设成功社会及其现代化做出贡献等；又如在美国，其社会核心价值观则可表述为个人自由、平等、独立、竞争、敬业等。相比之下，中东地区一些国家则强调道德、智识、平等、博爱、宽容、公正、和平等。另外，"极端利己—合理利己—利己利他—为己利他"是西方价值观现代化的发展历程的生动写照。相应的研究成果主要包括菲利普·E. 雅各布（Philip. E. Jacob）的《大学生价值变化的分析》、边沁（Jeremy Bentham）的《道德与立法原理导论》、亚伯拉罕·马斯洛（Abraham H. Maslow）的《动机与人格》以及阿瑟奇克林的"教育和整合性"相关理论等。意识形态的内核是价值观，国外学界从意识形态视角开展价值观的研究由来已久，成果甚丰。代表性的成果有约瑟夫·奈（Joseph Nye）的"软权力理论"[1]、塞缪尔·亨廷顿的"文明冲突理论"[2]、弗朗西斯·福山的"意识形态终结论"[3]以及法

---

[1] 约瑟夫·奈：《软实力：权力，从硬实力到软实力》，马娟娟译，中信出版社 2013 年版，第 40—49 页。

[2] 亨廷顿：《文明的冲突与世界秩序的重建》，周琪等译，新华出版社 2010 年版，第 68—92 页。

[3] 弗朗西斯·福山：《历史的终结及最后之人》，黄胜强、许铭原译，中国社会科学出版社 2003 年版，第 147—167 页。

兰克福学派的技术意识形态理论等等。

3. 从信息传播方式变革影响价值观的视角进行研究

西方学者对新媒体条件下信息传播机制、特点、方式变化进行了广泛探讨，就网络发展对观念及价值观变化的影响与过程、社会关系重构、人们行为及心理进行了独到分析。代表性的研究有英国学者亚当·乔伊森（Adm N. Joinson）的著作《网络行为心理学》（2010）[①]、丹尼斯·姆贝（Denis Waitley）的著作《组织中的传播和权力：话语、意识形态和统治》[②]、美国学者麦克切斯尼（Robert W. McChesney）的著作《传播革命：紧要关头与媒体的未来》[③]、曼纽尔·卡斯特（Manuel Castells）的著作《网络社会的崛起》等[④]。

4. 运用国外有关认同理论研究当代社会主义核心价值观认知问题

丁德源运用费斯汀格（Leon Festinger）的认知失调理论，在《从费斯汀格的认知失调理论看核心价值观教育》一文中，分析了文化多元和价值观多元背景下中国人认知结构失调的表现，及认知结构失调背景下加强国民社会主义核心价值观教育的必要性和具体认知方法。[⑤] 此外，国外学者还对价值观相关问题进行实证研究。例如美国学者菲利普·E. 雅各布（Philip. E. Jacob）在20世纪发表的《大学生价值变化分析》对大学生价值观进行了调查研究。

综上所述，国外目前的相关研究主要探讨了价值和价值观问题，针对价值观展开的相关研究也是基于注重对自由、个人价值的追求等

[①] 亚当·乔伊森：《网络行为心理学》，任衍具、魏玲译，商务印书馆2010年版，第83—91页。
[②] 丹尼斯·姆贝：《组织中的传播和权力：话语、意识形态和统治》，陈德民、陶庆、薛梅译，中国社会科学出版社2000年版，第130—138页。
[③] 麦克切斯尼：《传播革命：紧要关头与媒体的未来》，高金萍译，上海译文出版社2009年版，第142—145页。
[④] 曼纽尔·卡斯特：《网络社会的崛起》，夏铸九等译，社会科学文献出版社2000年版，第X页。
[⑤] 丁德源：《从费斯汀格的认知失调理论看当代大学生核心价值观教育》，《武汉生物工程学院学报》2007第4期。

西方文化观念，但是对于价值观的引导与教育却并没有从学理上予以真正的涉及。

（二）关于中华优秀传统文化和传统核心价值观的研究

1. 中华优秀传统文化在当代的主要表现和历史作用

张岱年在《文化与哲学》一书中指出，中华优秀传统文化在当代的主要表现是：人本思想、辩证思想、无神论传统、古代唯物主义、天然协调、人际和谐、民族独立、忧国忧民。[①] 张应杭在《中国传统文化概论》中指出，中华优秀传统文化在当代的主要表现是："从改革精神来看表现为兴利除弊；从民本思想来看表现为重民贵民；从爱国主义与忧患意识来看表现为天下兴亡、匹夫有责；从和谐思想来看表现为中正和合思想；从吸收异质文化的会通精神来看表现为厚德载物；从中国人的性格来看表现为不怕困难、不畏强暴、独立自主、自力更生。"[②] 罗豪才在《弘扬中华优秀传统文化，增强民族认同感和凝聚力》一文中指出，中华优秀传统文化在当代的主要表现是：勤俭耐劳的生活观、兼容并蓄的文化观、人伦和谐的社会观、天下一统的国家观。[③] 而李宗桂在《试论中国优秀传统文化的内涵》一文中提出，优秀传统文化在当代的主要表现是：整体为上的价值取向，崇德重义的高尚情怀，和谐统一的博大胸襟，自强不息的奋斗精神。[④]

尽管学者们对优秀传统文化的定论各有侧重，但是文化的精髓必然表现为一个民族自有自在的信仰和精神，传统文化中的许多积极的价值与内涵，其精华能为今天的国家治理与社会发展所用。优秀传统文化就其本质而言，是一种行动的本能与指导人伦日用的意识形态，

[①] 张岱年：《文化与哲学》，教育科学出版社1988年版，第73页。
[②] 张应杭、蔡海榕主编：《中国传统文化概论》，上海人民出版社2000年版，第21页。
[③] 罗豪才：《弘扬中华优秀传统文化，增强民族认同感和凝聚力》，《中央社会主义学院学报》2007年第4期。
[④] 李宗桂：《试论中国优秀传统文化的内涵》，《学术研究》2013年第11期。

葛兆光在《中国思想史》一书中提出,这是一种"理路贯通、兼备形上形下、可以实用于社会的国家意识形态,形成了中国传统意识形态的极富弹力和张力的系统"[①]。周兴茂在《中国人核心价值观的传统变迁与当代重建》一文中强调,这种比较具有话语特色与自我更新能力的系统,使得"仁、义、礼、智、信"等核心词汇在文化上取得主要地位,这些核心关键词所象征的意识形态成为核心价值观的代名词。[②] 汪力在《科学继承中华传统核心价值观》一文中指出:"仁"的本义是爱人、推己及人;"义"的本义是合情、合理、合法;"礼"是人们在家庭生活和社会活动中必须遵循的道德秩序与规则;"智"的本义是明智理智、明辨是非;"信"的本义是讲信用、诚实不欺。李煌明在《论儒家传统核心价值观体系的结构》一文中指出,"和"是儒家传统价值观体系的核心,"生"是这一核心的发展方向,"亲亲""仁民"与"爱物"则是该体系的层次,"天人合一"则是其整体的框架与模式。[③]

同时,有不少学者注重探讨当代中国弘扬优秀传统文化的必要性和紧迫性、中华优秀传统文化之精华以及传统教育的传播路径。李申申等在《传承的使命:中华优秀文化传统教育问题研究》一书中提出对重德和民本传统的批判、继承及创新,对重义轻利传统的批判、继承及创新,对自强奋斗传统的批判、继承及创新等。[④] 戴木才在《中国特色核心价值观的传统、现实与前景》一书中提出,要参照传统的文化,完善现代社会的三大伦理关系:象征层级伦理的师生关系、象征婚姻伦理的夫妻关系以及象征血缘伦理的亲子关系等。[⑤]

[①] 葛兆光:《七世纪至十九世纪中国的知识、思想与信仰》,《中国思想史》(第二卷),复旦大学出版社2013年版,第226页。
[②] 周兴茂:《中国人核心价值观的传统变迁与当代重建》,《东南大学学报》2010年第3期。
[③] 李煌明:《论儒家传统核心价值体系的结构》,《云南师范大学学报》2009年第2期。
[④] 李申申等:《传承的使命:中华优秀文化传统教育问题研究》,人民出版社2011年版,第142页。
[⑤] 戴木才:《中国特色核心价值观的传统、现实与前景》,广西人民出版社2011年版,第96页。

2. 传统核心价值观认知路径的特点

第一，教育部 2014 年 3 月发布的《完善中华优秀传统文化教育指导纲要》中明确指出，开展传统文化教育是时代赋予的重要使命。任何社会都必须具备有足够支撑力的核心价值体系与价值观，这是马克思主义时代观的基本要求。王泽应在《社会主义核心价值观之本质规定性及路径选择》一文中提出："时代已把我们推到一个必须重视价值体系建设的地步"，"中华文化的全面复兴之日就是中国真正崛起之时"。①

第二，传统核心价值观内涵的提炼与表达是一个渐进的过程。戴木才在《继承和弘扬中华民族优秀传统核心价值观》一文中指出：任何社会的代表性价值观的提炼、表达以及融入国民教育的过程都不可能是一蹴而就的。②殷忠勇在《社会主义核心价值观与中华优秀传统文化》一文中强调：不论是从国家层面、社会层面以及公民层面来看，还是从"勤学""修德""明辨""笃实"四个层次来看，社会主义核心价值观对中国古代核心价值观的传承与升华也有一个渐次的进程。③

第三，传统核心价值观内涵体现的是一种广泛的、动态的文化与国家认同。黄蓉生、白显良在《社会主义核心价值观的提炼与表达》一文中指出，价值观包含着广泛的、层次鲜明的认同感，这是其存在的前提，也是其引领社会思潮的动力。④张万强在《论中国传统核心思维方式的分析理性之殇》一文中提出，根据实践的取向，保护和弘扬优秀传统文化，本身就是践行社会主义核心价值观。传统核心思维方式中所蕴含的辩证理性成分远超过分析理性，这意味着传统文化的现代化性格，不单要学习和借鉴分析理性的精神气质，更需要注意传承

---

① 王泽应：《社会主义核心价值观之本质规定性及路径选择》，《湖南师范大学社会科学学报》2007 年第 5 期。
② 戴木才：《继承和弘扬中华民族优秀传统核心价值观（上）》，《唯实》2014 年第 4 期。
③ 殷忠勇：《社会主义核心价值观与中国优秀传统文化》，《思想理论教育导刊》2014 年第 9 期。
④ 黄蓉生、白显良：《社会主义核心价值观的提炼与表达》，《高校理论战线》2011 年第 11 期。

辩证理性的精神品格。[1]

(三) 关于当代大学生核心价值观建设的必要性与紧迫性的研究

目前,理论界多从现实针对性的视角阐述构建大学生核心价值观的必要性。有学者认为,用社会主义核心价值观加强大学生思想教育,是现阶段社会转型给青年大学生价值观塑造带来的客观要求,是国际意识形态领域斗争的迫切要求。黄莹莹在《论当代大学生核心价值观的构建》一文中认为,相当一部分大学生的价值观是随着社会思潮、社会热点的变化而变化的,他们没有核心价值观,或者说正在形成中,迫切需要加强核心价值观的教育和引导。[2]张惠选指出大学生现有的价值认同状况为:思维方式上,既考虑社会的评价,也追求自我精神;情感方式上,既趋近发达国家青年价值观,也认同本民族价值观的核心理念;行为方式上,既崇尚实用和功利性目标,也热衷不受禁锢的创新实践。这就导致很大一部分大学生在价值思想上出现多元主义,价值判断模糊,社会责任意识淡薄,诚信意识缺乏,生活上的个人主义和享乐主义倾向严重。要改变这种价值认同状况急需以社会核心价值体系为指导构建新的积极健康的价值观。[3]胡刚在《当代大学生价值观教育与社会主义核心价值体系构建》一文中认为,随着社会经济的不断进步与发展,社会上存在的一些不良现象,对我国的社会主义道德体系和核心价值体系也造成了巨大的冲击,对社会大众特别是青年学生产生了负面影响。高校如果没有良好的学风和校风,没有良好的道德水准,青年学生就难以成为社会良知和公平正义的代表者和维护者。[4]还有学者从大学生价值观念变迁的角度揭示了构建当代大学生主

---

[1] 张万强:《论中国传统核心思维方式的分析理性之殇》,《云南社会科学》2014年第6期。
[2] 黄莹莹:《论当代大学生核心价值观的构建》,《研究生教育研究》2009年第2期。
[3] 张惠选:《社会主义核心价值体系与大学生价值观评价》,《山西大学学报》2008年第3期。
[4] 胡刚:《当代大学生价值观教育与社会主义核心价值体系构建》,《高校理论战线》2014年第2期。

导价值体系的重要性和迫切性。韩柏光在《当代大学生价值观念的变化趋势》一文中认为，随着社会的变革、文化的交融以及习俗的更迭，大学生的价值观核心由社会本位转向个人本位，价值目标由理想转向现实，价值信仰由一元主导转向多元并存，价值评价标准由内在精神型转向外在功利型。其变化趋势表明，当代大学生中有一部分人存在信仰迷失、人格解体、拜金主义、享乐主义等不容乐观的问题，迫切需要构建科学的大学生价值观教育体系。

（四）关于当代大学生价值观念的基本特征及科学内涵的研究

1. 当代大学生价值观念的基本特征研究

学术界对当代大学生价值观念的基本特征所达成一致的看法是：大学生价值观的主流是积极向上、务实进取的，但也不否认大学生价值观中个人主义、拜金主义、享乐主义的存在以及对传统道德的叛逆和人生理想的失落。大学生的价值观处在一个发展变化的过程，尚未形成相对稳定的结构体系，但总的变化方向与社会价值观念变化一致。王华斌在《构建当代大学生社会主义核心价值观的若干思考》中认为，当前大学生的核心价值观主流是积极的、健康的，但同时也存在着一定的多元化、模糊化、混沌化的倾向以及对社会主义核心价值体系认同的不明确化、边缘化倾向等值得关注的价值认同危机问题。余双好在《当代青年大学生价值观念基本特征及其发展走向透析》一文中指出："当代大学生价值观念在总体上体现为一种以自我需要满足为基点的价值观，这种价值观念既不同于西方典型的个人主义价值观念，又不同于我国现阶段所主张的个人与集体双向互动式辩证统一的集体主义观念，而是表现为在自我价值基础上对个人与社会关系的一种整合"。赵忠璇在《构建当代大学生的核心价值观》一文中提出当代大学生价值观念发展的三种趋势：一是价值观基础由群体本位向个体本位转移，个人价值主体地位明显增强，重个人利益，轻国家、集体利益；

二是价值判断标准从理想主义转向实用主义;三是价值取向由单一型向多元化发展。

2. 当代大学生社会主义核心价值观科学内涵的揭示

多数学者是从大学生核心价值观的角度进行揭示,主要有以下几种代表性的观点。公方彬在《当代青年的核心价值观》一文中指出,当代青年核心价值观的形成应满足四个基本要素:一是必须建立于民族传统文化之上;二是一定不能脱离执政党的执政理念;三是必须拥有崇高的精神因子;四是要关注时代的最强音和大众的现实需求。黄莹莹在《论当代大学生核心价值观的构建》中认为:"当代大学生的核心价值观念应包括以下几个方面:爱国、理想、责任、创新。其中爱国是精髓,理想是主题,责任是要求,创新是核心。"① 赵忠璇在《构建当代大学生的核心价值观》中认为:"集体主义、尊重科学文化、尊重知识、崇尚开拓创新是大学生应该树立的核心价值观念。"还有少部分学者从大学生社会主义核心价值观的角度进行研究。贾敬远认为,大学生社会主义核心价值观不是抽象的,而是社会主义核心价值观在大学生群体中的具体体现。② 其基本内涵应该是:以"坚定信仰"为价值灵魂,以"忠于理想"为价值目标,以"爱国创新"为价值主题,以"知荣明耻"为价值体现。这四个方面是辩证统一的,是一个相互联系、不可分割、高度统一的总体性概括,四者缺一不可。刘峥、汤小兰在《大学生社会主义核心价值观教育路径探索》一文中则认为:大学生社会主义核心价值观是大学生所有价值观念中本质的、具有决定作用的价值内核。它的成型和系统化,必将成为大学生共同遵循和维护的行为准则,潜入大学生的思想和心灵深处,进而作为大学生的价值传统和文化精神长期稳定下来,发挥代代相传的价值传递效用。

---

① 黄莹莹:《论当代大学生核心价值观的构建》,《研究生教育研究》2009 年第 2 期。
② 贾敬远:《激进、保守、多元——改革开放以来社会思潮与大学校园文化的互动轨迹》,《思想政治教育研究》2008 年第 2 期。

（五）关于当代大学生社会主义核心价值观教育的基本原则、途径和认知现状的研究

1. 大学生社会主义核心价值观教育的基本原则

建设社会主义核心价值观，必须坚持正确的方法论原则。为此，刘小新在《当代大学生主导价值观研究》中提出了"六结合"原则，即坚持教书与育人相结合，坚持教育与自我教育相结合，坚持政治理论教育与社会实践相结合，坚持解决思想问题与解决实际问题相结合，坚持教育与管理相结合，坚持继承优良传统与改进创新相结合。[①] 矫宇在《大学生社会主义核心价值观的构建刍议》一文中提出了"五结合"原则，即突出主导价值观与尊重差异相结合，先进性要求与广泛性要求相结合，理性接受教育与情感认同教育相结合，优化教育环境与整合教育资源相结合，理论教育与社会实践相互结合。刘光照在《大学生社会主义核心价值观教育机制创新研究》中提出教育机制创新的五项原则，即规律性原则、实效性原则、人本性原则、实践性原则、包容性原则。

2. 大学生社会主义核心价值观认知现状研究

陈颜、张志坚、陈金龙以民族高校大学生为研究对象，通过问卷、访谈等形式，对当代大学生社会主义核心价值观认知现状进行了调查。他们在《民族高校大学生社会主义核心价值观认同教育模式研究》一文中提出，近65%的民族高校大学生清楚社会主义核心价值观有"三个层面"的内容，并普遍反映三个层面的内容比较复杂，难以准确记忆。而对三个层面的"24字概括"调查显示，被调查学生能分别记住两个词所占比例最高，为62.2%，62.7%，67.2%；其中，在国家层面最能记住的两个词是"富强""民主"，在社会层面最能记住的两个词是"自由""平等"，在个人层面最能记住的两个词是"爱国""诚

---

① 刘小新：《当代大学生主导价值观研究》，首都师范大学出版社2005年版，第137—142页。

信"。而在回答"如果对社会主义核心价值观进一步提炼,你认为更好的概括是什么"时,171人的答案是"中国梦"。民族高校大学生对"中国梦"的认知、记忆分别达到86%和98%,认为在社会主义核心价值观认同教育中应进一步强化对社会主义核心价值观科学内涵认知的学生超过90%。[①]

在问卷调查的基础上,杜艳红在《社会主义核心价值观:理性认知与情感认同——对暨南大学境外生的调查分析》一文中,对暨南大学境外大学生对社会主义核心价值观的认同现状进行了分析和评估:第一,一半以上的境外生意识到社会对大学生的角色期望,认为大学生的价值观取向关系到民族的前途,影响到社会主义建设事业的成败,且超过90%的人认识到价值观对一个人、一个国家、一个民族的重要程度。第二,尽管境内生、境外生成长在不同的国家、地区,其政治制度、文化背景有显著的不同,但他们在选择社会的核心价值观词条、回答中国目前最需要的是什么时却惊人地相似,这说明他们在抽象的社会核心价值观层面存在共识。第三,与境内生相比,境外生对社会主义核心价值观的理性认知的程度不同,而两者在情感认同方面存在的差异并不大。如,在回答"你对社会主义价值观的了解程度"时,境内生大部分选择的是"知道大概内容",而超过一半的境外生选择的是"仅听说过";但在情感认同方面,境内生、境外生选择比例最大的是"说教、无聊""情感上排斥"。第四,境外生对社会主义核心价值观的认同度不尽相同。[②]

3. 大学生社会主义核心价值观培育路径的研究

培育路径是大学生社会主义核心价值观建设的基础性环节,研究

[①] 陈颜、张志坚、陈金龙:《民族高校大学生社会主义核心价值观认同教育模式研究》,《西南民族大学学报》2013年第10期。

[②] 杜艳红:《社会主义核心价值观:理性认知与情感认同——对暨南大学境外生的调查分析》,《东南亚研究》2012年第5期。

者最为关注，成果较多。宋绍成强调要从强化合力系统建设来加强大学生核心价值观建设。[①] 他认为，对大学生进行价值观教育是一项系统工程，需要社会、学校和家庭的外部教育和影响，要动员社会各方面广泛参与，采取多种形式，开辟多种渠道，汇聚各方面的资源，形成合力，为构建大学生社会主义核心价值观创造良好的社会环境。同时也更需要当代大学生努力提高道德修养的自觉性，积极投身中国特色社会主义宏伟事业，自觉地按照建设社会主义核心价值体系的要求进行自我审度、自我教育、自我锻炼、自我改造和自我完善。孙芳则从教育机制创新的角度对培育路径进行了探讨，认为用社会主义核心价值体系引领价值观教育引导机制的构建，主要包括用社会主义核心价值体系引导认同机制、动力机制、联动机制、体验机制、情感机制的构建。[②] 此外，李新生、柏家文、彭莉等学者普遍认为必须从以下八个方面入手加强大学生社会主义核心价值观的教育：一是把社会主义核心价值体系融入专业教育的全过程；二是提高教师素养，通过言传身教感化学生；三是树立优秀大学生典型，通过学生感化学生；四是构建以社会主义核心价值观为主要内容的校园文化；五是利用基层党团组织、社团进行教育；六是重视网络等现代新技术手段；七是引导学生在实践中践行社会主义核心价值观；八是健全领导体制和工作机制。[③]

（六）有待进一步深入研究的问题

综上所述，当前理论界对于"社会主义核心价值观"给予了高度关注，对大学生核心价值观的研究取得了一些成果，学者们从不同的

---

① 宋绍成：《当代大学生社会主义核心价值观的构建》，《无锡职业技术学院学报》2009年第4期。

② 孙芳：《社会主义核心价值体系引领下的大学生价值观教育引导机制研究》，《学理论》2009年第24期。

③ 李新生：《多元化背景下大学生核心价值观教育路径探究》，《前沿》2009年第7期。柏家文：《论大学生社会主义核心价值观的培育》，《铜陵学院学报》2009年第2期。

视角阐述了自己的观点,已有的研究围绕社会主义核心价值观的意义、定位、内涵、特点、历史演变和实践路径等方面取得了丰硕的成果,理论创新的力度在不断加大,这为大学生社会主义核心价值观的进一步研究提供了必要的理论参考和践行路径。但学者们更多关注的是社会主义核心价值观的内容、作用、表现、地位等方面的论述和阐释,而较少对社会主义核心价值观的具体价值范畴进行深入研究。同时,不可否认,目前对于社会主义核心价值观教育的研究,尤其是作为社会最为关注的青年大学生的社会主义核心价值观认知模式和培育的研究仍旧处于起步阶段,原创性的深入研究成果少,而且缺乏理论的提炼和延伸,真正有可操作性的应用对策研究成果还不多见。

四、研究目标和重点

目标之一:理解中华优秀传统文化的精髓与中国古人思想世界里的追求与信仰,全面准确把握中华传统核心价值的历史变迁、文化积淀以及当代重建的基本路径;重构文化认同与民族自信,在当代大学生社会主义核心价值观的塑造过程中推动中华传统核心价值的自我更新;推动文化的传承,唤醒文化的记忆,培养青年一代成为中华优秀传统文化的继承者与弘扬者。

目标之二:本研究从当代大学生价值观念发展的实际和大学生社会主义核心价值观认知和培育的实际出发,以马克思主义基本原理和思想政治教育学原理为理论基础,借鉴政治学、心理学、社会学、教育学等多个学科的研究成果,吸取多年来实践中形成的经验与教训,综合运用理论与实践相结合的研究方法、统筹兼顾的系统研究方法、多学科整合与借鉴的研究方法,在对大学生社会主义核心价值观认知和培育的环境、状况等问题进行深入调研的基础上,对大学生社会主义核心价值观培育的目标、思路、方法、机制等问题展开充分论证,力求构筑一个科学高效、便于操作运用的综合性实施方案。

目标之三：巩固和深化大学生社会主义核心价值观认知的机制研究。通过建立内化机制，巩固当代大学生社会主义核心价值观认知和培育教育成效，主要包括社会主义核心价值观理论的解读机制，社会主义核心价值观内涵的教育机制，命题模式、意象图式模式、隐喻模式和转喻模式等四个理念化的认知模式，构建社会主义核心价值观培育路径。

研究重点：一是如何准确认知、定义中华优秀传统文化与中华优秀传统核心价值观的基本概念，正确理解优秀传统核心价值观与社会主义核心价值观的辩证关系，为社会主义核心价值的塑造提供智力支撑。通过中华优秀传统文化的认知与价值观的培育，让当代大学生熔铸共同的理想信念、准确把握民族与时代的精神、陶冶爱国爱家的高尚情操、巩固多民族的文化与国家认同。二是如何准确处理认知模式与马克思主义价值论的既有区别又有联系的关系，建构当代大学生社会主义核心价值观的认知模式。理念化的认知模式分别是命题模式、意象图式模式、隐喻模式和转喻模式，此四个认知模式不是孤立的，而是相互联系的：命题认知模式作为出发点和归宿，贯穿于其他认知模式之中；意象图式认知模式处于基础地位，是构建隐喻认知模式和转喻认知模式的认知框架；隐喻认知模式和转喻认知模式是建立在命题认知模式和意象图式认知模式上的认知事物的过程和方式，并且二者相互作用。

五、研究创新点

（一）对中华优秀传统文化进行了重新解读

优秀文化的判断标准，除了要有深厚的历史底蕴，还要有符合时代精神的延续性。中华优秀传统文化丰富多彩、博大精深，无法用简单的语言、逻辑加以叙说,且文化本身生命力的表现与特定的时代有着密切的联系,因此除了要认知什么是优秀文化,还要解读什么是真正符合我们这个时代的优秀文化。本文所指的"中华优秀传统核心价值观",既是一种立身准则与政治秩序,也是一种民族性格与时代精神。它既指内化于每一个家庭与社会成员的精神—道德性力量,同时也意指一种潜在于每一个中国人以及整个民族性格中的传统话语标签。中国古人提出了"格物、致知、诚意、正心、修身、齐家、治国、平天下"的治理模式,这种模式包含着对人的价值观的改造、对家庭伦理的认知、对社会关系的理解以及对天下国家情怀的培育。中华优秀传统文化如同一个曼妙多姿、仪态万方的女郎,读来总是让人赏心悦目,但是有一点是可以认知且极为重要的,就是她的基因,只要认识她的基因,也就对她的整体面貌有了本质认识。古代中国人在知识分子(士子)的成长、社会的关爱与家国天下情怀之间达成一种良性的沟通,这是一个认同与内化的历史进程,这与党的十八大以来关于推进社会主义核心价值观建设的意旨高度吻合。

目前,学术界还没有中华优秀传统核心价值观的提法,但是文化与价值观本身并不是一个对等的概念,无法直接借鉴与吸收,文化更多的是一个归属历史的范畴,而价值观更多的是一个归属心灵的范畴,因此两者之间并不是一个物理意义上的等式。要实现价值观的传承与借鉴,就必须展开核心价值观之间的古今对话,提炼出"中华优秀传统核心价值观"这个概念,也就是说,认识了古代中国人的思想与行动的范式,才能在此基础上建构起今天中国人的行动逻辑。尽管本文对于中华优秀传统核心价值观的提炼,并没有如同社会主义核心价值观那样提炼出二十四字,但是依据上述治理模式,本文在分析中华优秀传统文化时,从个人层面、社会层面与国家层面梳理了相应层面价值观的核心关键词,并将其表述为"社会主义核心价值观的传统底蕴"。中华优秀传统核心价值观内涵丰富、自成系统,具有强大的吸附力，在社会转型的过程中不断自我更新与成长，牵动着整个社会的核心价值体系和道德规范体系，推动整个社会的价值导向和道德教化。尤其是在实现中华民族伟大复兴中国梦的共同目标之下，中华优秀传统文化所倡导的核心价值观与社会主义核心价值观是一脉相承的。

（二）提供核心价值观的线性输出模式

在培育社会主义核心价值观的过程中，个体的认知模式发挥着重要作用。社会主义核心价值观吸收传统文化固然重要，但更重要的是要学习古人的那种对家庭、社会、国家的责任意识与家国情怀，这实际上可以总结为核心价值观的输出模式。即在"身位"与"序列"的价值体系中，人或价值有着各自的位阶，这些环环相扣的位阶，有可能是"宅兹中国，心系天下"的爱国情怀，有可能是"敬业乐群，惟精惟一"的敬业精神，还有可能是"不偏不易，中正和合"的和谐思想。儒家经典为所有的价值观认同者提供了一种心灵道德培育与国家秩序治理相连接的线索，从而国家、民族与社会秩序的建立即意味着个人心灵秩序的建构。这种"个人—家庭—社会—国家—宇宙观"环环相扣的认知、培育模式便是中华优秀传统文化对人的改造的基本假设。马克思曾指出，人是类存在的物，即生产劳动是人最根本的现实活动，共同的生产生活方式、社会组织方式与语言风俗使得民族的价值与文化的性格在历史的演进进程中具有同质性。因此，这种线性输出模式实际上既是对社会主义核心价值观的发掘与拓展，也是社会主义核心价值观的重要文化源泉。

（三）重新理解社会主义核心价值观在马、中、西层面的学说基础及其关系

中国共产党人对于社会主义现代化建设的各种探索，是要试图建立起马克思主义中国化在世界意识形态领域的话语权，这种话语一方面包含着马克思主义基本原理与中国自身传统相结合的现状,但是另一方面又与西方的核心价值观有本质的区别,要建构起中国特色社会主义的道路自信、理论自信、制度自信和文化自信,很显然,对社会主义核心价值观的探索,就是这种崇高理想的一个具体实践。马克思曾指出,真正的哲学都是自己时代精神的精华。这句经典的背后即蕴藏着真正的哲学还有着对我们时代之前的哲学思想的一种反省性认识。马克思主义哲学观与历史观都认为,价值观是一个人评价事物、辨定是非的一种取向,它属于人的意识范畴。"时代感"与"世界观"总是建基于一定的历史背景,因而只有站在历史的高度才能准确地把握两者的内涵。

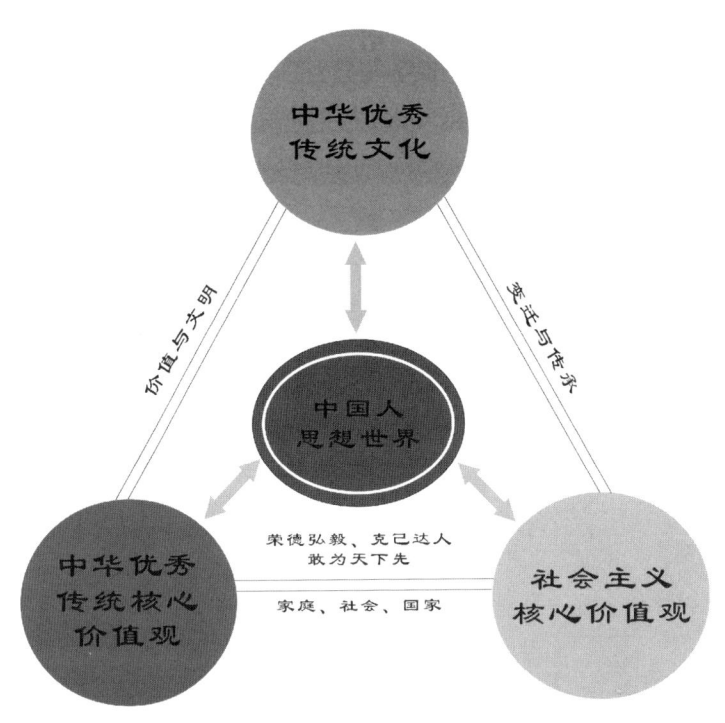

图2 社会主义核心价值观"同心圆理论"

结合上述三个创新点,本书将呈现一个清晰的主线或问题意识:一是如何认识中华优秀传统文化与中华优秀传统核心价值观的关系(文明与价值的关系);二是如何从中华优秀传统文化中准确提炼中华优秀传统核心价值观的基本要素(价值的提炼);三是如何从扬弃的角度正确认识中华优秀传统核心价值观(取其精华);四是中华优秀传统核心价值观与社会主义核心价值观的辩证关系(变迁、传承、弘扬)。

依据上述理论,本书在布局谋篇上,首先,结合马克思主义基本原理、经典学说与社会主义核心价值体系、价值观的表述,论证了社会主义核心价值观这一"真正的哲学"的形成、发展、表达与意义。其次,从中华优秀传统文化的层面,提炼社会主义核心价值观的传统文化底蕴——中华优秀传统核心价值观,梳理并阐述中华优秀传统核心价值观的社会转型、哲学对话以及对今天建设社会主义核心价值观的历史指向意义。最后,理性地借鉴西方价值观形成中具有启发性与普适性的理论学说,在大学生社会主义核心价值观认知与培养上做出一个批判式的建构,即根据大学生具有的认知模式特点与水平,积极探索科学有效的社会主义核心价值观培育路径,提升大学生社会主义核心价值观的心理认同度和践行度。

综上所述,社会主义核心价值观绝对不是"空中楼阁",我们不能漠视人类历史上一切有益的哲学成果,不管它是古代的还是现代的,也不管是东方的还是西方的。当代中国人的思想家园并不是一个哲学的大熔炉、大杂烩,而是以马克思主义为灵魂和指导,以中华优秀传统文化(价值观)为根基和底蕴,借鉴和吸收自工业革命以来西方优秀文化,而形成的自成体系的社会主义核心价值观。要明确"马魂中根西鉴"的中国特色社会主义核心价值观发展道路主张,在综合创新中整体推进中国特色社会主义文化建设。

六、研究方法

（一）历史分析法

借助历史事件中的"相关性原则""对应性原则""重点性原则""时代性原则"，梳理中华优秀传统文化与核心价值观中，能够与社会主义核心价值观产生对应、共鸣并具备借鉴意义的部分。

（二）比较分析法

以逻辑推理价值观教育理论入手，通过对中华优秀传统文化的提炼，总结出中华传统核心价值观的基本规律与表达方式，通过中华优秀传统核心价值观与社会主义核心价值观在历史背景、民族情感、时代理念等方面的横向比较，将中华传统核心价值观升华提炼，可以为社会主义核心价值观的传承与发展提供深刻的历史底蕴。

（三）宏观与微观研究相结合

本研究既要从国际、国内宏观层面考察社会主义核心价值观的历史发展过程、经验教训等，又要从个体层面即当代大学生对社会主义核心价值教育的心理机制、影响因素等进行微观的深入研究。社会层面的宏大叙事可以从总体上把握社会主义核心价值观；个体层面的深层探究为社会主义核心价值观教育奠定坚实的基础。二者相互补充、相互支撑、相得益彰。

（四）静态与动态研究相结合

社会主义核心价值观是一种状态，更是一个过程。作为状态，它反映的是社会主义核心价值观的培育、践行的程度和现实状况；作为过程，它既有社会主义核心价值观的形成发展进程，又有个体对社会主义核心价值观的内化和情感相融历程。因此，对社会主义核心价值观的研究，既要进行静态考察，也要进行动态分析。

七、内容提要

　　青年兴则国家兴，青年强则国家强。重视培育大学生的价值观，是中国共产党的优良传统。在当代大学生中培育社会主义核心价值观，是高校思想政治教育的重要任务。教育引导大学生树立和践行社会主义核心价值观，事关全面贯彻党的教育方针，事关新时代中国特色社会主义事业后继有人，对于落实立德树人根本任务、巩固马克思主义在意识形态领域的指导地位，具有重要的时代意义和战略价值。马克思曾指出："真正的哲学都是自己时代精神的精华。""时代感"与"世界观"总是建基于一定的历史背景，因而只有站在历史的高度才能准确地把握两者的内涵。从这个意义上讲，真正的价值观总是产生于过去与现在不间断的对话过程之中，这意味着它们的成型、延续、变迁、复兴都遵循着一定的历史脉动，不会伴随已经发生过的历史而消逝，反而，中国人在世界历史文明进程中展现的性格，在今天的时代背景下仍旧展现出它独有的魅力。

　　习近平总书记强调："中华优秀传统文化已经成为中华民族的基因，植根在中国人内心，潜移默化影响着中国人的思想方式和行为方式。"[1] 社会主义核心价值观是中国人整体哲学思想在时代感召下的集中表达，"中华优秀传统文化与社会主义核心价值观建设"的辩证关系，实际上已经蕴含了价值观"认知"与"培育"两个面向。从"认知"的层面来看，就是要探索"我们有怎样的传统"以及回答"如何从传统的延续中认识当下"；从"培育"的层面来看，就是要将古人留给

---

[1] 中共中央文献研究室编：《十八大以来重要文献选编》(中)，中央文献出版社2016年版，第5页。

我们的优秀传统文化进行创造性的转化,从而建构起契合我们这个时代需求的价值观。中国人的价值观,凝聚着中华民族普遍认同的价值取向、思想性格以及道德范式,同时也是马克思主义中国化的具象表达。沿着这一主题,本文的结构编排如下。

第一章,梳理社会主义核心价值观的发展历程。党的十六大以来,社会主义核心价值观从"马克思主义指导思想、中国特色社会主义共同理想、以爱国主义为核心的民族精神和以改革创新为核心的时代精神、社会主义荣辱观"的理论体系,到"国家、社会、个人"三个层面的价值观高度提炼,其实质是科学社会主义基本价值理念的进一步提炼,是中国特色社会主义意识形态基本主张在新时代的最新理论成果,这一过程更集中体现了马克思主义的本质特征以及中国共产党的根本宗旨。

第二章,探讨社会主义核心价值观的"家"哲学底蕴。"家"在中西方有着不同的哲学图景与价值基础。西方哲学以不遗余力地异化"家"的姿态来奠定其核心价值观,"家"的身份在整个西方文明进程中是一个被不断工具化的概念。与之相对的中国传统儒家社会,以"不超越家庭伦理为人类永恒信仰之所在"的准则来建构其核心价值观——"家"哲学所阐发的信仰、仪则、思想与制度,既是"天理人情"这一儒家价值体系的重要环节,也是中华优秀传统文化的重要孵化基础。作为一种当然的存在,"家"哲学在中华优秀传统文化的价值观链条下,对塑造中国人的精神气质、缔造家内秩序以及参与政治生活等方面都做出了重要的贡献。"家"是涵育社会主义核心价值观的保护带,这种经验对于新时代民族精神与中国气质的培育和践行,特别是社会主义核心价值观应凸显"家"的哲学自信,提供了可参考的行动方案,这也正是家国情怀在新时代的新表达。

第三章,揭示社会主义核心价值观的传统底蕴。国家、社会、个人三个层面的中华优秀传统文化都蕴含着社会主义核心价值观的深刻底蕴。"富强、民主、文明、和谐"分别对应"治国之道，必先富民""民惟邦本，本固邦宁""见龙在田，夷夏大防""不偏不易，中正和合"等优秀传统文化中的国家主张；"自由、平等、公正、法治"分别对应"为仁由己，百家争鸣""列德尚同，爱无等差""不疏贵贱，一断于公""礼法共治，德刑并用"等优秀传统文化中的社会主张；"爱国、敬业、诚信、友善"分别对应"宅兹中国，心系天下""敬业乐群，惟精惟一""诚者天道，言信行果""上善若水，仁者爱人"等优秀传统文化中的个人主张。透过对传统底蕴的把握，找寻到社会主义核心价值观强大的历史根基，是国家文化软实力的集中体现。

第四章，中华优秀传统核心价值观的传承弘扬。传统核心价值观中的个人对社会、国家的责任意识与家国情怀，其本质是一种"身位"与"序列"的"同心圆"价值体系，身处于这一结构中的人与价值有着各自的位阶，这些环环相扣的位阶，在道德伦理与政治规则中都扮演着各自的角色。归根结底，不管是"认知"还是"培育"，我们都必须把中国人的精神扎根在深刻的文化根基之上，这正是马克思主义基本原理对历史观与时代观的重要解读。透过这一理论，本章将重点梳理四对关系：如何认识中华优秀传统文化与中华优秀传统核心价值观的关系；如何从中华优秀传统文化中准确提炼中华优秀传统核心价值观的基本要素；如何从扬弃的角度正确认识中华优秀传统核心价值观；如何把握中华优秀传统核心价值观与社会主义核心价值观的辩证关系。

第五章，当代大学生社会主义核心价值观认知模式现状调查。大学生社会主义核心价值观培育和践行的前提在于认识当代大学生对社会主义核心价值观的心理认同及认知模式现状，以充分把握大学生知晓、学习、接受社会主义核心价值观的心理过程、机制及其运行态势，如此才能为认同和践行社会主义核心价值观提供认识的参照和实践路径的指导。在大学生社会主义核心价值观认知模式调查中，调查对象来自东北、华北、华东、华中、西北、西南、华南7个地区18所高校的大学生，按照地区分布和高校类别，发放问卷3700份，回收问卷3613份，其中有效问卷3505份，占回收问卷的97%。通过编制问卷，调查大学生对社会主义核心价值观三个层面十二个词汇的认知以及对其行为方式的影响，探究大学生对社会主义核心价值观的心理现状特点及存在问题，梳理大学生社会主义核心价值观认知模式现状特点，进而为大学生社会主义核心价值观认知模式的理论构想和培育路径提供现实支撑。

第六章，从认知的角度构建当代大学生社会主义核心价值观的认知模式。认知模式是个体与外部世界互动基础上形成的认知方式，是个体对知识进行组织和表达的模式，在社会主义核心价值观的学习过程中，个体的认知模式发挥着重要的作用，即一定的认知逻辑与模式是支撑社会主义核心价值观培育的基础。根据认知语言学家莱考夫（George Lakoff）的分类，认知模式包括表明概念和概念关系的命题模式，涉及形状、空间关系和移动过程的意象图式模式，命题或意象图式在不同认知域之间投射转换的隐喻模式及部分替代整体的转喻模式。不同的认知模式在大学生学习社会主义核心价值观相关信息的接收过程中发挥着怎样的作用？不同个体特征的大学生如何受到认知模式的影响而对社会主义核心价值观的认知与接受有着不同的效果？通过运用马克思主义价值论的主要观点，探讨在信仰与科学之间的意象图式认知培育价值，分析意象图式的误区，得出基于价值合理性和形式合理性相统一的核心价值观培育逻辑。这既可以为社会主义核心价值观培育凝练出有效的认知方法，又有利于培育目标的实现。

第七章，从培育的角度构建当代大学生社会主义核心价值观的培育方略和路径。培育大学生社会主义核心价值观，必须以一定的认知模式与逻辑为支撑，应切实把社会主义核心价值观转变成"自觉追求"，以契合价值观"认知"与"培育"的基本特性。首先，必须立足顶层设计，紧扣社会主义核心价值观融入教育的切入点，坚持方向性与开放性的统一，坚持传承性与创新性的统一，坚持系统性与层次性的统一。其次，把握路径选择，突出社会主义核心价值观的培育作用，强化社会主义核心价值观教育的宣传作用与影响，营造良好环境是社会主义核心价值观融入教育的契合点，注重实践体验是社会主义核心价值观融入教育的关键点，完善制度构建是社会主义核心价值观融入教育的着力点。最后，结合现实生活中个体特点，突破制约社会主义核心价值观融入教育的难点，与时俱进地把握核心价值观的动态发展。

结语部分，结合马克思主义价值观的基本理论，本书认为，一种价值观是否在历史的剧场中凸显它"文明"与"核心"的面向，关键要看它是否能被传统与历史建构起来、得到社会认同并能唤起时代的共鸣。加强当代大学生社会主义核心价值观培育研究，确立科学的培育目标，创新思路与方法，建立长效机制，是高校思想政治教育的重要课题。做好这项研究工作，不仅对于在当代大学生中培育社会主义核心价值观特别是新时代铸魂育人具有重要的意义，而且对于在全社会培育积极向上的价值观念，为新时代中国特色社会主义建设新征程提供强大的精神动力具有重要的作用。

第一章 社会主义核心价值观的发展历程

人类的历史进程表明,任何社会的存在都有其特质,独特的生活方式、政治制度、认知理念、精神信仰与文化传承,造就了该社会特有的价值需求与目标,价值体系便在这种民族与国家的自觉自醒中逐步形成。就其本质而言,任何社会的核心价值体系都是一种意识形态。[①] 换言之,社会主义核心价值体系既是意识形态这个大体系下的一个子系统,也是其意识形态的本质体现。

第一节 社会主义核心价值体系的形成发展

一、形成发展的理论依据

不同的意识形态会催生不同的价值取向,而意识形态又直接表现为国家与社会的价值追求,比如,社会主义本质的观念反映、理论体现在本质上表现为社会主义的意识形态,归根到底是由人的全面发展即社会主义的本质决定的,因此表现在价值体系上便是"以人为本"的共同理想信念。作为完善社会主义意识形态的体现,"建设社会主义

---

① 袁贵仁:《十七大精神笔谈:建设社会主义核心价值体系》,《中国社会科学》2008年第1期。

核心价值体系"被明确写入党的十七大报告当中。① 由此可见，社会主义意识形态与社会主义核心价值体系具备同质性，两者是源与流、枝与叶的关系。

所谓的意识形态属于社会思想上层建筑，是指"以评价、表现、解释现实世界的方法来证明、组织、指导、动员、形成一定的行为方法与模型，并否定与之相背离的一些行为方法与模型。具有符号意义的观点和信仰的表达形式"②。所以意识形态具备流动性、动员性、指导性、排他性等特点，因此它具备引领社会多元价值、凝聚社会价值观念体系、实现体系内部价值观的稳定以及自我建构与调节的功能。也正是因为有这样的特点与功能，它能够反映一个社会或民族固有的群体利益、核心价值以及思想信仰。意识形态包括宗教、道德、政治、法律、哲学、文学、艺术等方面，是某一集团的社会理想、价值取向、行为准则以及政治纲领的思想理论依据，因而它也可以说是社会价值体系的客观来源依据。③ 尽管意识形态是话语与符号的集合，但这并不意味着意识形态是虚无缥缈的空中楼阁，意识形态必然表现为一定的集体导向，例如拥有共同的民族情结、寻求共同的爱国精神，乃至于追求一定的物质与精神方面的利益，这些都是价值的集中体现。由此可见社会主义核心价值体系在形成、发展的过程中，其反映的是全体人民占统治地位的思想。

人类的历史本质上是"分—合"的历史，是冲突与和谐、和平与战争、蛮貊与文明的历史。决定历史所呈现的真实面貌的背后推手，是符合时代的、符合民族精神的、能支配一个时代前行的意识形态，是表现为族群或国家间共享的、统一的、颠扑不破的思想、信仰与价

---

① 胡锦涛：《高举中国特色社会主义伟大旗帜，为夺取全面建设小康社会新胜利而奋斗——在中国共产党第十七次全国代表大会上的报告》，人民出版社 2007 年版，第 34 页。

② 米勒、波格丹诺、邓正来主编：《布莱克维尔政治学百科全书》，中国政法大学出版社1992 年版，第 345 页。

③ 宋惠昌：《当代意识形态研究》，中共中央党校出版社 1993 年版，第 9—10 页。

值系统。换言之，意识形态作为一种复杂的思想与话语体系存在，最主要表现为其如何将多元的价值观统合在一个大致统一的行动范式中。在历史上，尽管"床下都督"黎元洪只是用竹竿捅了屋顶两块瓦片，但这仍旧意味着其从清廷大臣向共和总督身份转变的背后是共和观念对封建意识形态的历史终结；勃兰登堡门内外的柏林墙，其背后反映的是两极世界格局以及更深的社会主义意识形态与资本主义话语体系的斗争。由此可见，意识形态是筛选价值体系的重要依据，在由历史书写过的诸多思想、信仰与价值体系中集中选择的过程，直接决定了人们在灵魂深处选择何种价值体系作为他们行动与规划的共同支撑。对于社会主义社会而言，马克思主义中国化的进程本质上也正是近代以来中国人对诸多的意识形态做出优胜劣汰的选择的过程。一百多年的中共党史与七十多年的共和国史证明了社会主义的价值只有坚持用发展着的马克思主义作为指导，才能牢固树立意识形态的话语权与主动权；而一旦动摇或丧失了马克思主义的指导地位就可能出现亡党亡国的局面，并最终有可能断送社会主义事业。正如邓小平同志所说："如果我们不是马克思主义者，没有对马克思主义的充分信仰，或者不是把马克思主义同中国自己的实际相结合，走自己的道路，中国革命就搞不成功，中国现在还会是四分五裂，没有独立，也没有统一。"[①] 苏联的解体就是一个绝佳实证，苏联在推行"人道主义""新思维"的过程中全面否定并拆除苏共执政的意识形态基础，其建构起来的社会主义制度也随之轰然坍塌。对于我们今天的社会主义意识形态建设而言，苏联的亡党亡国乃是前车之鉴，不能不引起我们高度的警醒。

　　社会核心价值体系论证社会存在的过程，其实质是分配利益诉求，表达利益群体政策主张的过程，表现为核心价值的意识形态调适的过程，实质上也是解释社会发展与核心价值论述的历程，即以此来论证

---

① 邓小平：《邓小平文选》（第三卷），人民出版社1993年版，第63页。

社会秩序以及社会群体存在的合理性。[①] 这说明了任何社会共同体都会在利益的博弈过程中表达一定的自我认同的诉求。由于力量并非均势，那些占据强势地位的话语权就会形成主流的意识形态，反之，那些被强势的声音所覆盖，但又不甘退出话语权力场的便成为非主流的意识形态。比如，社会主义核心价值体系的重要基础是社会主义的荣辱观，因此，艰苦奋斗、遵纪守法、诚实守信、团结互助、辛勤劳动、崇尚科学、服务人民、热爱祖国等利益诉求便成为人们主张的对象。与此同时，以上多数的目标如"和谐、爱国、法治、诚信、友善"等也在追求的过程中被内化为社会主义的核心价值观。意识形态在社会发展与利益结构上的重要性是不言而喻的，正如阿尔都塞所言，"很难想象对于一个历史唯物主义者来说，一个不存在意识形态的共产主义社会究竟是什么样子"[②]。总结来说，意识形态在社会主义核心价值观中的作用体现在如下几个方面。

（一）社会主义意识形态是熔铸共同理想信念的思想来源

没有意识形态倾注的共同理想和信念，如同一堆没有燃料驱动的废铜烂铁。有了马克思主义基本原理及其在中国化进程中不断发展的最新成果，以及中华传统优秀文化的现代整合，对社会主义核心价值的提炼才有了历史的积淀。比如，在马克思主义之前的空想社会主义者强调平等、劳动、幸福、博爱、社会和谐以及人的全面发展；马克思的唯物史观与剩余价值论，使得人的全面自由发展（人的活动、人的社会关系、人的自由个性以及人的价值）成为科学社会主义的核心价值；在中华优秀传统文化中，儒家强调"和而不同"（《论语·子路》）的和谐社会理念、"人者，天地之心"（《礼记·礼运》）的人本思

[①] 冯周卓：《以马克思主义意识形态建设推进社会主义核心价值观认同》，《道德与文明》2009年第6期。

[②] 大卫·麦克利兰：《意识形态》，孔兆政等译，吉林人民出版社2005年版，第44页。

想、"君子喻于利，小人喻于义"(《论语·里仁》)的义利观、"苟利国家生死以，岂因祸福避趋之"(林则徐《赴戍登程口占示家人》)的爱国观。进入社会主义市场经济体制时代，自由竞争、平等互利、诚实守信、公平正义、民主法治等观念成为新时期社会的核心价值观。民族与时代的精神具备厚重的积淀，需要通过社会主义意识形态建构其价值认同标准，从而为人们在政治、经济、文化与生态文明等各个价值体系层面提供行动的范式。

（二）社会主义意识形态是抟注民族与时代精神的不竭动力

伯尔曼也正是站在宗教与法律交错的背景下提出"法律必须被信仰，否则它将形同虚设"[①]的著名论断，这是因为，法律不仅仅只是条文，而必须集成历史的遗产、反映时代的精神。同理，社会主义意识形态如果只是一种静止的符号，则起不到任何指导作用。社会主义意识形态与社会主义核心价值体是互为动力、抟彼注兹的关系，体现了鲜明的时代性与民族性。从全球化的角度来看，随着知识与思想生产打破地区与国家界限、政治文化多元多极化格局使得意识形态与价值观念的全球化冲突在所难免，时代与民族的标签也不可避免要被打上冲突与较量的烙印。在社会主义核心价值体系形成与发展的同时，西方敌对势力凭借其"民主自由化运动"与"人权高于主权"的理论抓紧对社会主义进行渗透与扩张。因此，必须形成团结和睦的精神纽带与全民族奋发向上的精神力量，以应对这种渗透与扩张，即形成思想共识与社会信仰。社会主义核心价值体系所体现的时代性与民族性区别于西方"自由、平等、博爱"的资本主义价值观的根本所在是，马克思主义进行了"人民至上""劳动优先""共同富裕""形式平等与事

[①] 伯尔曼：《法律与宗教》，梁治平译，生活·读书·新知三联书店1991年版，第14页。

实平等的统一"以及"每一个人的自由全面发展"等具体实践。① 正是有了这些历史的积淀与实践的建构,以爱国主义为核心的民族精神才有可能成为全民族团结与发展的精神纽带,以改革创新为核心的时代精神才能引领国人脚踏实地、建设创新型国家。

二、形成发展的核心理念

党的十六届六中全会提出社会主义核心价值体系,将马克思主义指导思想、共同理想、爱国主义与民族精神、社会主义荣辱观构成一个完整的、坚固的统一体,这一体系的提出,是对物质文明与精神文明两手抓、依法治国等重要战略思想的总结与提升,实现了继往开来和与时俱进的统一。

任何社会的存续都有赖于其核心的价值体系与制度文明。社会主义的核心价值体系,毫无疑问,是表征无产阶级和社会主义公民价值诉求的制度选择,其中包括伦理价值、政治价值、经济价值、社会生活的价值等诉求。党的十六届六中全会提出中国特色社会主义的内在本质是构建社会主义和谐社会,这一论断深刻地揭示了社会和谐与人民幸福、民族振兴以及国家富强之间的关系,体现了全党全国各族人民建设富强民主文明和谐美丽的社会主义现代化强国的强烈要求。

(一)社会主义核心价值体系的核心理念

建设中国特色社会主义必须依靠社会主义核心价值体系作为支撑,它最大程度地彰显了鲜明的结构与层次,国家、社会、个人的共时性与历史、现实、未来的历时性得到极好的融合,既具备金字塔式的结

---

① 侯惠勤:《马克思主义的指导是构建社会主义核心价值体系之根本》,《毛泽东邓小平理论研究》2007 年第 3 期。

构，又有复杂交错的谱系。这说明，社会主义核心价值体系的形成并非简单地话语概括与逻辑解释，而是有深厚的理念作为支撑：任何价值、信仰的背后都有一个稳定的理念作为其形成与发展的主导。社会主义核心价值体系的主体是最广大人民群众，即以人为本是核心价值体系的灵魂。社会主义荣辱观与"爱国、敬业、诚信、友善"是一脉相承的，它规范着公民的基本道德准则与行为模式；民族与时代精神和"自由、平等、公正、法治"是交相呼应的，它反映的是人的自由意志、自由存在以及自由发展的美好向往，在时代的旋律中，要求每个人的权利都能得到尊重与保护，人的解放、自由、平等是治国理政与社会繁荣的根本前提；中国特色社会主义共同理想与"富强、民主、文明、和谐"是互通有无的，民主与富强最终都是要指向人民，民主的实质是人民民主，其实质与核心是人民当家作主，共同富裕的本质是让人们在改革与发展中共享成果，文明是人的普遍发展与进步的重要标志，和谐是中华优秀传统文化的基本理念。由此可见，不管社会主义核心价值体系的结构是多么的复杂，其基本理念只有一个，即人本思想。

　　实际上，在中国古代的核心价值体系当中，统治者除了规范民众的行动以使其保持与皇权权威一致的姿态外，也十分重视所制定的政策与民众的生产生活达成一定的统一，即在构建绝对权威之余尽量保证人在行动中的主体作用。比如西周时期的"敬天保民"思想，强调天意须与民心相连，天意即民心；《尚书·五子之歌》说，"民惟邦本，本固邦宁"。春秋时期的"轻天重民"思想，强调上天必须遵循人的意志行事，人的地位在神之上。比如《礼记·礼运》说，"人者，其天地之德，阴阳之交，鬼神之会，五行之秀气也"。《孟子·尽心下》说，"民为贵，社稷次之，君为轻"。魏晋南北朝时期的玄学思想强调人无尊卑之分；隋唐时期的"天人不相预"思想仍旧认为人和天之间应当具备正当性，并强调人的能动性能够改造自然。宋元以后，纲常名教则基本上否定人的主体地位,要求"存天理、灭人欲","天理"成为杀人的工具,但即便是否定人性的解放与发展,也十分强调人与权力、秩序的和谐共处。近代以来,尤其是在五四运动之后,人从纲常名教的枷锁中解放出来,人的心灵得到了极大的自由,人的主动性与创造性也得到了极大的激发。因此在国家的治理与社会的发展中,各个阶层都十分重视人的主体作用。自中国共产党成立以来,社会主义核心价值就在逐步地成长之中,人的主体地位自然也贯穿于其中。

古代的人本思想,意味着人从鬼神和大自然的奴役之下解放出来,意味着重人轻物和以义制利,更意味着它构成了社会组织与群体的根本,而全体成员的幸福是古代社会价值的基本指向。[1] 近代以来,人本思想成为中国共产党合法性的基础。毛泽东认为:"人民,只有人民,才是创造世界历史的动力。"[2] 这说明了一个深层次的关系,即"富强、民主、文明、和谐"等社会主义核心价值观中的核心理念,其合法性来源就是以人为本。而"人的自由而全面的发展"这一社会主义的基本价值理念也必然要表现为社会主义建设过程中的经济、政治、文化和社会价值理念,"富强、民主、文明、和谐"正是体现"人的自由而全面的发展"对经济、政治、文化与社会价值理念的要求。在全面发展人的自由的合法性基础之上,形成了社会主义核心价值观的基本内容:"富强"——反映的是促进和实现人的发展的物质条件的要求;"民主"——反映的是促进和实现人的发展的政治条件的要求;"文明"——反映的是促进和实现人的发展的精神文化条件的要求;"和谐"——反映的是促进和实现人的发展的社会环境条件的要求。[3]

---

[1] 焦国成:《试论社会主义核心价值体系的基本理念》,《道德与文明》2007年第1期。
[2] 毛泽东:《毛泽东选集》(第三卷),人民出版社1991年版,第1031页。
[3] 湖南省哲学社会科学规划办公室课题组:《富强、民主、文明、和谐:社会主义核心价值体系的基本价值理念》,《人民日报》2009年8月28日,第7版。

（二）社会主义核心价值体系的基本特征

（1）从理论层面来看，马克思主义基本原理与社会主义基本价值的联结是核心价值体系的本质，具有鲜明的意识形态主导性。

中国共产党自成立伊始便以马克思主义为指导思想，从战争年代到和平年代，马克思主义关于无产阶级和全人类解放的学说，使得中国不仅摆脱了积贫积弱、任人宰割的局面，更缔造了一个不断强化其治理体系与能力、以人为本的国家。爱国主义是中华民族的精神核心，它贯穿于民族精神的各个层面，使得人们能够热爱国家，拥护中国共产党的领导，把个人与国家民族联系在一起，把个人的事业与国家的梦想有机联系起来，投身社会主义建设做到"中国梦，人人出彩"。"在社会主义社会里，是非、善恶、美丑的界限绝对不能混淆，坚持什么、反对什么，倡导什么、抵制什么，都必须旗帜鲜明。社会主义核心价值体系追求中国特色社会主义共同理想，弘扬民族精神和时代精神，倡导社会主义荣辱观，集中反映了社会主义、爱国主义、集体主义的价值导向，明确了当代社会最基本的价值取向和行为准则，具有强烈的主导性和强大的引领力。"①

（2）从实践层面来看，社会主义核心价值体系是中国共产党在新时期根据新形势提出的新的战略任务，体现了实现共产主义的最高纲领与建设中国特色社会主义经济、政治、文化的最低纲领的统一，理想与现实的统一，传统与现代的统一，因而具有鲜明的时代性。②

共同理想是价值体系的重要内容，现阶段我国各族人民的共同理想是建设人与自然和谐相处、安定有序、充满活力、诚信友爱、公平正义、民主法治的社会主义。③中国特色社会主义是实现共产主义远大理想的必经阶段、具体体现，坚持中国特色社会主

---

① 田海舰：《社会主义核心价值体系的基本特征》，《思想政治工作研究》2007年第6期。
② 田海舰：《社会主义核心价值体系的基本特征》，《思想政治工作研究》2007年第6期。
③ 秋石：《论社会主义核心价值体系》，《求是》2006年第24期。

义共同理想，就是把中国特色社会主义价值、中国特色社会主义制度以及中国特色社会主义现代化的道路三者有机结合起来。与此同时，建设社会主义核心价值体系，是对价值观、民族精神以及党的优良传统的有机结合，其鲜明的历史性从本质上也正是时代性的表现，因为所有的历史都要指向现代。具体来说，其时代性表现在社会主义核心价值体系确立了中国共产党在思想精神上的旗帜，指明了时代潮流与历史趋势；确立了当代中国发展目标与道路，解决了走什么路、实现什么目标的问题；明确了国民的行为规范与价值追求，反映了迫切的时代需求与现实导向。[1] 所以，正如学者所言，社会主义核心价值体系完全可以起到时代的引领作用，尽管它并不能完全替代社会主义现代化建设中遇到的所有的意识形态。[2]

（3）从社会功能层面，社会主义核心价值体系将个体、社会与价值文明有机统一，将哲学基础、精神面貌、理想信念以及指导思想有机结合，具有鲜明的包容性。

中国特色社会主义共同理想整合了时代与民族的精神，是价值系统中实现社会功能的出发点和落脚点；民族精神与时代精神为人民提供了价值体系得以巩固与发展的渠道，为社会在价值体系的推动下向前发展提供了实践依据；社会主义荣辱观则具体表征了社会主义核心价值的哲学基础、精神面貌、理想信念以及指导思想，为中国特色社会主义发展提供了道路和方向。社会主义核心价值体系层次分明地连结个体、社会与价值文明，将社会主义意识形态中的哲学基础、精神面貌、理想信念以及指导思想有机结合，构建起核心价值体系的金字塔结构：居于金字塔顶端的是马克思主义指导思想，居于基础部分的

---

[1] 兰峻：《论社会主义核心价值体系的时代性》，《求实》2012 年第 8 期。
[2] 严书翰：《社会主义核心价值体系的三个突出特点》，《人民论坛》2011 年第 31 期。

是社会主义荣辱观,爱国主义和时代精神则是金字塔结构的支柱,以此构成我国社会主义核心价值体系的包容性、广泛性、层次性。

(三)社会主义核心价值体系的基本功能

1. 塑造国家的性格

一个国家的价值体系意味着它必须支撑起整个国家与民族的精神、思想与行动,主导着这个国家的国民性格,从而构建起行动一致、思想统一的国家生命力,它决定着政府以何种方式认识与处理国际事务,决定着社会以何种理念处理其与民众、与国家之间的关系,也决定着民众思想与行动的取向。对于国家而言,在国际交往中,一个国家的核心价值体系直接决定了这个国家的国际形象是崇尚霸权还是爱好和平,地位是举足轻重还是被动挨打。清末中国之所以受列强凌辱,很大程度上是清政府抱有"天朝物产丰盈,无所不有,原不借外夷货物以通有无"傲慢自居的外交姿态,在清政府眼中,中华的价值就在于其乃唯一文明开化之地,断无与外夷外交之理,即便是国门被炮火洞开,也仍旧要保持"天朝上国"的身份。由此可见,一个国家的核心价值体系就决定了这个国家的外交姿态与水平,从而也就决定了这个国家的外部性格。此外,一个国家对内奉行的是独裁、特权、民主还是无政府,也全然与这个国家建构的价值体系有关。20世纪西班牙的弗朗哥、希腊的军政府、古巴的巴蒂斯塔、巴拉圭的斯特罗斯纳,这些独裁者多数将国家置身于水深火热之中,这些国家都有相同的性格:"当权者十分优秀,永远正确,国家是独裁者的私有财产,人民是臣民,隶属于特权阶级,人民在安全与自由这样的价值中只能如同鱼与熊掌一般二者选一。"[①] 社会主义核心价值体系强调爱国主义与民族精神,强调中国在对外交往中始终树立和平友好的大国形象,强调中国

---

① 里普森:《政治学的重大问题》,刘晓等译,华夏出版社2001年版,第182—186页。

的崛起只会巩固世界的和平而不会危害地区与国际社会的利益,对内则坚持社会主义民主与法治,强调政府的执政要情为民所系、权为民所用、利为民所谋,秉持从群众中来、到群众中去的价值理念,以此塑造一个负责任、倡导民主法治的大国形象。

2. 引领社会变迁

所谓社会变迁,也就是从某一社会的阶级结构、各种法律制度、经济结构,尤其是国家的社会结构与政治制度向另一社会的阶级结构、各种法律制度、经济结构,尤其是国家的社会结构与政治制度的转变。[①]而这些转变的核心基础,就是价值观的变迁。因为价值观的变迁指导着阶级结构、法律制度、经济结构、国家的社会结构与政治制度转变的基本方向。所以重构中国历史上出现的任何价值观,都要考虑到与历史互动的这一点,哪怕再暴虐的王朝,都会十分注重在价值观培育的问题上去吸收前代社会的精神,而在近代社会风起云涌的转型过程中,那种"将国故丢在茅厕三十年""倒洗澡水连同孩子一起倒掉"的极端的价值观重塑方法,也使得人们付出了惨重的代价。

党的十八大报告提出"三个倡导",既然是"倡导",则表明这24字的表达仍旧只是表明社会主义核心价值观仍处于"培育与践行"当中,而在此过程中,就如上述所引学者的基本结论一般,是可以变化与调整的。某一时代的任何官方性的指导意见都不可能毫无遗漏地反映那个时代的思想、信仰与真理,因而,对于社会主义核心价值观的建构而言,明确其思想的内涵固然重要,但支撑其"合法性"的基本要素以及这种要素所产生的社会与历史效应也同样重要。当今中国,改革是时代的主题词,国家治理、社会结构、生产方式、生存方式等诸多层面都在发生着深刻的转型,与之相伴随的则是文化价值观的演变。个人、社会与国家之间的秩序与结构的确立,以及三者之间关系

---

① 郑大华:《要加强社会变迁与文化转型之互动关系的研究》,《史学史研究》2007年第3期。

的平衡，涉及当代中国社会变迁与转型的重大前沿问题。

3. 促进人的全面发展

所谓人的全面发展，实际上就是人对社会关系的控制度与人的社会交往的普遍性。人的全面发展包括人的个性的全面、自由发展，比如人格、尊严、天赋、性格、爱好等；人的社会关系充分发展，实现最大程度的人人平等，激发人的创造性、积极性与主动性；人的劳动能力充分发展，最大程度地发挥人改造主客观世界的能力。

第二节　社会主义核心价值观的理论溯源

一、历史启示

一种价值是否在历史的剧场里显现它"文明"与"核心"的一面，关键要看它是否被传统与历史建构起来并得到政治权力认同。例如在一定的社会秩序下的常识与常规，被人们认同并被奉为权威，当传统与权力确认其合法性时，它便拥有话语权，并在人们不自觉的认同中控制着人们的生活。[1] 一个社会的核心价值观应当让不同的社会阶层甚至是处于社会边缘的群体都对这种文化模式产生认同。在核心价值观的形成过程中，个人、社会与国家文明是其关键的因素与客观的依据。

比如，在传统的中国，住在王朝边缘地区的少数民族被斥为"夷狄"，意味着这些地区的人是未开化的；居于华夏中心地域的民族为"诸夏"，意味着这些地区的人是文明的。这说明在一种价值观的形成过程中，个人或族群的身份认同起着关键作用，"中华"一词，就意味

---

[1] 葛兆光：《七世纪至十九世纪中国的知识、思想与信仰》，《中国思想史》（第二卷），复旦大学出版社2013年版，第226页。

着文明，意味着价值，相对于蛮族而言，华夏民族只要是生于中华，使用中华的语言文字，着华夏衣冠，用华夏饮食，自生至死，其意识中始终都有"文明"与"上国"的标签。

由此不禁要问，千百年来，华夏文明为什么能够持久地占据世界价值的舞台？答案在于，除了帝国的儒家文明创造出的思想、信仰与行动确实保持了中国古人对文明孜孜矻矻的追求，更重要的是，这种思想、信仰与行动创造出来的和谐、秩序以及稳定，是个人、社会与国家共同奋斗追求的目标。正如韩书瑞（Susan Naquin）和罗友枝（Evelyn Rawski）所言，在中国圣人孔子的思想体系中，"表达正统价值观的适当行为同一个与宇宙保持和谐一致的统治者掌管的秩序良好的稳定社会有关"[①]。

中华礼仪是传统中国社会核心价值观的基石，也可以说是其形成与发展的客观依据，但礼的更深层次含义在于它本身意味着正确的行动，国家与社会的权力控制着这种正确的行动仪式，不符合的要被不断地修正。个人、社群与国家在礼仪的行动中要始终保持一致，其原因在于只有遵循正确的行动，才能使外在的行为与内在的价值观一致、均衡，这样才能为所有社群的所有民众所接受，由此才能切实地形成一种为大众共有、共享的价值观，所以即便这种价值观是有等级、有差异的，也能内化在亿万中国人的共同信仰之中："君君、臣臣、父父、子子"，"父为子纲、夫为妻纲、君为臣纲"等。

正是有了这样基于心灵、社群与世界三者之间对文明与秩序的无差异理解与遵循，华夏文明绵延数千年才有了可能。"格物、致知、修身、齐家、治国、平天下"，这些中国人耳熟能详的价值信仰，从本质上讲是一回事。对于传统的中华帝国而言，国家治理的最理想的方式当然是国家通过礼仪的文明价值对所有的民众进行渗透与灌输，而非

[①] 韩书瑞、罗友枝：《十八世纪中国社会》，江苏人民出版社2009年版，第90页。

通过暴力的手段；对于家庭而言，家庭维系的最理想方式是通过家长以绝对的权威使子女无条件的服膺；对于个人而言，寻求个人价值与实现个人理想的前提是履行社会职责以及遵守公认的规范。所以正是有了这样一种同一建构的价值观模式，个人努力工作的同时，强调尊重集体的父系家长制，重视建立在维系社会与宇宙秩序的古老儒教仪式与行为，以此构成了传统中国社会与国家的核心价值观。

由此可见，中国传统社会的核心价值观历经千年的发展，将个人的心灵延伸至整个宇宙，通过强调个人与自身、与家庭、与社群、与国家乃至与整个自然界的秩序与和谐——其中包括"贵和尚中"的中和思想、"天人合一"的整体主义、"民为邦本"的民本思想——以此实现君臣民三者关系的价值主张，实现自我修养的价值取向，实现人与自然和谐共处的价值主张。[1]

思想与价值都兼具这样的特点，即人们可以通过唤起历史的记忆，重新诠释经典以回应时代的变化，"以复古求变新"。任何历史都要指向现在，具体到考察社会主义核心价值观的形成发展所依赖的合法性依据而言，我们必须要看到，一般的知识、思想与信仰体系都具有广泛、深刻的民众基础，而民众普遍接受又意味着一种正确的行动贯穿于权力与秩序之间，更重要的是，在权力与秩序之间，人们对国家的同一伦理与文明的认同基础是超越个体生命、政治权力以及地域的普遍真理。[2] 人才是驱动历史和价值的主体，传统中国的核心价值观的形成与发展提示我们，在以人为本的理念下建构起公民对社会、国家的认同极为重要。此外，信仰的坚定与权力的同一在一定程度上是成正比的，公民对国家的认同与国家对公民在意识形态上的教育必须保持

---

[1] 郑奕：《中国传统社会的核心价值观》，《第二届中国伦理学青年论坛论文集》，2012年，第97—104页。

[2] 葛兆光：《七世纪至十九世纪中国的知识、思想与信仰》，《中国思想史》（第二卷），复旦大学出版社2013年版，第159页。

良性的一致。国家能够通过公民的价值信仰建构起自身的权威，公民则可以通过国家的价值观教化形成自己的核心价值观。如此一来，社会主义核心价值观的形成与发展才有了颠扑不破的合法性依据。

二、经典呈现

马克思恩格斯创立的科学社会主义理论体系中贯注了价值理性的精神，为了全人类的解放是马克思主义的核心价值思想。马克思恩格斯的社会主义核心价值观是在科学社会主义理论基础上提炼和升华的理性信仰，为人类社会发展提供了终极价值追求，成为中国特色社会主义核心价值观的最直接理论来源。

马克思恩格斯为实现无产阶级革命的胜利和全人类的解放奋斗终生。为了全人类的解放是马克思主义的核心价值思想，也是科学社会主义的最终归宿。整个马克思主义的主题和宗旨就是实现无产阶级和全人类的解放。从这个角度上来说，马克思主义是关于人的解放的学说，"马克思主义是人的解放学"[1]。马克思曾经指出："任何一种解放都是把人的世界和人的关系还给人自己。"[2] 也就是说，在任何阶级社会中，要实现把人的世界和人的关系归还给人本身，要通过阶级之间的对抗和斗争，马克思说："批判的武器当然不能代替武器的批判，物质力量只能用物质力量来摧毁；但理论一经掌握群众，也会变成物质力量。"[3] 人的解放不仅仅是某个人的解放，而是一个阶级的解放，是整个人类的类的解放。

马克思在《关于费尔巴哈的提纲》中指出，人的本质，在其现

---

[1] 李惠斌、薛晓源：《中国马克思主义研究前沿报告》，华东师范大学出版社2007年版，第19页。
[2] 马克思、恩格斯：《马克思恩格斯全集》（第1卷），人民出版社1956年版，第443页。
[3] 马克思、恩格斯：《马克思恩格斯全集》（第1卷），人民出版社1956年版，第460页。

实性上，是一切社会关系的总和。马克思从生产力和生产关系、经济基础和上层建筑之间的辩证关系出发，考察了唯物史观的基本发展规律。《关于费尔巴哈的提纲》《1844年经济学哲学手稿》《〈黑格尔法哲学批判〉导言》《德意志意识形态》《论犹太人问题》《共产党宣言》《1857—1858 经济学手稿》《资本论》以及《人类学笔记》一系列著作系统地论述了马克思主义关于人的解放的思想。

在《德意志意识形态》一书中，马克思和恩格斯指出，人类历史的第一个活动是有生命的个人的存在，在一定的生产方式下进行生产活动的个人，并不是单个人而存在的，而是在一定的社会关系也就是说经济关系、政治关系、文化关系等中存在的。即任何单个人的存在都不是想象中的存在，而是现实的存在，是一种社会关系中的存在。马克思认为解放并不是人类思维的解放，而应该是在现实的社会关系和生产力中去解放。恩格斯在《社会主义从空想到科学的发展》一文中，对共产主义的发展过程做了详细描述，提出要实现无产阶级的革命，除非无产阶级取得政权，并且在占有全部生产资料的时候，才能实现人的解放。"共产主义是私有财产即人的自我异化的积极的扬弃，因而是通过人并且为了人而对人的本质的真正占有；因此，它是人向自身、向社会的（即人的）人的复归，这种复归是完全的、自觉的而且保存了以往发展的全部财富的。"[1] 我们不难发现，马克思是把人的解放作为马克思主义价值观的核心思想，也就是说，马克思主义的核心价值是关于"人的解放"，即在自由人的联合体中实现人的自由全面发展。"代替那存在着各种阶级以及阶级对立的资产阶级旧社会的，将是一个以各个人自由发展为一切人自由发展的条件的联合体"[2]。

---

[1] 马克思、恩格斯：《马克思恩格斯全集》（第42卷），人民出版社1979年版，第120页。
[2] 马克思、恩格斯：《马克思恩格斯全集》（第4卷），人民出版社1958年版，第491页。

三、新时代表述

人的本质是社会的存在，人在实践过程中对自我本质与发展规律的确认，形成了价值。从辩证唯物主义的角度来看，所谓价值，即客观的存在事实与主观的反映形式有机结合、辩证统一。

价值观是人们对于善恶、美丑、好坏、得失等方面的基本看法和立场。在当前阶段，我国已经全面建成了小康社会，正在向着第二个百年目标奋斗。社会发展深刻影响着人们的价值观，促使我们审视并调整传统观念，以更好地应对社会变革带来的挑战，为实现中华民族伟大复兴的中国梦而共同努力。

对于新时代社会主义核心价值观的基本内涵，有不少学者分别从不同角度进行了提炼。社会主义核心价值观应当既传承传统价值观的精华，又吸纳国外价值观的积极元素，以此形成符合时代发展趋势、具备中国特色的社会主义核心价值观。有鉴于此，陈静教授认为社会主义核心价值观的基本内涵应当包括"公平正义、以人为本、共同富裕"[①]。其中"共同富裕"是价值目标，"以人为本"是价值基点，"公平正义"是价值核心。其具体的实施手段便是实现先富带动后富，并最终实现共同富裕，在追求共同富裕的进程中，确保公平正义是社会稳定有序、发挥人的积极性、主动性、创造性的前提条件。

李培湘教授从党的若干文献与决议中提炼出和谐、富强、民主、文明、公平、正义的核心价值观要点。[②] 戴木才教授亦持有相近观点，他认为社会主义核心价值观是建设社会主义核心价值体系的升华，其价值观的要素应当是以富强、民主、文明、和谐以及人的自由全面发展作为内涵。[③]

---

① 陈静：《社会主义核心价值观基本内涵探要》，《马克思主义研究》2007年第6期。
② 李培湘：《构建中国特色社会主义核心价值观的探索》，《科学社会主义》2009年第5期。
③ 田海舰、戴木才：《社会主义核心价值观初探》，《道德与文明》2007年第1期。

田心铭教授认为,中国特色社会主义核心价值观念中的核心观念源自"物质的经济的事实之中"[①]。从理论形态来看,它反映的是马克思主义中国化的历史进程;从实践的角度来看,它反映的是新中国成立以来党和人民长期奋斗的历史进程。这样一来,社会主义核心价值观至少有两大渊源:马克思主义的本质特征以及中国共产党的根本宗旨。总结起来,中国特色社会主义核心价值观的内涵应当包括:以人为本、实事求是、独立自主。以人为本、实事求是是具有中国特色的马克思主义的根本观点,独立自主是坚持以人为本、实事求是的必然要求。

为了"提炼和概括出简明扼要、便于传播践行"的社会主义核心价值观,党刊《红旗文稿》在2012年第2期以"社会主义核心价值观研究"为题,将以人为本、共同富裕、民主法治、公平正义、团结和谐、开放包容作为社会主义核心价值观的基本要素。[②]这6组词24字,表现出以下几个特征:第一,它完全反映社会主义的本质,以此区别于传统的、外来的文化;第二,它反映的是国家、社会与制度层面的价值取向;第三,价值观本身意味着长期坚持、广泛宣传以及深入人心的动态过程;第四,它是一个既开放又封闭的价值体系,所谓开放是指它与古今中外的其他价值文明有相互包容、借鉴之处,所谓封闭是指这种价值观的"关键词"应当是中国共产党领导下的中国特色社会主义的独有表达;第五,它是一个既固定又灵活的话语系统,所谓固定是指其内容是明确的、含义是准确的,所谓灵活是指它精确提炼的内容具备广泛的包容性,可以兼及其他思想、信仰与价值文明,可以做到以点带面的发散。

总结起来,学界对于新时代社会主义核心价值观基本内涵的认识

[①] 田心铭:《中国特色社会主义核心价值观:以人为本、实事求是、独立自主》,《马克思主义研究》2011年第11期。

[②] 柯缇祖:《社会主义核心价值观研究》,《红旗文稿》2012年第2期。

呈现出以下特点。

（一）社会主义核心价值体系与社会主义核心价值观的关系

社会主义核心价值观与社会主义核心价值体系属于社会主义现代化建设的同一语境，因此所处的环境与要面对的问题是一致的，它们都是马克思主义经典作家留给我们的一个难题，都是中国数千年传统文化遗留给今人的一个重大课题，也都是"世界社会主义实践运动和中国特色社会主义伟大实践给我们提出的"一个重大价值难题。[①] 社会主义核心价值观是社会主义核心价值体系的"核心"，即是对价值体系的高度概括与抽象提炼，两者之间相互依存、有机统一、相辅相成、相互作用。核心价值体系的范畴具有开放与包容的特点，包含着价值观、核心价值观、价值体系、核心价值体系。价值体系往往反映着一个时代的价值原则、尺度、追求与取向，又因为其具备发展性的特点，因而其本身并没有强烈的价值理性的判断，随着社会的发展，核心价值体系中的部分要素是会发生变动的。而核心价值观则不同，价值观是经过抽象提炼的，实际上具有终极性的价值判断，因此核心价值观具备理想性、稳定性、共识性、统摄性、建设性的特征，而这些特征是价值体系不具备的。精神文明建设的过程，是社会由低级走向高级，由传统走向未来的重要历程；要运用马克思主义意识形态和国家学说的基本原理，建构起指导中国人日常行动的范式，建构起和谐有序的社会沟通，建构起强大的国家治理能力与体系，运用自然科学技术与日趋丰富的生产资料提炼与总结出一种抽象的、普适的、稳定的行动模式。

另一方面，从社会主义核心价值体系到社会主义核心价值观的升

---

① 戴木才：《论社会主义核心价值观与核心价值体系的辩证关系》，《南昌航空大学学报（社会科学版）》2011年第2期。

华,是一个从"主导"到"主流"的过程。每一个社会都有自己的共同信念、民族精神与时代理想,这些是构成社会主义核心价值体系以及提炼核心价值观的根本要素,但是这些要素只是行动逻辑上概念的生产要素,是没有经过"加工"的,正是因为两者之间在社会意识上具有同质的结构,所以两者之间存在一个提炼与进化的过程。社会意识在价值体系与价值观中都充当着均质化的角色,比如在中国特色社会主义制度与理论体系的表达、社会主义先进文化、社会主义制度与精神层面的质的规定性等等,并不因为其在价值层面一个起主导作用、一个起主流作用而有所区别。社会主义核心价值体系作为一个先在条件,为国人价值观的塑造提供了一个开放的、包容的平台,其中包含着信念理想、时代感、民族精神,这些要素都内涵于社会意识之中,是价值观的提炼所不可或缺的。

(二)对社会主义核心价值观内涵的构建是时代赋予的重要使命

任何社会都必须具备有足够支撑力的核心价值体系与价值观,尤其是身处于我们这样一个社会转型与变迁的时代:社会主义市场经济体系逐步完善;利益格局、思想观念以及社会结构深刻变化调整;人们的价值导向、物质选择、精神追求日益多元化,在多样与多元的价值主题与观念中,缺乏一种必要的一元价值观,缺乏必要的国家认同;改革的全面深化除了要求完善政治的"屋顶"——推进国家治理体系与治理能力的现代化之外,还需要建构起能够指导中国特色社会主义现代化进程的核心价值观。从国内形势来看,我们要把人民群众的社会实践活动与马克思主义科学原理结合起来,做到深邃的理论简单化、抽象的逻辑形象化、书斋的理念社会实践化,以此成为党和人民群众普遍认同、普遍信仰的思想武器[1],这便是马克思主义大众化、时代化

---

[1] 黄蓉生、白显良:《提炼社会主义核心价值观若干问题思考》,《思想理论教育》2011年第3期。

对于社会主义核心价值观的提炼与表达的必然要求。从国际形势来看，目前中国正处于树立大国形象的关键时期，经济实力的大幅度增长与综合国力的日益雄厚使得中国在国际上的地位以一种"和平崛起"的友好姿态展现，在这种背景下，中国必须建构起自己的核心价值观从而在国际舞台上展现出良好的外交形象与负责任的大国形象；而国际社会也希望中国能够建构出一套属于自己的话语体系，以便于在国际交往中能够有助于世界各国的共同发展。因此，社会主义核心价值观的提炼与表达，符合国人的根本利益，这是时代赋予的使命，也是中国提升文化软实力的必然要求。可以说，"时代已把我们推到一个不重视核心价值体系建设就不能更好地前进的阶段"[①]。总之，社会主义核心价值观的构建是社会主义精神文明与先进文化建设的崇高使命，是中华民族伟大复兴的"中国梦"的现实需要。

（三）社会主义核心价值观内涵的提炼与表达是一个渐进的过程

任何社会的代表性价值观的提炼、表达以及融入国民教育的过程都不可能是一蹴而就的。从党的十六届六中全会"核心价值体系"的提出到党的十八大"核心价值观"的提出，这期间，对于社会主义核心价值观的见解可谓见仁见智，这实际上反映出人们对思想、信仰与价值文明认知的进度与深刻变化着的社会结构与宏大的制度体系与意识形态之间仍旧存在一定的差距。实际上，随着社会的深刻变革以及人们对于社会主义价值体系更加深入的认知，社会主义核心价值观仍旧会朝着更加凝练、更加深刻、更具代表性的方向迈进。更推而广之，自空想社会主义时期，圣西门、傅立叶、欧文等人提出集体劳动观、"和谐制度"以及共产主义倾向开始，人们对于社会主义的存在价值便

---

① 王泽应：《社会主义核心价值观之本质规定性及路径选择》，《湖南师范大学社会科学学报》2007 年第 5 期。

上下求索；自马克思主义进入中国、与中国传统文化的核心要素相结合后，人们对于社会主义核心价值观的提炼与表达，可以说是横跨古今中外。由此可见，社会主义核心价值观本身是一个动态的进程。

（四）社会主义核心价值观内涵体现的是一种广泛的动态的政治认同

不管是从学界对于社会主义核心价值观的各自认知，还是从官方对于社会主义核心价值观的提炼（党的十八大）来看，一个最明显的特征是：价值观包含着广泛的、层次鲜明的认同感，这是其存在的前提，也是其引领社会思潮的动力。从结构上来看，社会主义核心价值观包含着公民、社会与国家上下互动、相互依存的逻辑体系，国家的富强、民主与文明、和谐需要社会的民主、法治与公正、正义作为支撑，需要公民以诚信、友善、爱国、敬业作为支撑，更重要的是，如果没有处理好社会与国家、公民与国家或公民与社会之间的关系，没有达成制度的正当性、执政的合法性以及民族的统一性，广泛意义上的政治认同就不可能建立起来，人心就会离散、价值就会扭曲、社会就会动荡不安，也就遑论社会主义核心价值观。从这个意义上说，任何一个国家都需要有代表着大多数利益群体的、为大多数群体所认同的主流意识形态，反之世界上凡是处于四分五裂、地区冲突或意识形态斗争激烈的国家和地区，都缺乏统一的、公认的、具有感召力的核心价值观。巴以冲突持续不断、难以和解的实质是两个国家和民族均坚守各自的核心价值观。一个群体的价值观有助于促进该群体内部的认同，一个社会一旦拥有核心的理念，便意味着在政治生活中有了呼应社会大多数成员的政治话语，进而形成公民对于党和国家、政府的情感归属。但必须要指出的是，广泛意义上的政治认同并不等于一言堂，并不等于放之四海而皆准。政治认同有四个显著的特点："主动性、发展性、包容性、总体性"①。这意味着政治认同必须是发自内心的意愿而非外力的强制同化；政治认同意味着与时俱进，在动态中不断地更新、提炼新的表达形式；政治认同是"求同存异"而非思想上的完全统一；政治认同是总体上的界定而非要求所有人对国家倡导的价值文明都认可、满意。这意味着，并不是一旦提炼了"言语"层次上的社会主义核心价值观，就意味着这种价值观会永远存在，会一直得到民众的认同，换言之，社会主义核心价值观既然是一种广泛的、动态的政治认同，就说明它不是一个固定不变、一劳永逸的概念，而是处在不断建构、不断修正、不断内化的过程中。因而有学者认为，社会主义核心价值观的建构，需要具备"广泛的感召力、持续的公共政策、延绵不断的大众文化渗透"②这三个基本手段。

四、基本要素

党的十八大报告提出"三个倡导"，由此基本上形成了官方对于社会主义核心价值观表述的指导性意见。但既然是"倡导"，则表明这24个字的表达仍旧只是表明社会主义核心价值观仍处于"培育与践行"当中，因而，对于社会主义核心价值观的建构而言，明确其思想的内涵固然重要，但对于支撑其"合法性"的基本要素以及这种要素所产生的社会与历史效应也同样重要。

关于社会主义核心价值观形成与发展的基本要素，已经有学者认为，自由人权、民主法治、公平正义、诚信兼爱四个语言单位在表述上与内容上都比较符合社会主义核心价值观形成发展应该具备的基本

---

① 宋玉波、陈仲：《改革开放以来增强政治认同的路径分析》，《政治学研究》2014年第1期。

② 冯周卓：《以马克思主义意识形态建设推进社会主义核心价值观认同》，《道德与文明》2009年第6期。

要素,也是现实社会中正在流行和将要流行的价值要素①。舍弃任何一个便无法作为一个完整的表述:自由人权是人类共同体得以生存与发展的必备要素;民主法治是最高的政治文明、是人类获得自由与尊严的必要条件;公平正义是人类公认的价值尺度,也是社会主义的本质特征;诚信兼爱是中华民族的优秀传统,也是人类社会未来发展的必然要求。尽管这些确实是中国特色社会主义的基本内核,但这样的提炼实际上是对官方给出的指导性意见的再一次提炼。对此,笔者认为,社会主义核心价值观的形成与发展的基本要素,既要突出其"中国特色"的一面,又要使得这种基本要素是实实在在增进社会主义人民福祉的精神元素。

(一)以人为本是形成社会主义核心价值观的意识形态支撑

以人为本是党和国家得以存续的合法性依据。实际上,以人为本不仅贯穿于新时期党的工作路线,更重要的是,自马克思主义诞生之日起,它便是提携社会主义精神的伟力。马克思在《德意志意识形态》中强调,无产阶级应当作为有个性的个人存在,即自由的个人、完整的个人、普遍的个人。②在《共产党宣言》中,马克思更强调"每一个人的自由发展是一切人自由发展的条件"③,而人类的共产主义社会就是要作为一个自由人的联合体,"以每个人的全面而自由的发展为基本原则的社会形式"④,《共产党宣言》中的这句话与其所表达的以人为本的观点,也被恩格斯认为是未来社会主义新纪元的基本特征⑤。

尽管中国古代也有民本思想,比如"民惟邦本,本固邦宁","民

---

① 虞崇胜、张建军:《社会主义核心价值观生成的一般规律、基本原则和基本要素》,《东南学术》2013年第1期。
② 马克思、恩格斯:《德意志意识形态》(节选本),人民出版社2005年版,第X页。
③ 马克思、恩格斯:《马克思恩格斯选集》(第1卷),人民出版社1995年版,第294页。
④ 马克思、恩格斯:《马克思恩格斯全集》(第23卷),人民出版社1972年版,第649页。
⑤ 马克思、恩格斯:《马克思恩格斯全集》(第4卷),人民出版社1995年版,第189页。

为贵，社稷次之，君为轻""国以民为本，国以人为本"，但这种民本思想与马克思主义"尊重人民的主体地位"的历史唯物观是有本质区别的。强调以人为本在社会主义核心价值观形成与发展中的合法性渊源地位，这是由中国共产党以及社会主义的根本性质决定的。"以人为本"既是马克思主义理论的精髓，是科学社会主义奠基者的愿景，也符合社会主义建设的价值取向与人民群众的期许。社会主义核心价值观所呈现的面向，不管是自由、民主也好，公平、正义也罢，这些都归结于一个最根本的现实前提：这些价值都必须由人去发掘、去认同、去共享，否则就是一纸具文。换言之，社会主义区别于资本主义之处即在于它自呱呱坠地之时，便天然具有"以人为本"的伦理情怀，正是在这种情怀之下，社会主义其他的重要价值观如公平正义、共同富裕、文明和谐、民主法治、诚信兼爱等才有了孕育的摇篮；更重要的是，在以人为本的摇篮中孕育出来的社会主义核心价值观，才有了区别于资本主义核心价值观的可能性。所以，在正确把握社会主义核心价值观的基本要素时，要明确这种核心价值观本身便是一种历史唯物主义哲学的体现，它绝对不能简单地通过语义学和词源学去理解和阐释，而应被内化为历史与行动。价值观的形成与发展，也正是由不断延伸的历史与不断翻新的诠释所建构的，而绝非某一时代的一小群人关在角落中便可以杜撰出来。以人为本的理念，是马克思对科学社会主义的经典阐释，同时也是社会主义蓬勃发展的不竭动力，这种思想的资源建构在一代又一代的共产党人持续不断地接力之中。社会主义核心价值在不同的人群看来，或许各有表达，对于一个穷人而言，社会主义核心价值观或许应表现为富强；对于一个商人而言，社会主义核心价值观或许应表现为诚信友善，但只要是社会主义以人为本而建构一切的制度，那么所有人心中各自的价值观的叠加，就应当是社会主义核心价值观的如实反映。

（二）民主法治是形成社会主义核心价值观的法理基础

党的十八大报告明确了"民主法治"的社会主义核心价值观内涵，这是继党的十五大提出"依法治国"后，现代法治理念从国家制度层面向精神与意识形态层面的进一步深化。韩非子曾说："国无常强，无常弱。奉法者强，则国强；奉法者弱，则国弱。"（《韩非子·有度》）随着社会主义法律体系的形成以及不断完善，一种以良法为秩序规范的法治结构在逐步地主导社会主义基本生活与行动，这种过程正好反映了社会主义国家富强、民主、文明的建构历程。社会主义的法治应当至少涵盖如下几个层次的精义：依法治国是党领导人民治理国家的基本方略，人民当家作主的地位是通过法治的形式确立的；具备完整的、有中国特色的社会主义法律体系；宪法的权威在于普遍的实施与遵守，任何组织或个人都不得有超越宪法法律的特权，法治本身就意味着完全服从与实施宪法；法律在稳定性与灵活性之间保持"刺猬效应"：法律必须是稳定的，但是又不能一成不变，法律绝对不能朝令夕改，一旦公布就应当得到任何组织或公民的无条件遵守，但立法又应当引领、推动改革；凡属重大改革要于法有据，需要修改法律的应先修改法律，先立后破，有序进行；法治应当成为一种信仰，法治之下的法律应当凝结社会成员的价值、制度与行为共识。培养社会主义核心价值观中的法治观，实际上就是培养良性的权利意识。在法律信仰中，遵守和尊重法律是官方与民众的共同义务。[1] 民主是人类社会的共同政治理想与每个公民应有的生活方式，社会主义民主是坚持党的领导、人民当家作主与依法治国的有机统一，是确保在制度的体系中实现"情为民所系、权为民所用、利为民所谋"，同时也是实现人民当家作主、人民主体地位的重要制度保障。社会主义核心价值观的形成，依靠的是法治作为规则，民主作为基石，中国共产党始终引领着民主

---

[1] 张永和、孟庆涛：《法治信仰形成路径探析》，《人民论坛》2013年第14期。

法治的核心事业,以党内民主带动人民民主,实现依法治国与人民当家作主。由此可见,民主与法治的关系如同一个硬币的两面,"民主就像是一张桌子,必须有柱子,法治是其中的柱子之一"①。

社会主义民主法治的本质是基于法律建构的良性社会秩序,法治本身便包含着正义与秩序的价值评判标准,民主则保证正义与秩序具备稳定的社会环境。正义与秩序之间各有侧重,正义关注的是法律规范和制度性安排暨增进人类福祉与文明建设的内容与价值,而秩序则侧重于法律与社会制度的结构形式。尽管正义确实有着"一张普罗透斯似的脸"②,但可以肯定的是,社会主义核心价值观之下的正义与秩序的关系,实际上是通过良法正确处理社会与人民内部的矛盾,妥善地协调社会各方面的矛盾和利益,也恰如亚里士多德所说,正义乃是要关注人与人之间关系的社会美德,进而我们可以说,一部良法,不仅体现良好秩序与规则,更体现出其背后的价值取向,即核心价值观。社会主义的法律外化于核心价值观的基本精神,以宪法与法律推动社会主义核心价值观,就是要做到"科学立法、严格执法、公正司法、全民守法"的新16字方针;而社会主义核心价值观又包含着法治的灵魂、理念、思想与精神,它统领着中国特色社会主义法律体系的规范与建设。③

不可否认,当前仍存在全民守法意识淡薄、司法不公正、执法不严格、立法不科学的现象,这些都客观地造成在培育和践行社会主义核心价值观中出现的难题。④从立法的角度而言,社会主义法治要求实现科学立法,通过立法引领社会变迁与改革,恰当地保障与分配公

---

① 俞可平:《沿着民主法治的轨道推进国家治理现代化》,《求是》2014年第8期。
② 博登海默:《法理学:法律哲学与法律方法》,邓正来译,中国政法大学出版社2004年版,第261页。
③ 李林:《法律如何推动社会主义核心价值观建设》,《法制日报》2014年3月11日,第4版。
④ 赵喜平:《法治与社会主义核心价值观》,《青海日报》2014年4月14日,第7版。

民的权利与义务；从行政的角度而言，社会主义法治要求各级政府落实严格执法，尊重法律，切实维护法律权威，做到及时、高效、合理、合法、诚信、有效执法，充分尊重和保护人权；在司法层面，要维护法院独立、中立，要让人民在每一个案件中都能感受到公平正义。

第三节　社会主义核心价值观认知与培育的价值意蕴

一、历史意蕴：传承中华优秀传统文化

在中国古代，任何有抱负的青年学子，但凡要立身处世并实现兼济天下的理想，都首先要从经典与实践中获得他对价值的模糊认知并构建属于自己的思想世界。因此，《大学》的开篇就以"三纲八目"回答了对青年士子进行正统教育的重大意义与基本方式：修己之德、达人并最终建构自己的世界观，而这一进路必须要通过树立正确的价值观去影响家庭、社会以及国家，并确立自己在家庭、社会以及国家中的地位与责任，明白在不同时期、不同位置自己该干什么、不该干什么。通过正统价值观的渗透与培育，青年士子内圣外王的道德情感与信念（提升立命处事的哲学素养、谋求国家振兴与和谐）、以家国利益为重的集体主义精神（先国后家、舍小家成大家、集体利益高于个人利益、长远利益高于短期利益的集体道德）以及以天下为己任的使命感（位卑未敢忘忧国、苟利家国生死以的爱国情怀）得到了熔铸。

所以中国古代的核心价值观融入青年士子思想世界的过程，其陈义甚高，立意甚远，在这一过程中时刻注意将个人、家庭、社群、国家乃至宇宙联系在一起；将先王礼制、洪谟圣训与天命鬼神联系在一起；将历史典故、己身修持与未来伟业联系在一起。其话语谆谆善导，循循善诱，既极富煽动与感情，又能深入浅出，能够清晰地将个人理

想勾画的未来蓝图展现在求学者眼前,容易让学子们产生内心的共鸣与认同。比如,在谈及君子立身处世之道时,应当"本诸身,征诸庶民、考诸三王而不谬,建诸天地而不悖,质诸鬼神而无疑,百世以俟圣人而不惑"。又如,在谈及家与国、己与人的关系时,应当"有诸己而后求诸人;无诸己而后非诸人。一家仁,一国兴仁;一家让,一国兴让"。再如,在谈及穷经与进德关系时,应当"尊德性而道问学,致广大而尽精微,极高明而道中庸,温故而知新,敦厚而崇礼"。再如,在谈及具体修为时,则强调"唯天下至诚,为能经纶天下之大经,立天下之大本,知天地之化育"。

到了近代,尽管儒学经典体系的根基被欧风美雨不断冲蚀,但在培养青年的爱国情怀与责任感上,社会的期许与造势反而愈发猛烈。梁启超曾说:"今日之责任,不在他人,而全在我少年。"为何全在少年?这个论断在他晚年时得到了验证:1921年,参加中国共产党第一次全国代表大会的15位参会人员中,除了共产国际代表马林和尼克尔斯基外,平均年龄仅28岁,更重要的是,中共13位代表中具有大学学历的有9人,其中有3人就读于北京大学,有6人曾留学于日本。①从某种意义上来讲,今天拥有9800余万党员的中国共产党以及中华人民共和国,就是由一群意气风发、忧国忧民、"苟利家国生死以"的青年缔造和奠基的。这13人在日后的岁月里,人生命运与政治取向发生了截然不同的转变:有缔造党、军队乃至国家并开创一代伟业的伟大领袖;有遭军阀暗杀、叛徒出卖但却终生信仰马克思主义的英烈;也有脱党叛国最终被处决的汉奸。他们的命运有一条基本的分界线,即是否拥有正确的革命价值观与坚定共产主义信仰。他们日后南辕北辙、坎坷沉浮的经历表明:是否拥有崇高的价值观与信仰不仅关系到一个人能否正确书写自己的历史,更关系到一个国家、民族的长治久安、

---

① 苗体君、窦春芳:《中共一大代表的学历与职称》,《党史博览》2008年第7期。

繁荣昌盛的基础是否牢固。一切历史都是过去与现在不间断的对话，回顾近百年来中国共产党与中华民族奋斗的历史，由一群青年起笔、亿万民众为之前赴后继书写的党史、国史，本身就是社会主义核心价值观融入青年一代的过程，揽镜自鉴，其历史意义不容低估。

青年意味着希望与未来，赢得青年，就是赢得未来。1957年11月，毛泽东在苏联首都莫斯科会见中国留学生时说："世界是你们的，也是我们的，但是归根结底是你们的。你们青年人朝气蓬勃，正在兴旺时期，好像早晨八九点钟的太阳。"邓小平强调，我们事业必定兴旺发达的希望所在，是青年一代的成长[1]；江泽民指出，在全国各族人民特别是青少年中，要进一步加强党的基本路线教育，社会主义、集体主义和爱国主义思想教育[2]；胡锦涛强调，一个有远见的民族，总是把关注的目光投向青年，一个有远见的政党，总是把青年看作推动历史发展和社会前进的重要力量[3]；习近平在纪念五四运动95周年与北大师生座谈时明确提出，青年是标志时代的最灵敏的晴雨表，时代的责任赋予青年，时代的光荣属于青年[4]。历史不止一次地证明：每一时代的青年人都能通过明辨自己所处的时代的条件，依据机缘与际遇去规划人生、书写历史。坚定的信仰与正确的价值观才能够培养出杰出的青年才俊；青年只有将个人前途与民族的精神、国家的命运联结在一起，才能大有作为。

一百多年前以学生为主力军的五四运动拉开了中国新民主主义革

---

[1] 邓小平：《邓小平文选》（第二卷），人民出版社1983年版，第95页。
[2] 江泽民：《加快改革开放和现代化建设步伐，夺取有中国特色社会主义事业的更大胜利》（1992年10月12日），中共中央文献研究室主编：《十四大以来重要文献选编》（上），人民出版社1996年版，第27页。
[3] 胡锦涛：《自觉担负起时代的重任——胡锦涛总书记关怀青年和青年工作纪实》，《中国青年报》2008年6月12日，第1版。
[4] 习近平：《青年要自觉践行社会主义核心价值观——在北京大学师生座谈会上的讲话》，《人民日报》2014年5月5日，第2版。

命的序幕,在《北京学届全体宣言》中,学生们高呼"外争主权,内除国贼,中国存亡,就在此一举了!""中国的土地可以征服而不可以断送!中国的人民可以杀戮而不可以低头!国亡了!同胞们起来呀!"等救亡图存的豪言壮语,激励着亿万民众为争国家主权、争民主科学、争做自由人而前赴后继。五四运动促进了马克思主义的传播,民主、科学、爱国、进步等进步精神也成为中华民族与中国人民孜孜矻矻争取的核心价值,可以说,当下社会主义核心价值观也正是滥觞于近百年前那场青年学子谱写的,旨在为国家、为民族、为亿万民众寻求光明与幸福的青春乐章。"大陆龙蛇起,乾坤一少年",近百年来,"五四精神"激励着一代又一代的青年谋国家民族的福祉,争民众与个人的权利,在为实现国家富强、社会稳定与个人尊严的奋斗道路上,一代又一代的青年将这种价值的传承与认同镌刻在个人思想与信仰的最深处,在历史的时空中不断激起思想碰撞的火花,亿万个梦想汇聚成了中国梦,亿万青年的先进思想汇聚成了核心价值观。

二、现实意蕴:落实立德树人根本任务

历史上任何一个时期对于青年人思想世界建构的期许都要回答"培养什么样的人,怎样培育人",社会主义核心价值观也同样面临着这一问题。在中华优秀传统文化的传承与培育上,过去与现在也保持着某种程度的一致性。

思想世界的建构从来是润物无声的过程,是要将其内化为伴随终身的认知与信念并外化为具体的行为取向的过程,这同时也意味着它是认同而非反动、主动而非强迫、积极而非推托的过程,未来的国家与民族的掌舵者便是今天以大学生为代表的青年。因此核心价值观建构的现实意义就在于其前提是要明确内化认同的真正含义,而内化认同就包含了认知与培育两个方面的要素。这对中国人思想信仰的塑造

所产生的力量也是不可估量的。

　　大学生是民族的希望、国家的未来，是真正能够改变国家与民族命运的一批人。从改革开放四十多年的发展历程来看，随着分配方式、经济成分、利益关系、价值导向日趋多元多变，我国在政治、经济、文化与思想等多层次、多领域都发生着巨大的变革。而青少年的思想、行动较之一般群体更易发生改变，其思想之敏锐、思维之活跃，也非他者可比，因此其多变性、独立性与选择性的思维方式，既成为社会发展与转型的思想动力，但同时也导致这一群体价值取向的深刻变化。

　　从世界历史发展的角度来看，随着民族国家不断打破地域与民族的界限，全球大众传媒、管理制度、科技水平以及价值文化也在不断的冲突中彼此包容、中和，这些客观的因素潜移默化地影响着人们在国际社会中的价值取向与概念坐标。20世纪中期以来，随着"意识形态终结论"的推出，资本主义的"自由、民主、平等、人权、博爱"的普世价值夹杂着和平演变的伎俩推动所谓的民主社会主义以及拜金主义、新自由主义、历史虚无主义和公共知识分子思潮的兴起[1]，"国家主权削弱论""人权高于主权"等宣传口号成为西方反华势力意图颠覆社会主义国家的主要手段[2]，这些直接受西方意识形态影响的社会思潮的存在与蔓延，对社会主义核心价值观建设带来的冲击与消极影响，主要形成于、表现在大学生群体中。西方话语体系由于历史与制度的原因，在文化认同上有着极强的吸附力，形成了世界性的话语霸权，而社会主义国家的核心价值观如同襁褓中的婴儿，两相比较，东西方之间的差距使得西方资本主义国家的核心价值观得以不断扩散，对于大学生这一活跃的、积极的受众群体而言，西方的价值与文明很容易造成他们对西方话语体系的认同与对社会主义价值观的排斥，这对于

---

[1] 鄢本凤：《建设社会主义核心价值体系须警惕五大社会思潮》，《中国青年研究》2008年第2期。
[2] 王岩等：《"意识形态终结论"批判与我国意识形态安全》，《政治学研究》2009年第5期。

社会主义核心价值观的培养无疑构成了巨大的威胁与挑战。

任何一个社会的核心价值观，都是这个社会之所以存在和发展的根本所在。建设一个社会的核心价值观，对于保持这个社会的稳定，巩固这个社会的制度具有十分重要的作用。中国古代的文献典籍中曾充分论证过社会的核心价值观对于社会的重要作用，把价值观上升到关系国家存亡的高度。比如《管子》曾经论述过"国维"问题："国之四维，一维绝则倾，二维绝则危，三维绝则覆，四维绝则灭。倾可正也，危可安也，覆可起也，灭不可复错也。何谓四维，一曰礼，二曰义，三曰廉，四曰耻。"这里的礼、义、廉、耻就是一种社会价值观。社会主义既是作为一种"应然状态"的理论存在，又是作为一种"实然状态"的制度存在，同时也是一种在实践中被不断创造和超越的历史存在。社会主义是一种科学的理论体系、先进的社会制度，也是一种崇高的价值观念体系。也就是说，社会主义不同于其他实体具有固有的先在性，它是在一种主客体关系中被创造出来的。所以，如同不断探索社会主义本质、社会主义实现道路一样，也需要对社会主义基本价值进行大力探求。通过构建社会主义核心价值观，确立一个为社会大多数人所遵守的共同的价值诉求、价值取向、价值目标和价值规范，是当前中国特色社会主义实践的紧迫需要，有助于为巩固中国特色社会主义制度提供重要保障。

从国内的角度来看，随着制度与体制的改革，社会结构也在发生深刻转型，随着计划经济向市场经济转变，人们的行为方式、思想观念以及信仰模式也在经历着不断的洗礼。[①] 在当代大学生的价值体系中，无论是在个人的安身立命还是为国家社会建功立业方面都已经摆脱了传统"学而优则仕"的单一路径，取而代之的是多元的价值观和成长进路。同样的，由于时代与际遇的差异，今天的大学生很难再像百年

---

① 徐蓉：《以社会主义核心价值体系引领大学生价值观教育》，《思想理论教育》2008年第1期。

前那些"世乱吾自治,为学志转坚",冲在最前线与其他工农商阶级同仇敌忾抗击外辱的青年学子一样具备"纯粹"的念头。大学生的价值观随着时代的变迁与社会的荡涤而发生分化,社会存在的变化以及利益格局的调整,无形中重塑着当代青年的价值观念:主体意识不断增强,物质水平、智力水平以及生活态度的差异导致个性发展、个体利益、独立自我的品格日益凸显,价值主体状态的多元造成了他们思想观念的差异,因此不同的价值取向、不同的主张、不同的思想就会发生激烈的碰撞与融合,因而主流的价值在一定的时候成为被排斥甚至被诋毁的对象;自我中心主义占据主导,容易颠覆传统的先集体后自我的意识,将个人要求与理想放在第一位,主流的价值判断与个人的行为准则之间就有可能南辕北辙,比如在国家与个人利益发生冲突时,不少人会选择先个人而后国家,在理想的建构与知识的学习过程中,往往会以歪曲的理念、投机取巧的心态挑战基本的道德底线。

每一个时代都有其追求的目标与承担的使命,任何时代对青年的培养与型塑的宏观意义都是相同的。对于当代大学生而言,将社会主义核心价值观融入并使其内化为思想与行动的指导,并不是且事实上也不可能要求所有的青年思想观念都"罢黜百家、独尊儒术",也不是要将所有分化、多元的价值观全部同化为一种思想体系,而是要以社会主义核心价值观作为主流价值,引领并统领青年思想,将多样的、有差异的价值体系控制在一定的范围。这是因为社会主义核心价值观的弹性、开放的特点本身就意味着能够使得价值观在实践领域具备复合与包容的功能。党的十八大报告对社会主义核心价值观的形成使用的是"倡导",对大学生社会主义核心价值观的培养过程用的是"引领"。由此可见,社会主义核心价值观认知与培育的关键点就在于如何使多元价值在与主流价值的调适过程中使前者服从并内化为后者的表达形式,这其中包含极度歪曲与错误的思想和价值被社会主义核心价值观纠正的过程:在面对违背人民利益与反对马克思主义的思想时,社会主义核心价值观强调坚持马克思主义在意识形态的指导地位与人本观念的中国立场；在面对新保守主义、新自由主义等思潮时，坚持中国特色社会主义的共同理想，建立维护意识形态安全的文化基础；在面对社会分化与"左右"之争时，强调用爱国主义与时代精神凝聚国人的思想共识；在面对改革开放与现代化建设中出现挫折与障碍时，强调大学生应当树立中国梦的创新、改革精神。在保证校园与社会稳定、共同理想信念不受冲击的同时，应尽可能地保持思想的百花齐放，在原则与大是大非上，在理想与信念的最深处，能够时刻恪守为国家民族复兴而奋斗、为民主法治社会建设而努力、为诚信兼爱的人际关系而坚守的道德品质。只有广泛践行社会主义核心价值观，使大学生树立正确的人生观、世界观与价值观，才能确保国家长治久安、社会主义事业兴旺发达，并在此基础上实现中华民族伟大复兴的中国梦。

第二章　社会主义核心价值观的"家"哲学底蕴

人类生产与成长的历史，究其本质，就是一部家庭史。"无论时代如何变化，无论经济和社会方式如何发展，家庭的生活依托、社会功能与文明作用都是不可替代的。"[1]作为人类智识领域中的一个永恒命题，"家"是基于血缘、伦理与情感的普遍原则而形成的极具概念伸缩性的文化价值符号。它不仅是构成文明社会形态的重要机体，更是人类共同体核心价值观的表达形式。人类对"家"哲学的认知受到中西不同场域下的文明形态以及传统与现代之间不同历史发展阶段的影响，造成"家"哲学在价值观上个殊化的表达方式。从中西视角来看，获得价值观上的"独白"是为了彰显其在世界文明体系中的话语权，有效的比较方式是拈出各自价值观中的对应项做一番横向比较。家庭是价值观的底蕴，拓展社会主义核心价值观的"家"哲学底蕴，应从中西文化价值观比较与借鉴的范式以及古今文明生生不息的逻辑出发，把作为文明内在底蕴的"家"哲学优秀品质融入社会主义核心价值观建设当中。

"家"在中西方有着不同的哲学图景与价值基础。西方哲学以不遗余力地异化"家"的姿态来奠定其核心价值观，"家"的身份在整个西方文明进程中是一个被不断工具化的概念。与之相对的中国传统儒家

---

[1] 习近平：《习近平谈治国理政》（第2卷），外文出版社2017年版，第353页。

社会，以"不超越家庭伦理为人类永恒信仰之所在"的准则来建构其核心价值观——"家"哲学所阐发的信仰、仪则、思想与制度，既是"天理人情"这一儒家价值体系的重要环节，也是中华优秀传统文化的重要孵化基地。作为一种当然的存在，"家"哲学在中华优秀传统文化的价值观链条下，对塑造中国人的精神气质、缔造家庭秩序以及参与政治生活等方面产生了重要的贡献。"家"是涵育社会主义核心价值观的保护带，这种经验对于新时代民族精神与中国气质的培育践行，特别是社会主义核心价值观应凸显"家"的哲学自信，提供了可参考的行动方案，这也正是"家国情怀"在新时代的新表达。

第一节 "家"哲学在西方文明与价值观中的异化

一、古代社会家庭制度的仆役化

恩格斯在《家庭、私有制和国家的起源》中指出，家庭的发展主要有三种婚姻形式，从群婚制到对偶婚制再到专偶制，它反映了人类文明从低级到高级、从野蛮到文明的发展历程。在生产力较为落后的古代社会制度中，家庭关系存在一个内生性的矛盾：一方面，劳动力的落后和劳动产品数量的缺失，导致社会制度较大程度上受血族关系的支配[1]；另一方面，西方人在价值观上却"戴着妓院眼睛"去审视家庭伦理的发展历史。西方的早期宗教哲学通过循环往复的乱伦通奸、淫游取乐甚至弑父杀子等神话建构，极力凸显"家"的罪恶以及遮蔽家的"存在"。在《神谱》中，乌兰诺斯、克洛诺斯以及宙斯等三代神祇，演绎了诸多的杀伐与乱伦故事，把对家庭伦理的抹黑手段演绎到

---

[1] 马克思、恩格斯:《马克思恩格斯选集》(第4卷)，人民出版社2012年版，第13页。

了极致。① 在英雄时代，妇女在家庭中沦为恩格斯笔下的"半囚禁的隔绝状态"，而男人"却以被俘的女奴隶、他的战时共享帐篷的女伴来寻欢作乐"，这些耻于向自己妻子表达任何爱意的丈夫，又往往以"同淫游女纵情取乐"②为荣，甚至"堕落到玩弄男童的丑恶地步"③。从《圣经·创世记》亚当夏娃原罪以及亚伯拉罕杀子献祭开始，西方人倾向于把成年男性视为政治的原型，而家的政治单位身份在整个西方政治文化中是一个被上帝所主宰的概念。比如，《圣经》认为婚姻制度是神所制定的（创 2:18-25）；性是神赐予的（来 13:4）；房屋钱财是祖宗遗留，而贤惠妻子是耶和华所赐予的（箴 19:14）；妻子生命的第一顺序是敬畏耶和华（箴 31:30）；婚约是神圣的盟约，只有到死亡时才能终止（林前 7:39）等等。

尽管在古希腊时代，"任何城邦均由家庭组成"，但是"城邦不是从父亲手里接过一个新公民，而是应该将每个个人从娘胎里生出来时便抓住"④。大约柏拉图对家存有天然的偏见，他认为家庭不会成为德性的来源，作为改善自身经济利益的特殊私人团体，家对优秀的政治家施展抱负总是一种障碍，精英分子不会从婚姻中汲取道德的或精神的教训。在理想国中，人们应消除自我封闭的房舍与个人的系谱联系，切断自己与世俗家庭的联系，去追求一种无婚姻家庭的"爱"——"父母不知道谁是自己的孩子，孩子也不知道谁是自己的父母"⑤——毕竟公共的德性只有在公共领域才能得到发展。在亚里士多德的《政治学》中，家庭（oikos）被定义为"人类满足日常生活需要而建立的

---

① 赫西俄德：《工作与时日/神谱》，张竹明、蒋平译，商务印书馆1996年版，第26—40页。
② 马克思、恩格斯：《马克思恩格斯选集》（第4卷），人民出版社2012年版，第75页。
③ 马克思、恩格斯：《马克思恩格斯选集》（第4卷），人民出版社2012年版，第75页。
④ 安德烈·比尔基埃等主编：《家庭史：遥远的世界 古老的世界》，生活·读书·新知三联书店1998年版，第259页。
⑤ 柏拉图：《理想国》，王扬译注，华夏出版社2012年版，第180页。

社会的基本形式"①,组建家庭的人不过是"刍槽伴侣",男女/亲嗣/主奴之间所组建的次级团体,是奴对主、子对父、妻对夫的绝对服从,而在价值体系上却与以"正义""礼法"为原则的城邦生活无关联——这是由注定要过城邦生活的人的自然本性所决定的。

亚里士多德所宣称的"丈夫那由神确立的品格通过婚姻和命运与她连结起来,为她的生活建立了规范"②的"奴性"(familia)家父权(patria potestas)制,为罗马古典家庭所承袭,罗马家庭的核心概念就是绝对的父权。正如恩格斯所说:"familia 这个词,起初并不表示现代庸人的那种由脉脉温情同家庭龃龉组合起来的理想;在罗马人那里,它起初甚至不是指夫妻及其子女,而只是指奴隶。"③作为社会的原始组成部分,家族在罗马时代被视为一种永生不灭的团体:在自然家庭出现之前,家父权与氏族、大氏族、部落、共和政治体首领权组成一个层层递进的"同心圆"。同时,罗马法规定家庭之内的父权不受国家公法(jus publicum)的支配,家子在实际上被同化为依附于一个主人、一户人家的全体仆役。"仆役"一词"以缩影的形式包含了一切后来在社会及其国家中广泛发展起来的对立"④,它与居于同一屋顶之下的"亲情"在逻辑上是重叠的。在中世纪到来以前,作为一种婚姻的附加物,夫妇之爱是一种"客观的义务"而非"主观的爱好"⑤。所以,自然状态下的家庭,关注的并不是单独的人类存在,而是作为这种同心圆中心点的家族集合(aggregation of families)。

在中古时代的教会教义中,结婚是一种不得已的"小恶",婚姻因其含有肉欲而无法与犯罪行为分开,教会宣称"谁受婚姻的约束,

---

① 亚里士多德:《政治学》,吴寿彭译,商务印书馆 2011 年版,第 6 页。
② 苗力田主编:《亚里士多德全集》,崔延强、李秋零等译,中国人民大学出版社 2013 年版,第 322 页。
③ 马克思、恩格斯:《马克思恩格斯选集》(第 4 卷),人民出版社 2012 年版,第 66 页。
④ 马克思、恩格斯:《马克思恩格斯选集》(第 4 卷),人民出版社 2012 年版,第 67 页。
⑤ 马克思、恩格斯:《马克思恩格斯选集》(第 4 卷),人民出版社 2012 年版,第 87 页。

将来谁就看不到上帝的天国"①。通过禁欲行为、教义宣导、禁婚规定，5—8 世纪的基督教鼓吹神职人员要断绝尘缘，特别是断绝对家庭的依恋，就必须保持纯洁之身，同时持之以恒地反对"家庭裙带关系"以及保留祖产的经济表现，这是西方夫妻式狭小家庭模式出现的决定性因素。而对于世俗国家来说，那些骑士、男爵与王公的婚姻都被视为一种政治行为，"是一种借新的联姻来扩大自己势力的机会；起决定作用的是家族的利益，而决不是个人的意愿"②。

二、市民社会中自然家庭的契约化

古典家庭挣脱教会束缚的过程，也是中世纪后期市民社会兴起过程中认识"自然家庭"的过程。霍布斯对国家学说的展开是首先从自然家庭的重构开始的，作为国家学说的根源，家庭的礼法建基于自然状态下的权力支配而非自然的血缘与情感关系，家庭亲情关系是在"征服"与"同意"的基础上维系的，对父母的敬重只是被征服者基于保存自我这一自由体而对权力保持的一种敬畏。这为霍布斯国家学说中的"利维坦"寻找到了一个拟制的框架：家庭是"自然国家"的一种缩影，人造国家的主权与家庭这一"小王国"有着同样的保护与服从的义务，"主权者的世俗权力，以及臣民的义务与权利，都建筑在众所周知的人类天赋倾向与各条自然法之上，凡是自以为理智足以管理家务的人都不能不知道"③。所以霍布斯的高明之处在于，他能将中世纪古典家庭中残余的父权制以重构自然状态的方式转移到利维坦——家庭是国家的开端，国家是由拥有绝对权力的家长放弃权利并建立主权

---

① 安德烈·比尔基埃等主编：《家庭史：遥远的世界 古老的世界》，生活·读书·新知三联书店 1998 年版，第 437 页。
② 马克思、恩格斯：《马克思恩格斯选集》（第 4 卷），人民出版社 2012 年版，第 89 页。
③ 霍布斯：《利维坦》，黎思复等译，商务印书馆 2010 年版，第 575 页。

权威而实现的。① 洛克也同样反对父母因生育而对子女拥有"自然的"支配权,父母对子女应享的权力,"并非基于任何父权,而只是基于他的儿女的同意"②。这是因为,在自然状态中"自我保存"先于"保存自己的子女",家庭契约与权力的维系,依据的是理性与财产权,而非将家庭视为一种前自然状态的存在——"不能因为不需要承担服从父母的义务而认为自然法不总是有约束作用"③。所以对于霍布斯来说,家庭从来就是一个基于个体的契约性组织而非基于亲情的伦理性组织。卢梭在批判洛克《政府论》中"一切社会之中最古老的而又唯一自然的社会,就是家庭"④的观点时强调,由于每个人都是生而自由、平等的独立体,父子关系的维系只是基于各自人身的保存而让渡这种自由和平等权。因此,人类在自然状态下是孤立的,"即便在自然状态下存在'一种婚姻',人与人之间也没有进一步的'道德'联系,一旦孩子能觅食并独自生活,家庭联合本身就会丧失自然的必要性"⑤,尽管家庭源于自然,但是它并不"存在",也正是如此,自然状态中不存在语言、思想和任何价值观。

近代哲学通过把"个体主观性"从"家"的存在中解放出来,将之作为道德哲学研究的基本对象,而家庭最终是要为家庭与国家之间的"需要的体系"——市民社会让步。在黑格尔的法哲学中,家的制度设计被安排在市民社会与国家之外,相比于以法律契约和理性作为统一体的国家而言,家是伦理与非契约的精神实体,它处于一个隐默的状态,它的伦理性与市民社会、国家之间的相关性也始终晦暗不清。⑥尽管西方人素来以"存在"作为其神学—哲学的核心论点,但

---

① 李猛:《自然状态与家庭》,《北京大学学报(哲学社会科学版)》2013 年第 5 期。
② 洛克:《政府论(下篇)》,瞿菊农、叶启芳译,商务印书馆 2013 年版,第 46 页。
③ 洛克:《自然法论文集》,刘时工译,上海三联书店 2012 年版,第 111 页。
④ 卢梭:《社会契约论》,何兆武译,商务印书馆 2005 年版,第 5 页。
⑤ 马斯特:《卢梭的政治哲学》,胡兴建等译,华东师范大学出版社 2013 年版,第 186 页。
⑥ 孙向晨:《现代社会中的"家庭"及其所代表的伦理性原则——黑格尔〈法哲学原理〉中"家庭"问题的解读》,《学术月刊》2017 年第 4 期。

是在"家存在"的问题上却有失偏颇。由于"家存在"观念的遮蔽,造就了西方人的"无家状态"(das Unheimliche),人被抛离于习惯的、安全的、熟悉的家园(einheimisch)状态。但反过来说,"家"是西方哲学活动的基本情绪所在,它不是任何现成的存在者,而是一种纯粹存在。人类的终极存在本质是一种家庭性而非社会性,"家"在一切对象化之前就被以非把捉的方式被知晓,哲学是真态的怀乡病,一种对无处不在家状态的本能渴望。所以,恩格斯在《路德维希·费尔巴哈和德国古典哲学的终结》一文中提到,家庭中的爱情并非是基于"同意"而是一种"存在","人与人之间的,特别是两性之间的感情关系,是自从有人类以来就存在的"。[1]这种观点即批判了古典哲学对"自然家庭"的立论。

三、近现代资本主义婚姻关系的金钱化

近现代西方资产阶级的价值观的形成,很大程度上与家庭道德观念的社会化有关。资本主义的一个直接后果,就是促使"家庭将人划分为生活方式、价值观和行为不同的社会阶级……个人完善所需要的价值观,就是在家庭这个熔炉中炼就的"[2]。换言之,家庭是价值观形成的核心载体,它在社会再生产中起着一种巨大的推动作用。对于婚姻关系而言,尽管资本主义的婚姻爱情观具备了一夫一妻制的法律效力,但是私有制却又对传统婚姻家庭加以资本上的异化,"它把一切都变成了商品,从而消灭了过去留传下来的一切古老的关系,它用买卖、'自由'契约代替了世代相因的习俗,历史的法"[3]。恩格斯笔下文明时代的

---

[1] 马克思、恩格斯:《马克思恩格斯选集》(第4卷),人民出版社2012年版,第240页。
[2] 安德烈·比尔基埃等主编:《家庭史:现代化的冲击》,生活·读书·新知三联书店1998年版,第557页。
[3] 马克思、恩格斯:《马克思恩格斯选集》(第4卷),人民出版社2012年版,第90—91页。

专偶制，是以私有制和对妻子的专偶为基础的。私有制决定了男子在社会中的统治地位，"当财产开始大量产生和传财于子女的愿望把世系由女系改变为男系时，便第一次奠定了父权的真正基础"①。从而家庭中的女性地位因金钱为男子所掌控而开始沦落，专偶制只是对女性的专偶，这种不平等的人际关系是由于经济关系的不平等造就的，因而"资产阶级的婚姻实际上是公妻制"②。同时，个人主义逐步掩盖家庭伦理中仅有的存在感，也正是因为传统社会中许多家庭功能已被现代社会中高效率的市场和其他组织所取代，人与人之间的关系变成了赤裸裸的利害关系。人对物的过度依赖，使得人与人之间的不平等关系最终也导致"资产阶级撕下了罩在家庭关系上的温情脉脉的面纱，把这种关系变成了纯粹的金钱关系"③。所以，资产阶级历史地使家庭具有资产阶级家庭性质，从而导致"家"哲学在这种环境中被异化，这正是马克思恩格斯的一个重要学说。

　　社会的现代化不是排斥家庭，而是要同家庭的现代化一起实现的。对于未来婚姻关系的重构，恩格斯在《共产主义原理》中有所展望。恩格斯认为，随着私有制的废除以及父母对子女教育的普及，婚姻关系会真正回归到两性之间的情爱而不再受资本的剥削。孩子对父母的依赖、妻子对丈夫的附庸关系也会随之消亡，男女的真正平等会建立在"把私人的家务劳动变成一种公共的行业以后"④。爱情与婚姻的真正统一建立在消灭私有制的基础上。换言之，要实现婚姻的真正自由，必须消灭资本主义及笼罩在西方家庭中的经济关系、财产关系，而把对相互之间的爱慕视为维系婚姻关系的唯一条件。届时，男子将不会

---

　　① 马克思、恩格斯:《马克思恩格斯全集》(第45卷)，人民出版社1985年版，第366—367页。
　　② 马克思、恩格斯:《共产党宣言》，人民出版社2014年版，第47页。
　　③ 马克思、恩格斯:《马克思恩格斯选集》(第1卷)，人民出版社2012年版，第403页。
　　④ 马克思、恩格斯:《马克思恩格斯全集》(第36卷)，人民出版社1975年版，第340页。

通过金钱或其他权力手段去获得女性的献身；而女子也不会基于爱情之外的理由委身于男子。这种爱不是纯粹的爱恋之心，而是基于生活力量与一切新的社会团体的基础。"文明民族中如此有力地发展了一男一女结对同居的倾向，并不是人类的常规，而是象心灵上的一切伟大的感情和力量一样，都是由经验产生的。"① 那种旧的一夫一妻制度随之会被基于爱情的婚姻所替代，进而专偶制家庭的最高形态，也即达到两性的完全平等。

第二节　中国传统价值生产模式中的"家"哲学底蕴

马克思在批判摩尔根《古代社会》一书时指出，人类有着同一的智力资本与躯体形式，因此中西之间关于价值生产模式的经验成果在相同文化阶段上的一切时代和地区中都基本相同。② 同样的，中国传统的"家"也被放置在"家国天下"这一扩大的价值生产体系中。"格物致知、诚意正心、修身是个人层面的要求，齐家是社会层面的要求，治国平天下是国家层面的要求"③，习近平总书记的这一论断深刻地阐释了中国古代"家国天下"的价值生产模式，也为我们理解中国传统的"家"哲学提供了深刻的历史底蕴。

一、"家"哲学丰富了传统"知识—价值观—文化"的生产模式

社会制度受劳动与家庭发展阶段的双重制约，"劳动越不发展，劳动产品的数量，从而社会的财富越受限制，社会制度就越在较大程度

---

① 马克思、恩格斯:《马克思恩格斯全集》(第45卷)，人民出版社1985年版，第363页。
② 马克思、恩格斯:《马克思恩格斯全集》(第45卷)，人民出版社1985年版，第398页。
③ 习近平:《习近平谈治国理政》(第1卷)，外文出版社2018年版，第169页。

上受血族关系的支配"[①]。中国传统社会史究其本质而言，是一部被儒家的道德伦理制度与知识体系所建构起来的家庭史，它支配着封建时代的"伦理—政治制度，并为传统的价值体系提供生产模式，并由此而产生一个有趣的文化现象：德性修养、知识体系、家庭治理、价值系统的构造，形成了一种"知识—价值观—文化"的生产模式，它们既是重叠的又是互补的。在这种生产模式之下，中国古人倡导在"零距离"的个人领域践行"诚意"的价值观，在"近距离"的家庭领域践行"孝悌"的价值观，在"中距离"的国家—社会—族群领域践行"忠义"的价值观，以及在"长距离"的天下领域践行"王土王臣"的价值观，不一而足。这些价值观无一不内化为指导古人生活哲学的日用伦常，它们既重叠又互补，使得古人在举手投足之间从容地创造生生不息的优秀文化。

优秀的知识体系创造优秀的价值观，优秀的价值观又创造优秀的文化，在这一过程中，价值观以由内而外、从近及远、推己及人、自家而国的姿态，展现出独特的"生产链"与"中继站"的特征——所谓"天下之本在国，国之本在家，家之本在身"(《孟子·离娄上》)，价值观肇始于身心，涵养于家，然后向外层层投射，乃至于天下国家。作为维系这一生产链的重要一环，"家"的价值伦理成为儒家学说中"永恒信仰"的元命题，从家庭中的血缘关系到社会中的政治关系，再到宇宙中的自然秩序，体现了中华优秀传统文化的精妙之处——"此道理皆是我家里做成了，天下人看着自能如此"[②]。如果我们反观不断异化的西方家庭伦理，就不难得出如下结论：不管是在知识体系、价值观系统还是文化生产体系中，中国的"家"哲学所阐发的信仰、仪则、思想与制度，总是被视为一种"当然的善"而小心地加以呵护——

---

① 马克思、恩格斯：《马克思恩格斯选集》(第4卷)，人民出版社2012年版，第13页。
② 黎靖德编：《朱子语类》，上海古籍出版社2002年版，第356页。

家庭之中的伦理具有相当的正确性。经典用"移宫换羽"式的推理逻辑,把这种"当然的善"解释得非常透彻,"事君必如其亲,忧国必如其家,爱民必如其子"。血缘关系、死生关系、政治关系乃至时空关系等一切中国人智识所及的领域里,似乎都可以把"家"所阐释的微言大义,视为一个可以构造各类共同体的哲学园地,比如"治天下有则,家之谓也"(《通书注·家人睽复无妄》),这已经说明了"家"是一个自洽的且可被类推的体系,即以自然关系人的思考作为价值观建构的起点,中国传统的儒家社会赋予了政治观、天下观、宇宙观以丰富的"家"哲学底蕴。"家"哲学被建构为一台强大的孵化器,通过理想的先设方案,源源不断地输出一系列价值观和知识体系。

日用伦常支配下的"生活哲学"与经典建构的"知识帝国",成为一对重叠且互补的命题,这使得中国古人对"德性"与"知识"间的关系展开了长久且富于思辨的想象。在这个想象的图景中,"家"被打造成一个重要的哲学元命题,"亲子是源,经典也是源,而儒家经典以人类亲子之爱为源,人类亲子也以儒家经典为亲子关系的健全之源"[①]。而"家"所倡导的规则与礼法,被儒家想象成为一种"乾道成男,坤道成女"(《易·系辞》)、"天理之节文"(《家礼·序》)式的存在与普遍真理的表达。个体德性、家内伦理、公共生活乃至宇宙秩序被整合成一个绝对的天理体系,家庭礼法作为这个体系的"节文",承载的是一种可见的正义。换言之,"家"之所以能在中国传统文化中被视为一种"当然的善",是因为它的内涵被升格到"天理"的层面,被人为地加以呵护,"推其孝弟之心,则宗姻、内外、尊卑、大小之别,其恩义之轻重厚薄,圣人皆见于五服见之,非圣人强为之也,盖因人心天理不容已者而品节之以立教耳"[②]。由于家

---

① 张祥龙:《家与孝:从中西间视野看》,上海三联书店2017年版,第257页。
② 叶知本:《五服图解》,元杭州路儒学刻本,第4页。

庭的"绝对存在性",儒家学说建构价值观念具有强大的"家庭性"(family-ship)底蕴——任何一个个体的存在,都是以在家庭中的"先在"展现它的特定意义的。

二、"家"哲学在中国传统价值模式中具有"先在"的属性

家是哲学的起点,也是伦理和政治的归宿,"士大夫幼而未尝习于身,是以长而无以行于家。长而无以行于家,是以进而无以议于朝廷,施于郡县;退而无以教于闾里,传之子孙,而莫或知其职之不修也"①。儒家所建构的"家"被视为培育社会气质、公共德性的重要前提:"家"哲学中的仪式、精神、道德与情感如同黏合剂一样,将对祖先崇拜的延续、对父母养育的责任以及对长幼尊卑秩序的敬畏紧紧粘连在一起,它同时也适用于一切社会关系、政治关系、自然关系乃至时空关系的维系。"所谓治国必先齐其家者,其家不可教而能教人者,无之。"(《大学》)这种行为规则与气质倾向,是出自于"精神—道德"层面的认同而非借助于体力或外力的强制。②

所以,作为传统价值生产模式中的重要一环,"家"的伦理主张可以自然地放大到公共的政治生活与宇宙自然关系中,古人说"庶人之孝"是"孝乎惟孝,友于兄弟,施于有政"(《论语·为政》),社会关系成为血缘关系的一种扩大化。古人说"天子之孝"是"爱敬尽于事亲,而德教加于百姓"(《孝经·天子章》),这是因为它源于家内伦理,而及于社会政治关系,两者之间归于一种统一的价值伦理表达。与此同时,当家的伦理进一步扩大时,它还是宇宙(天下)法则的素描,"古之所谓天下为一家者,尽日月所照以度地,极舟车所至以画

---

① 朱熹:《朱子文集》,上海古籍出版社 2002 年版,第 3920 页。
② 本杰明·史华兹:《古代中国的思想世界》,程钢译,江苏人民出版社 2008 年版,第 91、133 页。

疆。以八荒之际为蕃卫，以九州之限为垣墙，列国则群子之舍，王畿则主人之堂。凡民之贤而不可远者，皆我之父兄保傅；愚而不可弃者，皆我之幼稚获臧。理其财，乃上所以养下之道；分责之事，乃下所以事上之常。浑浑然一尊百长，以斟酌其教令；万卑千幼，以奉承其纪纲"①。

在对待这些不同位阶的价值体系、精神伦理时，儒家主张"欲治其国，先齐其家""治天下必先观于家""正家而天下定"（《易·家人》）的"先家"思想。所谓"先"，是指家在哲学上具有逻辑先在性，"其道也，自一人一家始，故所以先之也。其父子兄弟之道不待谆谆教告，家至而日见之也。至诚足以孚其心，仪刑足以亲其外"②。如《诗经·大雅·思齐》曾盛赞周文王治国之时，能"刑于寡妻，至于兄弟，以御于家邦"。孔颖达疏引毛亨传曰："文王能敬事明神，蒙其祐助之。又能施礼法于寡少之适妻，内正人伦，以为化本。复行此化，至于兄弟亲族之内，言族亲亦化之。又以为法，迎治于天下之家国，亦令其先正人伦，乃和亲族。其化自内及外，遍被天下，是文王圣也。"③ 此处的"家"，即天下之众家。文王治国，先自齐家始。孔子意欲遵循文王之制，在《礼记》中构造了"天下为一家，以中国为一人"（《礼记·礼运》）的"家国一体"政治图景。所以，他在《论语·颜渊》中对"仁、智"的构想，其目的是既要行之于国，更要行之于家，"仁、知一章，……不惟治天下国家如此。而今学者若在一家一乡而处置得合义时，如此"④。而后世在国家治理时也遵循这种逻辑先在性，如"孝者天下之本，法其末也"⑤ "王者之治，始于家"⑥ "人君能守其家法以为

---

① 吕大临：《宋文鉴》，中华书局1992年版，第116—117页。
② 吕大临：《蓝田吕氏遗著辑校》，中华书局1993年版，第383页。
③ 郑玄笺，孔颖达疏：《毛诗正义》，北京大学出版社1999年版，第1110页。
④ 黎靖德编：《朱子语类》，上海古籍出版社2002年版，第1095页。
⑤ 欧阳修等：《新唐书》，中华书局1975年版，第5592页。
⑥ 王安石：《临川文集》，《钦定四库全集部别集类》（第1105册），台湾商务印书馆1986年版，第541页。

天下法，则必世为有道之国"①正是对它的一种继承和发展。

三、近代以来"家"的批判与传统价值生产链的中断

"家"哲学在近代以来的衰败，是伴随着宗法家族不再作为上层组织权力延伸的事实而开始的，联结价值观生产链条的公私纽带被现代性的冲击所折断。与此同时，作为四民之首的知识分子，从根本上扭转了阐释、维护并传播传统文化价值这一角色，转而猛烈批判天下体系，一路挞伐至个体的进德修身，"三纲八目"的价值生产链条开始断裂。个体在摆脱传统价值生产链条束缚的同时，也意味着个体与家庭、家庭与社会、家庭与国家之间形成一种对立与紧张的关系。

近代的知识分子发现，家庭这一几千年来被视为"当然的善"的场所，其本质不过是一个罪恶的渊薮，它酝酿出的是"自私自利、依赖、假道德、怯懦"等肮脏的品质，"一切恶德说不尽"②；而个人主义才是社会发展与国家建设的希望所在，没有自由、独立人格的社会，就像"酒里少了酒曲，面包里少了酵，人身上少了脑筋"③。过分强调"家孝"反而戕害了个人主义的发展，个人主义与家族主义的存在，成为一个"非你死，即我亡"的对立命题，个体主义要想得到发展，必须冲决以家为代表的宗法体制的网罗，否则个人意志自由无法得到表达，个人法律上的平等权利无法得到保障，个人独立自尊的人格无法得到确认，个人生产力会受到家族的束缚而无从实现。

更进一步说，作为私领域的"家"与作为公领域的"国"不再

---

① 王十朋：《梅溪集》，《钦定四库全书荟要》（卷15832），吉林出版集团2005年版，第1—2页。
② 熊十力：《现代新儒学的根基——熊十力新儒学论著辑要》，中国广播电视出版社1996年版，第336—337页。
③ 胡适：《胡适全集》，安徽教育出版社2003年版，第615页。

具有可类推性,"家虽至齐,而国仍不治;家虽不齐,而国未尝不可治"①,家反而成了政治生活与经济建设的一种累赘,"人人重视其家之习不改,一切皆无可望,亦不独政治也"②。"家孝"之说不立,那么"忠君"之说亦不立,只要瓦解了家的专制主义,那么封建的国家政体也就可以随之解散。在"决家族之封蔀而开政治上之智识"的革命学说指导下,"天理"与"名分"从家内抽离出来,成为近现代人追求宇宙规律、社会正义、公共政治的代名词。在"传统—现代的连续体"(traditional-modern continuum)的大背景下,中国人一脚踏在作为"传统"的家门口,一脚踏在"现代"的家门外,在"价值的困窘"之下,无可避免地开始了异质化的"毁家"运动,"则欲开社会革命之幕者,必自破家始矣"③。

但是,近现代以来的知识分子所批判的仅仅只是"家族制度"与"家族本位主义"这一历史上的机制化存在,而并没有触及家庭观念背后的传统价值与文化生产理念。④对于以"家"哲学为底蕴的"生生不息""新陈代谢"的价值生产链条,并没有进行整体的反思。传统的价值观来源于个体的、自然的情爱,这种"天理之节文"式情爱,是"家"哲学为生产、传承、弘扬优秀传统文化所做出的贡献,它也反映了传统的文明对于人类繁衍、生殖的连续性认同,近代以来对家的批判,也随之把这种认同感打破。个体与家庭的对立,以及对传统家庭体无完肤式的批判,也并没有缓解现代性的全面冲击——家庭私有的道德领域尽管被彻底地拆解击碎,但是富有建设性的、全新的家国观念却也同样无从重建起来。

---

① 谭嗣同:《谭嗣同集》,辽宁人民出版社1994年版,第111—112页。
② 吕思勉:《中国宗族制度小史》,上海书店1929年版,第59—60页。
③ 汉一:《毁家论》,张枬、王忍之主编:《辛亥革命前十年间时论选集》(第2卷下册),生活·读书·新知三联书店1963年版,第917页。
④ 孙向晨:《个体主义与家庭主义:新文化运动百年再反思》,《复旦学报》2015年第4期。

第三节　完善"家"哲学在社会主义核心价值观中的表达

　　优秀传统文化与传统价值体系在"家"这一私人领域缔造了许多优秀的品格，这种优秀的品格在塑造人的精神气质、缔造家内秩序以及参与政治生活中产生了重要的贡献，这种经验对于新时代"民族精神""中国气质"的培育践行，也同样可以提供可供参考的行动方案。马克思指出，现代的专偶制家庭"必然随着社会的发展而发展，随着社会的变化而变化。它是社会制度的产物"[①]。作为国家治理的重要基石、民族文化的优秀品格以及中华文明的重要组成部分，优秀传统文化中的"家"哲学是当代社会主义核心价值观培育与践行的重要载体，也必然随着新时代的建设而拥有全新的表达。对"家"哲学文化底蕴、价值位阶、时代表达的考察，是"社会主义核心价值观涵养优秀传统文化"这一课题的重要研究基础。

一、"家"是涵育社会主义核心价值观的保护带

　　良好家风和家庭美德是社会主义核心价值观在现实生活中的直观体现。"家"在古典儒学所建构的乌托邦世界里被设想为涵养个体德性与参与公共生活之间的"保护带"，即古人所说的"偃仰私庭"。这个"保护带"强调"家"既是一个人知识与德性的起点，也是梦想与信念的终极归宿，"家庭不只是人们身体的住处，更是心灵的归宿"[②]。在古代中国的思想世界里，并不要求所有人都必须从家出发走向天下世界，去成为政治世界中权力金字塔的一部分。相反，儒家把仁义、忠恕、孝悌等家庭伦理赋予个体，让德性与价值观成为超越知识和功名

---

　　① 马克思、恩格斯：《马克思恩格斯全集》（第45卷），人民出版社1985年版，第374—375页。
　　② 习近平：《习近平谈治国理政》（第2卷），外文出版社2017年版，第355页。

的实践主体。"家"作为一个尊德性而道问学、谨礼法而守孝悌的生活世界，可以建构起先于公共治理的安身法则、日用哲学以及伦理价值观，并以"君子不出家而成教于国"（《大学》）的文化自信作为成就个体、保护家庭以及塑造价值观的行动指南。

无论时代如何变革，人类的存在终究是要以家庭作为保障。尽管近代中国的知识分子在投身公共政治怀抱的同时，将封建的家庭伦理加以大肆挞伐，但是却并没有破坏"家"作为个人主义与公共政治"缓冲带"的内在机理，"家庭一向被称为社会的'大减震器'，是同世界搏斗，被打得遍体鳞伤的人的栖息地，是日益动荡不安的环境中的一个稳定点"[①]，这说明个体与家庭是"齿"与"唇"的关系。意识形态的认同危机只是停留在一般社会观的反思上，而并没有侵害到伦理价值系统，"家"的保护作用在当代社会中仍旧十分重要，"家"在中国人的心灵世界与民族情感中构成了一个强大的保护机制，它"铭记在中国人的心灵中，融入中国人的血脉中，是支撑中华民族生生不息、薪火相传的重要精神力量"[②]。相较于个人、社会、国家层面内涵鲜明、指向突出的价值观而言，家庭所体现的"保育"功能更多的是一种内敛与温婉，它使得中国人在人力与自然之间、理性与经验之间求得一个"道个人而不忌社会，讲法治而不致寡情，重自由独立而不趋于肆放攫夺"[③]的平衡，这不仅是对价值观的内在折中，更是对文明体系润物无声的涵养。

二、社会主义核心价值观应凸显"家"的哲学自信

一方面，就价值层次而言，社会主义核心价值观在公私领域之间

[①] 阿尔温·托夫勒：《未来的冲击》，中国对外翻译出版公司1985年版，第210页。
[②] 习近平：《习近平谈治国理政》（第2卷），外文出版社2017年版，第353页。
[③] 潘光旦：《家制与政体》，《潘光旦文集》（第10册），北京大学出版社2000年版，第99页。

应为"家"提供一个"培养什么样的公民"的平台。在社会主义核心价值观的三大层次中,个人这一"微观领域"被放置在国家这一"公领域"与社会这一"中观地带"之后。个体在面对社会与国家这一中介时,如果没有家庭这一保育带与缓冲带,可能变得原子化、碎片化。按照马克思的理解,"人不是抽象的蛰居于世界之外的存在物。人就是人的世界,就是国家,社会"[①]。人能够脱离于动物状态并实现自然界中的伟大进步,即意识到家庭组织这一"武器"能"以群的联合力量和集体行动来弥补个体自卫能力的不足"[②]。人是自己思想与观念的生产者,每个个体都可以依托于家这一私域中的强大的、稳定的力量去从容地参与社会与国家事务。家庭建设的缺位,很有可能导致人们过分注重富强、民主、文明、和谐的公共治理理念,从而"以法律和政治方式所重建的个人与国家关系,不再具有温情脉脉的人格化伦理性质,而只是非个人的、非人格化的法权关系"[③]。过分地强调国家、社会与个体之间的主体间性,就会遮蔽家庭的保育功能。建构社会与国家精神,归根结底就是实现人的价值建设,"以一定的方式进行生产活动的一定的个人,发生一定的社会关系和政治关系。……社会结构和国家总是从一定的个人的生活过程中产生的"[④]。对于中国人而言,这种"生活过程"大部分源自于家庭,良好家风和家庭美德正是社会主义核心价值观在现实生活中的直观体现。社会主义核心价值观的建设究其本质而言,是人的思想与灵魂建设,它聚焦的是造就具有正确世界观、人生观、价值观的建设者。所以党的十九大报告指出,"社会主义核心价值观的建设,要以培养担当民族复兴大任的时代新人为着眼点"[⑤]。

---

① 马克思、恩格斯:《马克思恩格斯选集》(第1卷),人民出版社2012年版,第1页。
② 马克思、恩格斯:《马克思恩格斯选集》(第4卷),人民出版社2012年版,第42页。
③ 许纪霖:《现代中国的家国天下与自我认同》,《复旦学报》2015年第5期。
④ 马克思、恩格斯:《马克思恩格斯选集》(第1卷),人民出版社2012年版,第151页。
⑤ 中共中央宣传部编:《习近平新时代中国特色社会主义思想三十讲》,学习出版社2018年版,第197页。

另一方面，就价值内涵而言，社会主义核心价值观应吸纳"家"哲学中的优秀要素。在经济理性（富强）、政治理性（民主）、精神理性（文明）、制度理性（和谐）等超道德的最高原则面前，人们很容易从国家引申出现实的人，而不是从现实的人引出国家，从而碎片化的伦理理性有可能被弱化为国家社会建设的"螺丝钉"。"家"哲学的本质问题就是使人能够在"个体化""社会化"乃至"政治化"之外，可以正常地实现"家庭化"。社会主义核心价值观在价值内涵层面应关注"如何过好人最初诞生于其中、存活于其中的家庭生活"[1]这一问题，以及何以实现恩格斯所说的"夫妻相互性爱和真正自由的协议为基础的"[2]婚姻家庭，如何"在家庭中培育和践行社会主义核心价值观，引导家庭成员特别是下一代热爱党、热爱祖国、热爱人民、热爱中华民族"[3]。而更重要的是，"管理上的民主，社会中的博爱，权利的平等，教育的普及，将揭开社会的下一个更高的阶段，经验、理智和科学正在不断向这个阶段努力。这将是古代氏族的自由、平等和博爱的复活，但却是在更高形式上的复活"[4]。一方面，家庭是国家发展、民族进步、社会和谐的基点。良好的家风、家教，可以在家内秩序中弘扬"爱国、敬业、诚信、友善"的微观价值，通过建构良好的公民道德观与稳定的政治忠诚度（political loyalty），来推动个体稳定、持久、制度化的国家认同。另一方面，国家与社会的富强是家庭建设的保障。"只有实现中华民族伟大复兴的中国梦，家庭梦才能梦想成真"[5]，"自由、平等、公正、法治"的中观价值旨在通过建构优越的法治动员能力、良性的社会组织能力以及健全的社会公共服务以优化国家治理的结构体系，

---

[1] 笑思：《家哲学——西方人的盲点》，商务印书馆 2010 年版，第 353 页。
[2] 马克思、恩格斯：《马克思恩格斯选集》（第 4 卷），人民出版社 2012 年版，第 92 页。
[3] 习近平：《习近平谈治国理政》（第 2 卷），外文出版社 2017 年版，第 355 页。
[4] 马克思、恩格斯：《马克思恩格斯选集》（第 4 卷），人民出版社 2012 年版，第 195 页。
[5] 习近平：《习近平谈治国理政》（第 2 卷），外文出版社 2017 年版，第 354 页。

从而将个体从传统家长制法制权威中解脱出来，建构起自在的公民德性。这些都是依托"家"哲学涵养中国人思想与行动的重要时代课题。

三、重新认识"家"在中华优秀传统文化复兴中的意义

人类从蒙昧时代到野蛮时代再到文明时代，家庭也相应地经历了从血婚制到专偶制的诸多模式，可以说，人类的家庭如同推动整个文明体系前进的催化剂，它见证了文明从低级到中级再到高级的多种发展状态，每一个时代都有与之对应性的家庭形式。马克思在批注摩尔根《古代社会》一书中"家庭是一个能动的要素，它从来不是静止不动的，而是由较低级的形式进到高级的形式"这一论断时指出，"同样，政治的、宗教的、法律的以至一般哲学的体系，都是如此"[1]。尽管近现代以来的一系列以自由与平等为口号的文化革命和以人工智能为代表的现代科技伦理对家庭进行冲击，但它却并没有把中国人变成欧洲人，也无从更改中国人人性哲学的样式以及对美好生活的追求。这是因为古代中国的文化绵延不绝的保存与进化，华夏文明的表现形式在现代化的冲击面前经历了螺旋式的上升，家庭的形态与气质并没有随之消亡，它依然先在于中国人的文化与价值世界里，作为社会主义核心价值观在文化复兴层面的重要介质，家仍是现代中国文明的思考起点。

中华民族在"反思传统"与"自我超越"间的精神气质，展现在优秀传统文化复兴与社会主义核心价值观的培育践行上。家庭总是能在传统的土壤中发出新芽，马克思在《资本论》中指出，不论旧家庭制度在资本主义制度内部的解体表现得多么可怕，但与此同时大工业

---

[1] 马克思、恩格斯：《马克思恩格斯全集》（第45卷），人民出版社1985年版，第353—354页。

也为家庭和两性关系的更高级形式创造新的经济基础①。所谓传统，即自我们出生那一刻起就植根于我们内心，流淌于我们血液里与基因中，并且构成我们的自我的价值与观念并影响我们思想与行动方式的东西。习近平总书记指出，不论过去还是现在，属于中国人的独特精神世界和百姓日用而不觉的价值观，都有着鲜明的民族特色和时代价值，它们"既随着时间推移和时代变迁而不断与时俱进，又有其自身的连续性和稳定性"②。因此，理解与重视"传统"的连续性和稳定性，是我们重新认识"家"在优秀传统文化复兴中的重要意义。

民族文化超越了一切的政治理想与阶级意识。文化复兴能够充分展现"家"在国家建设中的存在意义，它"可以归结为中国传统的基本价值与中心观念在现代化的要求之下如何调整与转化的问题"③。在社会主义核心价值观的层次化与体系化之下，我们可以看到一个全新的"家国"图景：它既不仅仅是过去那种文化伦理占主导价值形态的共同体，也不完全是一个纯粹由"政治—法治"意识形态掌控的共同体，"在古代国家，政治国家就是国家的内容，其他的领域都不包含在内，而现代的国家则是政治国家和非政治国家的相互适应"④。马克思在批判黑格尔人民主权和民族独立性时说，人民的主权就是民族独立，必须要从现实的人引出国家，而不是从国家引申出现实的人，抽象的人只有作为法人即社会团体、家庭等，才能把人格提高到真正存在的水平。换言之，作为一种全新的"家国"情怀，在社会主义核心价值观中作为一个整体概念加以表达时，"国"不是"家"这一自然秩序的机械扩大，二者之间是伦理与程序的统一，是自然性与社会性的统一，更是文化自信与政治认同的统一。

---

① 马克思、恩格斯：《马克思恩格斯选集》（第2卷），人民出版社2012年版，第223页。
② 习近平：《习近平谈治国理政》（第1卷），外文出版社2014年版，第171页。
③ 余英时：《中国思想传统的现代诠释》，江苏人民出版社2006年版，第37页。
④ 马克思、恩格斯：《马克思恩格斯全集》（第1卷），人民出版社1956年版，第283页。

在有别于"无家性"的西方哲学之外,新时代的"家国"图景应当充分展现"家"在民族精神与独立性上的"存在感",中国文化传统的落根之处在家,中国文化复兴之着力处亦必在家。要在东西文明的"竞赛"中重拾文明复兴的价值话语权,家的哲学思辨永远是一个常论常新的话题:社会主义核心价值观建设,除了在叙述上应把"重家""先家"的伦理视为一种赓续不绝的传统展开,还应当将"正家而天下定"的礼法底蕴融入国家治理能力当中,将自由、平等、友善、公正的价值观真正同时贯穿于家内秩序与公共空间中。

文明从来没有高下优劣之别,但传统却影响着价值观"他者"与"自我"的选择。家庭结构、观念与伦理在中西方文明与价值视域中都存在着差异。大致来说,造成这种差异的根源主要在于:从微观层面来看,西方人将视野放在家之外的宗教救赎,家庭只能作为心灵皈依者的宗教注脚,"某种无家可归的惶恐不安、某种寻求归宿的持续冲动,始终困扰、折磨着从苏格拉底到维特根斯坦的那整个传统"[1];而就东亚文明而言,受到"名分之守,爱敬之实"的思想影响,家成为个人起始与归宿之所,是人之"天理良知"所存之地,从而家被视为最普遍、最自然、最基本的人类单位,也是人性与精神价值的源泉。从宏观层面来看,从古希腊城邦时代肇始,公共理性就认定人是城邦的动物,而《圣经》更是将家庭打上原罪烙印,鼓励人们向往世俗之外的教会与天国,世俗政治力图用"中距离的公共领域"来填补本应属于家人的空间以及教会神学以"中距离化"了的伪家来虚幻地提供一个纯属想象的家长——上帝,从而家被逐步边缘化;[2]对于帝制时代的中国社会而言,家是社会与国家理念的孵化基地,经典赋予它"君子不出家而成家于国"的政治当然性,意味着它的伸缩性"乃不止居同

---

[1] 笑思:《家哲学——西方人的盲点》,商务印书馆2010年版,第618页。
[2] 笑思:《家哲学——西方人的盲点》,商务印书馆2010年版,第617页。

一个屋顶下的成员而言，它还可横的扩及到家族、宗族而至氏族；纵的上通祖先，下及子孙，故中国的家是一个延展的、多面的、巨型的家（extended，multiple，great family），整个中国社会的价值系统，都是由家的'育化'（enculturation）与'社化'（socialization）作用加以传递给个人的"[1]。

然而现代性的冲击，使得"家"这一生存单位，游离在个体、社群与国家之外[2]，"家"在价值观的哲学表达也显得萎靡不振。究其原因，在于马克思所说的作为私人利益体系的家庭、市民社会与作为普遍利益体系的国家之间的"同一性"遭受了不同程度的损害，"政治国家没有家庭的天然基础和市民社会的人为基础就不可能存在。他们是国家的 conditio sine qua non（必要条件）"[3]。国家无法成为家庭的外在必然性，无从给予保护家庭的最高权力，国家的意志和法律对家庭和市民社会的"意志"和"法规"也无从展现其必然性，从而这种同一性之下的"具体的自由"也就无从获得。事实也证明，近代以来家庭与国家关系陷入恶性循环，家庭丧失了国家价值体系的保护，当崇尚"名分之守，爱敬之实"的家庭日用伦常的传统礼法体系被现代性的理性破坏之时，对传统的"重思"与"守望"导致中国人的价值长河出现了短暂的枯水期——传统的伦理道德体系已经被轰轰烈烈的家庭革命不加选择地视为"臭东西""丢在茅厕里三十年"，而新的、富有建设性的价值观念尚在摸索之中。

家风是一个家庭的精神内核，也是一个社会的价值缩影。"家"在作为一种价值观而存在时，如同观察社会与国家的显微镜，它能映射出一个时代的兴衰成败。按照马克思恩格斯的阐释，家庭与社会有着千丝万缕的关联，作为社会经济单位的个体家庭的确立，是考察文明

---

[1] 金耀基：《从传统到现代》，中国人民大学出版社1999年版，第24—25页。
[2] 孙向晨：《论中国文化传统中"家的哲学"现代重生的可能性》，《复旦学报》2014年第1期。
[3] 马克思、恩格斯：《马克思恩格斯全集》（第1卷），人民出版社1956年版，第252页。

时代的一个重要特征。家庭一方面是社会制度的产物，另一方面又映射出社会制度的发展状况，家庭的哲学存在形式无疑是要随着社会的发展而发展，随着社会的变化而变化。社会主义核心价值观为宏观的国家、中观的社会与微观的个体层面确立了思想与价值的行动指南，而对于"家"这一中转站而言，当代中国人需要面临如何将散落在日常生活角落中的传统，重新转化为贴切的生活哲学这一艰巨的伦理任务——在"家庭"哲学层面为核心价值观的建构与表达重新赋予个体伦理生活以"新时代的精神"。

所谓"新时代的精神"即马克思在《黑格尔法哲学批判》中所说的家庭、社会到国家的推移，从上述所言的必然性与自由的普遍相互关系出发，把"家庭精神"（家风）当作"国家精神"来看待。这种精神一方面强调重拾"正家而天下定"这一优秀传统的"初心"。传统之所以不能抛弃、文化之所以能够复兴，是因为它在我们有意识抗拒之前，就已经悄然地流淌在我们的血液之中，并内化为民族精神的一部分。让"家"在古今一脉相承之间继续成为培育社会气质、公共德性的场所，这也正是摩尔根与恩格斯所说的"更高级形式上的复活"。另一方面建立与新时代相结合的"家"的哲学体系。作为国家的真正构成部分，家庭和市民社会"是意志所具有的现实的精神实在性，它们是国家存在的方式"①。在传统的家庭里，个人不过是家庭血缘延续的体现，而在今日的家庭中，核心家庭及其成员的幸福与情感联系才是人民关注之所在。② 家庭只有紧跟时代与国家的步伐，响应时代的诉求，将过去的伦常遗产创造性地转化为新时代社会主义伦理世界的有机环节，才有"把自己变成国家"的原动力，这也正是中国古代"家国情怀"在新时代的新表达。

---

① 马克思、恩格斯：《马克思恩格斯全集》（第 1 卷），人民出版社 1956 年版，第 251 页。
② 阎云翔：《私人生活的变革：一个中国村庄里的爱情、家庭与亲密关系（1949—1999）》龚小夏译，上海人民出版社 2017 年版，第 244—245 页。

第三章　社会主义核心价值观的民族基因

培育新时代大学生社会主义核心价值观的实质，就是要塑造当代大学生的精神世界。那么，社会主义核心价值观该如何才能更好融入大学生的精神世界？这就要进一步把握关于社会主义核心价值观的核心命题：培育践行社会主义核心价值观"必须知道自己是谁"。此即一个民族、一个国家，培育践行社会主义核心价值观"必须知道自己是谁，是从哪里来，要到哪里去，想明白了、想对了，就要坚定不移朝着目标前进"[①]。

民族精神是社会主义核心价值观认知与培育的传统文化底蕴，"中华优秀传统文化已经成为中华民族的基因，植根在中国人内心，潜移默化影响着中国人的思想方式和行为方式"[②]。社会主义核心价值观是中国人整体哲学思想在时代感召下的集中表达，中华优秀传统文化与社会主义核心价值观建设的辩证关系，实际上已经蕴含了价值观"认知"与"培育"两个面向。从认知的层面来看，就是要探索"我们有怎样的传统"以及回答"如何从传统的延续中认识当下"；从培育的层面来看，就是要将古人留给我们的优秀传统进行创造性的转化，从而建构起契合我们这个时代需要的价值观。归根结底，不管是"认知"还

[①] 习近平：《习近平谈治国理政》（第1卷），外文出版社2018年版，第171页。
[②] 中共中央文献研究室编：《十八大以来重要文献选编》（中），中央文献出版社2016年版，第5页。

是"培育",我们都必须把中国人的精神扎根在深刻的文化根基之上。历史总是过去与现在不间断的对话,这正是马克思主义基本原理对历史观与时代观的重要解读。中国人的价值观,凝聚着中华民族普遍认同的价值取向、思想性格以及道德范式,同时也是马克思主义中国化的具象表达。

社会主义核心价值观认知与培育的传统底蕴,蕴含于国家、社会、个人三个层面的优秀传统文化之中。"富强、民主、文明、和谐"分别对应"治国之道,必先富民""民惟邦本,本固邦宁""见龙在田,夷夏大防""不偏不易,中正和合"等优秀传统文化中的国家主张;"自由、平等、公正、法治"分别对应"为仁由己,百家争鸣""列德尚同,爱无等差""不疏贵贱,一断于公""礼法共治,德刑并用"等优秀传统文化中的社会主张;"爱国、敬业、诚信、友善"分别对应"宅兹中国,心系天下""敬业乐群,惟精惟一""诚者天道,言信行果""上善若水,仁者爱人"等优秀传统文化中的个人主张。尽管过去与当下的对话能够产生延续历史的脉动,但并不是所有的历史都必然地要指向当下的时代,或者说并不是今天文化中的关键词都能与古代人的观念一一对应。时代不同,历史所涂出来的文化色彩就会有区别。我们强调传统文化底蕴,并不是要教条主义与本本主义地将社会主义核心价值观的十二个价值观关键词在传统中找到完全一致的对应,相反,古代人所表达的词汇与语境可能与现代人的理解完全不同。这里所说的传统底蕴,并不在于要透过主观的归纳去界定优秀传统文化的全部内涵,也不在于要把这些主观的归纳全部拿来为今人所用,这种归纳的真正目的,在于透过对传统底蕴的解读与现代对接,以强化社会主义核心价值观认知与培育强大的历史根基与文化穿透力,在批评性的继承与创造性的转化中真正认识价值观的古今变革。

第一节　国家层面的中华优秀传统文化底蕴

一、富强："治国之道，必先富民"

"富强"一词，是社会主义核心价值观国家层面乃至整个中国人思想体系中最为显著、最为重要的概念。作为社会主义核心价值观的传统底蕴，富强是从古至今国家建设的重要目标，需要学者们从个体族群的"小传统"与国家集团的"大传统"的双重视角加以解读。自古以来，人们将个人的富强建立在国家强大的基础上，为了这个目标，一代又一代的中国人为之辛勤劳动。早在春秋战国时期，富强的思想就有明确的记载。管子曾说："主之所以为功者，富强也；主之所以为罪者，贫弱也。"（《管子·形势解》）这说明富强作为国家建设的目标，是实现王道政治的首要法则，也表明整体实力的提升是推动国家治理与政治变革的先决条件，是区分国势强弱的根本标准。国家机器的运转，首要的任务就是使得国家富裕，人民富足，如《周礼》中的大宰、司徒之类"掌建邦之六典，以佐王治邦国"（《周礼·天官冢宰》）的国家股肱之臣，首要任务也是"以富邦国""以富得民"，并以"安富"而保息养育万民。

除了综合实力的建构之外，传统中国还特别强调在"国富"与"民富"建设上要保持"大传统"与"小传统"的一致性，即国家的壮大要以一家一乡的富强作为根本前提，要保持"国民共进"，因之古代思想家们主张"民富先于国富""贵仁义而鄙诈力"的治国政策。"国必先富民。凡治国之道，必先富民。民富则易治也，民贫则难治也。"（《管子·治国》）这种富强的政策是以民本为核心思想的，即民富则国富，也正是孔子所说的"政在使民富"，亦即朱子所评注的"民富，则君不至独贫；民贫，则君不能独富"（《四书章句集注·颜渊第十二》）。

与儒道的民富为先思想相比，传统的法家则主张国富为先。商鞅有言："治国者，以富国强兵也。"（《商君书·壹言》）因此他所提倡的奖励农桑，其根本目的也就是为了尽快实现国家的整体富强，"入使民尽力，则草不荒；出使民致死，则胜敌"（《商君书·算地》）。所谓的"胜敌""草不荒"，实际上都是围绕着"富强之功"这个目标而展开的。为了快速地使秦国变成强大的、统一的国家，商鞅在变法之际，推行"唯功利而贱仁义""富国贫民"主张。韩非子则承续了商鞅的这种国富为先的思想，"明主者，通于富强则可以得欲矣。故谨于听治，富强之法也"（《韩非子·八说》）。但是韩非子认为所谓的"磐石千里，象人百万"都不可以谓之富强，根本原因在于实现国家的富强，必须以刑罚治天下，而刑罚治天下的逻辑又在国富优先于民富。换言之，富强的目的在于实现统治的"独尊"而非人民的"共富"。

大体说来，"富国优先"追求集权统治，为霸道服务，着眼于当下实效，但即便是霸道，也要强调治理的正当性。如《尚书·皋陶谟》所云"强而义"就是这个道理。"富民优先"是儒家政治理想，为王道服务，追求长远利益。前者冷峻少恩，后者宅心仁厚；前者注重国家实力，后者注重民心；前者急功近利，惟国富为目标，后者在关注民富的同时，还追求王道、仁义的价值目标。[①] 中国古代关于富强的不同表述与论争，对今天富强这一社会主义核心价值观的建设而言，具有重要的启示作用。今日的中国，四十多年的改革开放在国富意义上硕果累累，军力居世界第二，对外贸易额居世界第一，国内生产总值居世界第二。当今的变革社会中，虽然国家的整体实力在不断地增强，但是物质的增量与精神文明的空虚形成鲜明的反差，整体综合实力与文化软实力之间存在着较大的差距，日益弥漫的实利主义正在逐步摧毁传统的伦理秩序，传统社会"言信行果"的诚信体系不断被削弱。因此，要真正实现社会主义核心价值观的首要价值观——"富

---

① 周积明：《中国古代"富强"论的分歧及其启示》，《浙江社会科学》2013 年第 8 期。

强",就必须深刻体会传统中国富强观的两种分歧,真正做到"民富"与"国富"齐头并进,就要深刻地体会《周易·系辞》所说的"富有之谓大业,日新之谓盛德"的内涵,在真正实现国家富强的同时,还要确保社会的公平与法治,以达成"老穷不遗,强不犯弱,众不暴寡"(《礼记·祭义》)的和谐局面,因此可以说社会主义核心价值观的富强并不是一个孤立的概念。进而言之,要将传统的王道、霸道两种政治主张糅合起来,真正实现国民共同富裕。

二、民主:"民惟邦本,本固邦宁"

作为现代文明的重要价值的表现之一,现代民主政治规范着近百年来人们的基本生活方式与政治参与方式。在现代民主政治的定义中,国家与个人是相互斗争并争夺权力资源分配能力的两个博弈主体,诸多社会阶级与群体的各种利益的冲突及协调出现在民主政治的领域。[①]黄宗羲有过这样的表述:"三代以上之法,固未尝为一己而立",天下成法并非是统治者先设以治理万民,而是"藏天下于天下者也"。这意味着,国家的法统并不独为统治者所寡占,而是为全体民众所共有,形成一个在权力资源分配上的统一的联合体。所以传统的民主,是一种"山泽之利不必其尽取,刑赏之权不疑其旁落,贵不在朝廷也,贱不在草莽也"(《明夷待访录·原法》)的思想,换言之,在传统理想政治的构成中,居于权力顶端的人与居于权力底端的人,是一种"心"与"体"的关系,"心以体全,亦以体伤。君以民存,亦以民亡"(《礼记·缁衣》)。对于现代民主政治的流弊,民为邦本则天下为公的价值观可以在很大程度上矫正个人主义的缺陷:自私自利、有我无他。

[①] 黄俊杰主编:《传统中华文化与现代价值的激荡与调融》,社会科学文献出版社2002年版,第125页。

现代的政治强调国家的治理以民主作为基本原则,实际上这种思想早在三千年前的中国就已经明确提出。夏太康失国,五位公子作五子之歌以示哀悼,所谓"民惟邦本,本固邦宁"。重视人民在政治上的表达,是国家治理与延续下去的根本基础,以这个基础作为治国理政的座右铭,那么国家就能长盛不衰,而一旦轻视人民的作用,国家就会陷入混乱,就会"失国"。在中国历史上,凡是懂得"水能载舟,亦能覆舟"(《荀子·哀公》)这个道理的君王,都能以退为进,使得国家兴盛,而一旦轻视这个道理,就会走向"身死国灭"的境地。因此在中国古代的语境下,民主并不是必然等同于使人民当家作主,而是要对人民保持敬畏,对持有异议的声音要虚心听取,积极改进。所谓"为政之要,惟在得人","政之所兴,在顺民心",因而民主的问题往往又与民生问题联系在一起,处理好了民生问题,等同于处理好了民主问题。而这种境界,是所谓的"皇祖有训,民可近,不可下"(《尚书·五子之歌》)的真实写照。

中国古代思想史中关于民主的论述有很多,比如"广开言路""载舟覆舟""民贵君轻""民惟邦本""天下为公"等,这些论述有一个共同的特点,即虽然都承认君对民有绝对的统治权,这种统治基础不容置疑,但是要求统治方式能够以民为本,承认民之诉求是治国理政的基础,它们共同构成中国古代统治思想的理论基础与核心内容。中国古代的民主思想都有其特定的思维逻辑以及具体的历史内涵,这也是社会主义核心价值观国家层面值得思考的地方。[①] 中国特色社会主义的民主与西方的民主,本质区别就在于中国共产党能够集中力量解决民生问题,以人民为中心,全心全意为人民服务,这种由服务民生而达到民主政治的做法,使得社会主义建设能够时时刻刻思考人民在民主政治中的地位、在社会主义现代化国家中的地位。民兴则政顺,政顺

---

① 张分田:《中国古代有民主主义思想吗?》,《北京日报》2003年2月17日,第3版。

则国强,沿着这样一条道路,社会主义核心价值观的民主建设也有了其独有的气质。

三、文明:"见龙在田,夷夏大防"

文明的最早含义见诸《易·乾·文言》:"见龙在田,天下文明。"所谓阳气在田,始生万物,因此,天下有文章光明者谓之华夏。夏,大也。"中国有礼仪之大,故称夏;有服章之美,谓之华。"(孔颖达《春秋左传正义》)中华文明一词,本身就意味着文德辉耀,"濬哲文明,温恭允塞"(《尚书·舜典》)。所谓"文",就是"经天纬地";所谓"明",就是"照临四方"。所以文明本身就涵盖着社会进步的积极状态,是与"蛮貊"相对立的概念。"刚柔交错,天文也;文明以止,人文也。观乎天文,以察时变;观乎人文,以化成天下。"(《周易·贲卦·彖辞》)在中国古代统治者的语境下,文明就是要使得政治的合法性如同天、地、日、月一样正大而光明,并用礼乐来教化世人,如此一来,国家就会变得强大,民众也会被这种教化感染而进退有节、行止有度。可以说,"见龙在田,文明以止"是中华文明意识与精神特征的绝佳表述。[1]纵观中国古代国家强盛、人民幸福的朝代,无不遵循这一思想。

所谓中国文明的核心表达,"聪明睿知之所居也,万物财用之所聚也,贤圣之所教也,仁义之所施也,诗书礼乐之所用也"[2]。"居身礼义,习俗孝悌,自属中国,亲被王教,衣冠威仪,故谓之中国。"(《唐律名例疏议释义》)中华文明的核心理念就是礼乐教化、神道设教、推崇仁义礼智信、严守夷夏之防。所以不得不说,一提到中华文明,便自然联想到"内诸夏而外夷狄"的思想,"是以春秋内诸夏而外夷狄。夷狄之

---

[1] 方克立、林存光:《"文明以止":中华民族理性的文明发展观(上)》,《中国社会科学报》2012年6月4日,第B1版。
[2] 转引自韩星:《社会主义核心价值观植根于中华文化沃土》,人民网,2014年9月24日。

人，贪而好利，被发左衽，人面兽心。其与中国，殊章服，异习俗，食饮不同，言语不通。是以圣王禽兽畜之，不与约誓，不就攻伐，约之则费赂而见欺。攻之则师劳而致寇。得其土，不可耕而食，得其民，不可抚而畜也。是以明王外而不内，疏而不戚。"（《前汉纪·前汉孝武皇帝纪卷十五》）这种"非我族类，其心必异"的中华认同观，既是对我华夏文明的高度认可与自信，也是一种朴素的爱国主义与民族主义情结。

中华文明在国家的语境下，最主要的意涵就是应与其他的外族文明有明显的区隔。在文明的区隔之下，价值观自然也有一定的区隔，这也正是社会主义核心价值观区别于西方价值观的真正历史底蕴所在，这一点，古人的"夷夏大防"思想已经充分地向今人论证清楚。所谓"夷"，是对华夏文明之外的异族的贬称，从"四夷""九夷"到近代以来对一切西方列强的称谓如"美夷""英夷"。传统的史学观点只看到这种"华夷之辨"的思想是固守中华文明，妄自尊大，不思进取，拒绝开放与世界接轨，但是这种观点忽略了中华文明特有的一种性格，即强大的文明积累背后深刻的民族主义情结，中国人的价值观中，素来有"先王衣冠文物，悉归于此"的强大自豪感与自信心，这种高度的认同成为一种民族精神的图腾，支撑了数千年以来无数代中国人建设自己文明的持续热情。没有这种文明的"自我"与"他者"之间的区别，文明的历程也就不会如此源远流长，而中国人的整个价值观念就会出现一种畏葸不前的思想。

就社会主义核心价值观的建设而言，我们所提出的区别于西方的"自由、平等、博爱"的关键词，其逻辑基础正是基于中华文明的这种独特的自我、自信性格。要实现中华民族的伟大复兴，就要看到在历史上，中华文明圣光烛照，作为中国人价值观中的一个整体概念，文明这个词本身就是中国人的一张名片和一个标签，历代的先贤遵守夷夏之防，建设一个多元一体的中华民族，使得这个民族在历史上许多时期的文化发展水平都远远地超过其他民族与地区。因此中国人的观念中对于外族人的判断，总是有一种高度的自信与居高临下的优越感。久而久之，传统中国人的核心价值观里，也有一种"夷狄之有君，不如诸夏之亡也"（《论语·八佾》）的高度自信，在世界的图景之下，形成了一种"诸侯用夷礼则夷之，进于中国则中国之"（《原道》）的文明融合现象。

这提醒今天的我们，在国家治理体系的革新中，要认识到国家的富强是一种综合国力，除了硬实力外，还需要提升民众的人文意识、民主意识、民族意识，这也是十八届三中全会提出要增强国家文化软实力的根本原因。我们今天建设社会主义核心价值观，在国家层面提倡的"文明"，比起思考文明的具体形态，更首要的是在概念上明辨文明的形成与其存在的价值。只有这样，我们的社会主义核心价值观才能够在世界价值体系中，展现它原本的光泽。

四、和谐："不偏不易，中正和合"

中国传统的和谐思想，体现为"不偏之谓中，不易之谓庸"（程颐诗）、"明启刑书，胥占，咸庶中正"（《尚书·吕刑》）的中庸思想以及"乾道变化，各正性命，保合太和，乃利贞"（《易·象》）的和合思想。这两者是中国古代和谐思想的集中体现，因为中国古人认为和谐的本质是阴阳的调和，是不偏不易的表征，所以中正和合的本质就是阴阳这两个对立面的力量是均衡的，这一对矛盾处于对立统一之中。当今所谓的和谐，在中国古代的语境下，就是中庸和合，"中者，不偏不倚，无过不及之名"（《四书章句集注·中庸章句》）。中国古代的哲学家特别推崇这种居中原则，"中庸之为德也，其至矣乎"（《论语·雍也》），中国古人通过对天地人三者的感应，"仰观吐曜，俯察含章"（《文心雕龙·原道》），领悟到了自然界与人和谐相处的真谛，中和之道实际上就是辩证法"发展是对立面的统一"的朴素表达，是天性与人性的合一，是理性与情感的合一，更是涵内与修外的合一。

和谐的本质就是万物阴阳之间有同有异，能够共生共处。"万物负阴而抱阳，冲气以为和"（《老子·第四十二章》），"夫和实生物，同则不继；以他平他谓之和，故能丰长而物归之；若以同裨同，尽乃弃矣"（《国语·郑语》）。"合"的本义是上下唇的合拢，"和"的初义是声音相应和谐。殷周之时，"和"与"合"是单一概念，尚未联用。《尚书》中所谓的"和"，是指对人际关系与社会关系中的一些基本价值观念的处理；所谓的"合"是指两个观念能够相融自处。《易经》所谓"和"有两个意思，一是指和谐，另一是指善和，而所谓的"合"字则没有出现过。道家有"和合术"，用于挽回感情，和合姻缘之意。在"中正和合"思想中，中国古人首先强调的是个人、社会、天道以及自然的和谐一致，"人法地，地法天，天法道，道法自然"（《老子·第二十五章》），人类文明的程度与社会发展的进程是一致的，社会的改造又是根据天道而变化的，而天道的来源是朴素的"自然法"，是无需证明的绝对真理。

其次强调的是政治的和谐。中国古代的和谐理念最早滥觞于政治的和谐，所谓"燮和天下"（《尚书·顾命》）、"契能和合五教，以保于百姓者也"（《国语·郑语》）、"和合故能谐"（《管子·兵法》），其本质就是统治者要行"王道"，"王道"的基础是"保民"，"为政以德，譬如北辰，居其所而众星共之"（《论语·为政》），巩固政治合法性基础，提升民众对统治者的认同的根本措施是要施行德治、仁政。在处理国家间关系、民族间关系时，要协和万邦，以仁政之教使得本国在国际上树立威信，"仁者无敌"（《孟子·梁惠王上》）；反对武力，通过羁縻、怀柔远人的政策来使外邦臣服，"修文德以来之"（《论语·季氏》）。

最后是强调经济的和谐。经济的和谐首先是要实现生产力的增量，使得人民富足，"仓廪实而知礼节，衣食足而知荣辱"（《史记·管晏列传》）。其次在经济上要确保良性的发展，精神建设与物质建设要保持同步，"必使仰足以事父母，俯足以畜妻子，乐岁终身饱，凶年免于死亡。然后驱而之善，故民之从也轻"(《孟子·梁惠王上》)。最后要确保中产阶级占据人口的绝大多数比例，缩小贫富差距，尽可能做到共同富裕，比如孔子所说"有国有家者，不患寡而患不均，不患贫而患不安。盖均无贫，和无寡，安无倾"(《论语·季氏》)。孟子所说"有恒产者有恒心，无恒产者无恒心"(《孟子·滕文公上》)，是指国家稳定的前提条件是使民众拥有经济的自主地位与一定的资产，而不至于出现所谓的"朱门酒肉臭，路有冻死骨"以及"富者田连阡陌，贫者无立锥之地"等两极分化的局面。

在中国传统文化的性格中，"和"与"谐"具有大致相同的意涵。和谐的思想有一个基本前提，即所谓"和而不同"，而不是绝对的相同相等。要达成事物的和谐，必须以承认不同声音、不同性格为前提。当今中国最大的问题是发展以及发展中遇到的问题。历史上那些发展强大到一定程度的朝代有的兴盛很长时间，也有的顷刻覆亡，其区别的因素之一在于是否能够处理好个人自身、人与人之间、人与社会之间、社会各阶层之间、人与自然之间以及国家与国家之间的关系。从国家层面来看，提倡和谐社会的根本前提在于，要营造一个良好的政治秩序，对外提倡和平崛起的发展道路，对内倡导五位一体总体布局、四个全面建设。社会主义核心价值观中关于和谐的表述，表明了我们在治理一个强大的中国的同时，也要在文化的层面保护中国人精神世界中怡然自得、守望相助的精神家园。

第二节 社会层面的中华优秀传统文化底蕴

一、自由："为仁由己，百家争鸣"

《论语·颜渊》有言："克己复礼为仁。一日克己复礼，天下归仁焉。为仁由己，而由人乎哉？"仁德的实施，完全是心性使然，仁的状态的发生，是内心自在自得的外部表达。所以在传统中国文化语境中，所谓的自由是指一种随情任性的行为方式或者个人自在自得的存在状态，这种自由状态与正式制度、礼仪规范与社会习俗并无太大的关联，即自由是一个不含有绝对政治意涵的中性词。这种观点在学术界被称为"主体性道德思想"，即通过个人中心主义而影响社会公德。道德行为中的自由首先表现为道德选择的自由，这种选择是可逆的、是多重的，比如孔子认为"克己复礼为仁"，在视、听、言、动之间都赋予心性选择的可逆性与多样性。但是道德上的自由并不是绝对的，对于传统的专制国家而言，自由的选择仅仅只表现为心性的自由，在社会的道德教化层面，"为仁由己"的自由则只能解读为国家基于意识形态建设的需要，推行一种强制性的德化教育，从而可能否定人民的道德选择权，但是国家的意识形态灌输不会也不能否定人民对内在道德认知方式的选择，最后在国家的道德教化与个人的心性自由之间达成一种巧妙的平衡。

在中国古代文献中，自由作为一个整体的词汇见诸《史记》："言贫富自由，无予夺。"（《史记·货殖列传第六十九》）这里所谓的自由，即自己的行为与心性的统一。具体而言，优秀传统文化中的自由观大致有如下三种定义。首先，自由即"日出而作，日入而息，凿井而饮，耕田而食，帝力于我何有哉！"（《击壤歌》）的自给自足、悠闲自乐的生活状态。其次，自由即韩愈、王安石等那种不徇流俗、特立独行的独立人格，比如严复说所谓的自由是"心德之事"，"吾观韩退之《伯夷颂》，美其特立独行，虽天下非之不顾。王介甫亦谓圣贤必不徇流俗，此亦可谓自由之至者矣"。又如李白的"安能摧眉折腰事权贵，使我不得开心颜"。因此这些人所追求的自由，是"若有欲求真自由者乎，其必自除心中之奴隶始"。[1]最后，自由即"出门无所待，徒步觉

---

[1] 以上几处引文，转引自寇东亮：《中国传统自由概念与心性自由思想辨正》，《中州学刊》2013年第6期。

自由"（杜甫《晦日寻崔戢李封》）、"行止辄自由，甚觉身潇洒"（白居易《兰若寓居》）的自在、自得、自适、自乐等个人的内心感受和心态。但是不管怎样，传统的自由都是一种"递进式的自由"，即个体的自由是修于己而见诸人的，是以克己为前提、以爱人为情感依托的，并最终以社会修道为旨归，因此古代的自由体现的是社会道德目标与个体道德目标相互统一的。

优秀传统文化并不是简单直接地不承认自由、个人等价值，而是对这些价值有着不同于一般自由主义的理解。在孔子那里，自由的先决条件反而是"克己"。"求仁弘道"首先要在学问上达成意识的自主自觉，"君子求诸己"（《论语·卫灵公》）、"古之学者为己"（《论语·宪问》），这说明儒家所理解的自由，主要是"积极自由"，但是同时并不否定消极自由，强调自主性是达成一种内心的自在，有了这个先决，才能推己及人，欲仁而得仁。儒家对个人的理解，并不是原子式的个人主义，而是依附于社群与个人之间的一种"人格"观念，所以孔子在克己复礼之间又主张适度的合理损益，即委屈"小我"以成全"大我"。"为政在人，取人以身，修身以道，修道以仁……亲亲之杀，尊贤之等，礼所生也。"（《中庸》）自由的选择又被赋予了等级的色彩，不是一种绝对自我的、个体的人格自由，而是一种社群等级的人格自由。儒家诚然在历史上没有发展出民主理论，但并不是说在思想上阻碍民主；儒家有关人格尊严、义利之辨以及民本的思想，的确包含了现代人权概念的若干理论预设，而不难与现代人权思想接洽。

在现代社会，自由表现为能力（capacity）、机会（chance）与权利（right）的统一，以及个体在独处时的自在自乐自得。在认识与改造世界的能力范围中，必须具备一种自由，这种自由表现为权利、机会与能力的有机统一，有了心性的自由，才有感知客观世界的自由，有了感知客观世界的自由，才有回归到主观与客观世界共同感知的自由。① 因此，我们需要在批判性地继承中国传统心性自由思想与自由概念的基础上，实现消极自由与积极自由的统一，建构与培育出社会主义核心价值观的自由价值序列。在今天的思想界与学术界，我们仍旧坚持着"百家争鸣，百花齐放"的"双百"方针，这是一个正确的指导方针，它意味着在思想的引领上，除了要保持正确的路线，同时还要增强人民积极、自由地思考自己民族与文化前途的能力。

二、平等："列德尚同，爱无等差"

中国古代的平等思想往往与国家治理联系在一起，中国很早便有此观念，因为这是一种不需要证成的价值观念，"昔先圣王之治天下也，必先公，公则天下平矣"（《吕氏春秋·贵公》）。但是这种平等思想是一种具有张力的平等，即在一个充斥着等级尊严的秩序社会中寻求对具有某些当然观念的事物与个体赋予一定的正义观，但这很明显是在一种冲突与调和中展开的。比如古代的哲学家强调"阴阳之和，不长一类；甘露时雨，不私一物；万民之主，不阿一人"（《吕氏春秋·贵公》），如果加以端视，就不难发现这种平等思想反而是建立在等级森严的制度体系之上的。"天之道，损有余而补不足。人之道则不然，损不足以奉有余。"（《老子·第七十七章》）不管是损满补阙，还是损少补多，天道与人道这种本身就包含着强烈等级色彩的思想体系，其对于平等主义的思考，实际上是一种"有限的"哲学思考。所以古代的平等不是一种绝对的平等，而是一种建立在尊卑、长幼、君臣、父子、夫妇等严格秩序等级下的平等，也是中国古代礼法观念的基本形态，"今天下无大小国，皆天之邑也；人无幼长贵贱，皆天之臣也"（《墨子·法仪》）。在这种等级制度之下，哲学家们通过仁道寻求尽可

---

① 寇东亮：《古代中国人如何看"自由"》，《大众日报》2014年3月26日，第2版。

能确保人与人之间、人与自然之间平等共处的方式。

就平等而言,最重要的是人格的平等。在人格平等方面,人的平等首先是要承认人具有共同的属性,有共同的人性。比如孟子曾说"圣人与我同类""人皆可以为尧舜",可见人的自然属性都是相同的,而且即使先天有差别之处,也可以通过后天的自我改造弥补。这些平等表现在"饥而求食,劳而求逸,苦而索乐,辱则求荣"(《商君书·算地》),这说明,生存权、休息权、荣誉权等人身权利是每一个人最基本的权利。就公正平等的观念而言,墨子最早就有明确的表述,比如"爱无差等""兼爱""尚同"等形式平等。中国古代的儒家主张人道的平等、因循天道的平等,在天道方面,主张应该以天地自然而生大公无私的本来面目,来确定人道平等的标准,"天无私覆,地无私载,日月无私照"(《礼记·孔子闲居》),奉此三者,可以谓之无私。在人道的平等方面,主张"列德尚同""选贤与能",同时儒家还特别主张要打破阶层固化的局面,"论德定次,量能授官"(《荀子·君道》),如"王公士大夫之子孙也,不能属于礼义,则归之庶人。虽庶人之子孙也,积文学,正身行,能属于礼义,则归之卿相士大夫"(《荀子·王制》)。中国古代的法家特别遵循法的价值应当一体尊奉,主张"法不阿贵,绳不挠曲。法之所加,智者弗能辞,勇者弗敢争。刑过不避大臣,赏善不遗匹夫"(《韩非子·有度》)。当然这种平等只是刑法意义上的平等,由于中国古代的法律体系并不关注民事、商事,因此,在财产、继承、婚姻、契约上的平等方面,中国古代的法律则较少涉足,而经济上的不平等往往也造就了"富者田连阡陌,贫者无立锥之地"的困境。

党的十八届三中全会强调:"要让发展的成果惠及全体人民,使国企与民企平等地使用生产要素,公平、公正、公开地参与竞争;在公共服务上要实现平等交换,资源均衡配置;落实司法公正,使人民群众在每一个司法案件中都感受到公平正义;缩小收入差距,实现分配制度改革；在社会保障体制改革上增加平等、减少特权。"① 要在全面深化改革的道路上落实自由平等这一项社会主义核心价值观，首要的就是必须尊重最基本的人权，如生存权、发展权、平等权、接受公正审判权、社会保障权。中国古代有些基本人权理念值得我们借鉴：中国古代的人格平等强调人具有共同属性，尊重人的基本权利，对人性保有一种敬畏的姿态；在形式平等上强调要打破固化的社会流动，使得有能者能获得更多的机会去结束不平等的待遇，通过主观的努力改变客观的社会地位；在实质平等上强调法治的精义在于全面守法，法律面前人人平等，任何人都不可以凌驾于道义与法律之上。这些朴素的平等观，在今天依旧是有价值的。

三、公正："不殊贵贱，一断于公"

在中国先秦儒家典籍中，将"正义"运用解释者并不多见，大致只能以义、理与礼解释正义概念。在法家那里，就是所谓的"不别亲疏，不殊贵贱，一断于法，则亲亲尊尊之恩绝矣"（《史记·太史公自序》）。也因为"义"注重个人以外的事，注重个人与社会之间的关联，所以"义"者"宜"也，但是此"宜"必须是大家认为合适的、相宜的，才算是大家尊重的原则。但是中国古代的平等正义观念，并不是所有人都在同一水平面上，而是一种在权力支配关系上，上下有等、尊卑有序、去私就公的明确的等级秩序，不同水平与不同级别的人所应当获得的权利与所负担的义务各不相同。② 因此这种平等，不是绝对的平等，而是相对的平等，所谓"贵者不重，贱者不虚，示均也"（《礼记·祭统》），便是这个道理的生动描述。这与亚里士多德所理解

---

① 《中国共产党第十八届中央委员会第三次全体会议公报》，《人民日报》2013 年 11 月 12 日第 1 版。

② 何蓉：《中国历史上的"均"与社会正义观》，《社会学研究》2014 年第 5 期。

的正义原则非常接近，即人生而不平等，要通过正义的原则来解决人生下来就天然的不平等这种事实，平等的观念本身与正义的观念无涉。换句话说，正义之道是以不相等的方法对待不相等的人。因此，就亚里士多德而言，社会分配原则中的正当比例（just proportion）就是正义，也就是说要将不相同的待遇给予不相对等的人。

生活在现代多元民主制度中的多数人，应该都会同意平等理念之于实行社会正义的核心地位。不同的正义观产生不同的平等观，而正义观可以有许多种。例如功利主义的正义观、古典自由主义的正义观、佛教的正义观等等。在中国传统的观念中，"义"这个字所代表的是社会既有的阶层秩序。而由英文"justice"翻译成的"正义"，所代表的核心价值则是平等。[1] 正如习近平总书记所指出的："人生本平等，职业无贵贱。"[2] 正义的原则本身就意味着追求自身合理正当的利益与寻求平等的条件和机会。

四、法治："礼法共治，德刑并用"

法在中国古代的语境中，指代一种专门用来描述工匠的技巧、方法、规矩，或者专门指控制社会行为的政治技术。因此，法在古人那里又常常被理解为"术"与"数"，在法家看来，法的功能就是将国家强制力与国家机器设想为带有强制性质的范式（model），它是强加以便纠正偏离正轨的行为。[3] 但是在儒家看来，所谓的矩尺、圆规以及法度之类，并非是强加于人的范式，所谓"徒善不足以为政，徒法不能以自行"（《孟子·离娄上》）。这并非是说，儒家强调礼法的二元分

---

[1] 沙蕙：《社会主义核心价值观与中华优秀传统文化基因》，《人民日报》（海外版）2014年8月20日，第5版。
[2] 习近平：《之江新语》，浙江人民出版社2007年版，第34页。
[3] 本杰明·史华兹：《古代中国的思想世界》，程钢译，江苏人民出版社2008年版，第437页。

立，认为以武力制裁为基础的社会与以礼的精神道德的凝聚力为基础的社会，两者构成了明显的二元对立。相反，作为一种规范体系，礼和法可以作为并列的价值存在，礼或者道德并不是先于刑罚或强制而存在的。而法家所有关于秩序与规则的主张，也并不完全排斥道德的介入，法家所主张的秩序，绝对不是完全区别于礼的存在。相反，法家的主张实际上是一种在名义上不同于先秦儒家礼治图景的规则模式，所谓"礼法以时而定"（《商君书·更法》）就是这个意思。但是，儒家所憧憬的法治图景建构在矛盾的假设之中（overriding premises），即儒家认为如果人民的行为完全受到一个客观又不变的刑法典的支配，那么统治者的统治合法性就会被削弱，人们受到统治者强制力的束缚，就不会再尊重贵族，贵族的正统地位就会动摇，"民在鼎矣，何以尊贵？贵何业之守？"（《左传·昭公二十九年》）此外，当人民一旦充分熟悉了法律条款，就会爆发出惊人的才能和对策以规避法律。

　　法治的落实是要把人们对法治的信念、法律的条文以及法律哲学的理路融入薪火相传的文明传统以及每一个中国人的血液之中，而不是要用载之于文本的具体法条去取代传统文化的德性基础。法家倡导的功利主义，是为了实现国家实力的提升，但是对于"仁"这一最大多数人的幸福的命题，并没有过多的关注；儒家提倡的仁爱的人治模式，过度地依赖人的中介力量在塑造社会的过程中所起的主导作用，认为这样人类个体就可以实现社会政治秩序的最高规范，但是这样的理念又忽视了人的主观能动性需要通过客观的机制加以约束，否则就会从仁政变成暴政，从礼治走向混乱。德刑并用，即道德与刑罚结合运用。东汉荀悦《申鉴·时事》："问德刑并用，常典也，或先或后时宜？刑教不行，势极也。"仁德可以感化民众，使其从心底对君主产生爱戴之情；刑罚则通过震慑作用，约束民众不正当行为的发生。在治国安邦的过程中，应当发挥仁德与刑罚并用的社会心理效应。因此传统的"礼法共治，德刑并用"，强调的是一旦执行法典的人可以随意地运用他们本人的判断力将法典施于公众,就要强化对于法制运作的明确性与公开性的力度,以及对于执行法典的人的德行教育,而对于掌握国家公权力的人而言,要通过现代法治的思维去对这种手握国之重器的人加以制度的约束。作为社会主义核心价值观的法治,不能只是要求民众遵守死板的法律条文,而是要将法治的精神和道德的伦理如同春风化雨一般滋润于民众的心灵之中,使得全民的法治文化能够达到"若饥而食,寒而衣,不令而自然"(《韩非子·安危》)的境地。

第三节　个人层面的中华优秀传统文化底蕴

一、爱国:"宅兹中国,心系天下"

根据于省吾先生的考证,大约在西周初年,"中国"一词已经出现。① 在"何尊"的铭文中,就有记载"惟武王既克大邑商,则迁告于上天曰:'余其宅兹中国,自之辟民'"。可见"中国"在古人的想象图景中,既是一个地理的概念,也是一个趋于统治的整体概念。因此,中国民族国家的主体性与空间性表现为明确的领域边界与严格地区分"他者"与"自我"。② 从"宅兹中国"的角度来看,中国传统民族国家的认同,凸显出强烈的以汉族区域为中心的国家领土与主权意识。所以学者葛兆光便说,自唐宋以来,所谓的爱国精神,可以理解为由地方的士绅集团、中央的权力精英以及国家机器三方面合力推动的儒家的世俗化,使得爱国精神凝结了中华文明的"同一性"③。

---

① 于省吾:《释中国》,王元化主编:《释中国》(第三卷),上海文艺出版社 1998 年版,第 57 页。
② 葛兆光:《宅兹中国:重建有关"中国"的历史论述》,中华书局 2011 年版,第 25—26 页。
③ 葛兆光:《七世纪至十九世纪中国的知识、思想与信仰》,《中国思想史》(第二卷),复旦大学出版社 2000 年版,第 342 页。

与"中国"概念所不同的是,"天下"所要表达的是一种关于帝国的理想图景与完美概念,它意味着人类可以居住的整个世界以及在整个土地上生活的所有人的心思,前者是所谓的"普天之下,莫非王土,率土之滨,莫非王臣"(《诗经·小雅·北山》),后者是所谓的"得民心者得天下"①。天下观可以从内外加以考虑,所谓外部的"四海观",因"四夷"分布于"四海",所以"四夷"也称"四海","邦畿千里,维民所止,肇域彼四海"(《诗经·商颂·玄鸟》)、"九夷、八狄、七戎、六蛮谓之四海"(《尔雅·释地》)。所谓内部的"九州观",即由九州地域构成的中国,"禹别九州,随山浚川,任土作贡","芒芒禹迹,画为九州"(《尚书·禹贡》)。"天下"概念的提出,是为了整合区域与人民,以达成一种世界一家的理想或乌托邦。

因此,所谓的爱国从"天下"这个层面来看,可以内化为一种哲学视界,即思想所能够思考的或意义完备的概念,表明对这个区域的整体认同。换言之,中国古代的爱国思想,实际上都是在"莫非王土"的整体概念下提出的。有学者称之为"无外原则",即与本土不同的他乡只是陌生的、遥远的或疏远的,心系天下可以理解为一种排他情结与地方主义情结。

在古代人的思维中,天下与国家、天下与王权并不完全是一回事,而亡国与亡天下也不是一回事。天下的概念要大于国家,国家的概念又要大于王权。《大学》有言:"古之欲明明德于天下者,先治其国。"可见天下的概念是基于对国家的服膺而形成的。顾炎武曾说,亡国是指"易姓改号",而亡天下则是"率兽食人"②,因此亡国与忠君是联系在一起的,而亡天下则是与爱国联系在一起的。"吾所居者,只有天下,并无国家。而所谓天下者,十八省至正大中,虽有旁国,皆在要

---

① 赵汀阳:《天下体系:世界制度哲学导论》,凤凰出版集团 2005 年版,第 41 页。
② 顾炎武著,黄汝成集释:《日知录集释》,上海古籍出版社 2006 年版,第 756—757 页。

荒诸服之列，以其无由立别，故无国家可言。"①古人认为，只有实际上维护了中华文化与民族的延续，才是真正的爱国精神和行为，而政治权力尽管处于当前的统治地位，但其有盛有衰，与"中国"相比，确实是两个不同的概念。

对于社会主义核心价值观的爱国情怀与底蕴而言，必须看到"家国天下"在中国的历史与文明中，应该是一个整体不可分割的概念，"人有恒言，皆曰'天下国家'"（《孟子·离娄上》）。传统中国的家国天下结构，是社会/政治各种单位的层次结构，从个体到社会再到国家，都包含着制度、心理和物理的意义和概念。

二、敬业："敬业乐群，惟精惟一"

"主敬"是古圣贤教人做人最简易、直接的法门，所谓"温恭朝夕，执事有恪"（《诗·商颂·那》），是儒家提倡的修身与处世方法，通过内心涵养的工夫来达到进学致知的目的。徐复观曾在其《中国人性论史》一书中说道，周代人的哲学观，可以用一个字来概括，那就是"敬"。所谓的敬，是指在社会交往层面，做到畏惧、努力、认真、严肃、审慎、积极等态度。②即《尚书·大禹谟》所说的"惟精惟一"。所谓"一"者，就是要做到执中精一、平和专精、谦卑用一，此自然界不二法则。到了春秋时期，敬字则表现为一种人文主义精神，各家表述略有出入，如孔子谓敬为精一，老子谓敬为执一，管子谓敬为专一，庄子谓敬为贞一，又如荀子说："凡百事之成也，必在敬之；其败也，必在慢之。"（《荀子·议兵》）"敬"是一切社会交往规则与人格修养最起码的标准，"经礼三百，曲礼三千，一言以蔽之，'毋不敬'"

---

① 严复：《严复集》，中华书局 1986 年版，第 1245 页。
② 徐复观：《中国人性论史》，华东师范大学出版社 2005 年版，第 134 页。

(《礼记·曲礼》)。《左传》则更认为,"敬"是社会秩序维持的主导性价值观,"敬,礼之舆也。不敬,则礼不行"(《左传·僖公十一年》)。礼以敬为主,敬是礼的核心,说明赋予他人社会存在感以优先的地位与价值,是人际关系和社会关系的一种认真诚实的态度。所谓"以敬临境""敬以约民",实际上都是在强调一种社会交往规则的"先设规则"。到了春秋之后,敬便与职业一词相联系,所谓"敬业者,专心致志,以事其业也",是一种"发愤忘食、乐以忘忧,不知老之将至","鞠躬尽瘁,死而后已"的状态。敬业,是道德价值系统在个人层面的彰显,所谓"敬者,德之聚也。能敬必有德"。敬业精神是人类美好道德情操的体现,它作为一种对自我的要求,从举止的"恭敬",外貌的"庄敬"再到内心的"居敬",无一不体现出一种道德的自我约束,这也正符合传统中国社会由内到外发散型的道德扩充机制。

所谓敬业乐群,按照朱熹的说法,就是"主一无适便是敬"。居敬穷理二事"互相发",如人之两足交助,但"穷理尽性以至于命"。因为穷理只是明得天理,消铄人欲;为使人欲不复萌,天理不复灭,当以"敬字抵敌"。即所谓的持敬,"欲知事物之所以然与其所当然者而已"。持敬的工夫强调的是有事能应变,无事能安然,而并非不思、不见、不闻的泯然静坐。朱熹十分推崇这种工夫,他认为这是为学的纲领,也是万善之本,是治理国政的根本。程颐也说,"所谓敬者,主之一谓敬;所谓一者,无适(心不外向)之谓一"。用现在的话讲,凡做一件事,便忠于一件事,将全副精力集中到这事上头,一点不旁骛,便是敬。朱熹又说:"敬业者,专心致志,以事其业也;乐群者,乐于取益,以辅其仁也。"其中所谓"业",本义也许只是指学业,但也可以扩而大之,指敬其所从事的各种职业。这种敬业精神,对执业者来说尤其重要,所谓"合抱之木,生于毫末;九层之台,起于累土;千里之行,始于足下"(《老子·第六十四章》)。梁启超在《敬业与乐业》一文中就说,敬业与乐业乃是两个不同的状态,所谓的敬业就是"责任心",所谓的乐业就是"兴趣味",敬业乐群归根结底就是一句话,"凡职业都是有趣味的,只要你肯继续做下去,趣味自然会发生"[1]。要想达到目标,使理想成为现实,积累是绝不可少的,而有人往往忽视这一点。

对于今天建构敬业乐群的社会交往规则而言,我们必须认识到,凡职业没有不是神圣的,所以凡职业没有不是可敬的。只要认真努力地去干,任何职业都是可敬的。从"敬业"再到"乐业",只要人们努力投入工作,就能从中找到乐趣。所谓"知之者不如好之者,好之者不如乐之者",正说明人能从自己职业中领略出趣味,生活也因此有了价值。"中国梦"的逻辑基础是人人可建自己的梦想,每一个人的梦想集合到国家与民族层面,就是"中国梦",但是知易行难,每一个人的梦想要实现,必须付诸笃行践履。社会主义核心价值观提倡敬业精神,是对改革精神的一种回应,改革不能只是停留在口头,中国梦的建设,要求每一个中国人都能够在各自的岗位上无私奉献,所谓术业有专攻,每一个行业每一个领域的创造都值得尊重,聚沙成塔,集腋成裘,透过这种"辛苦劳动、诚实劳动、创造性劳动",民族的复兴与国家的强盛才最终不是一个梦。

三、诚信:"诚者天道,言信行果"

中国古代有关于诚信的论述很多,比如"端悫诚信,拘守而详"(《荀子·修身》)、"诚信而喜之,奚伪焉"(《孟子·万章上》)、"乡党之间观其信诚"(《逸周书·官人解》)、"诚信者,天下之结也"(《管子·枢言》)等。诚信乃是伦理规范与德性修养的重要目标与组成部分,对人的内心加以限制,是一种比成文法更优秀的道德约束规则;是一种社会契约的精神,能够对社会控制发挥积极的作用;诚信与政

---

[1] 梁启超:《敬业与乐业》,《饮冰室合集》,中华书局1936年版,第1936页。

治道术相结合,是实现优化国家治理能力与实现国家认同的基础。

诚与信分属两个不同的系统,诚者属于天道,信者属于人道,故"诚者,天之道也,诚之者,人之道也"(《中庸》)。这句话有两层含义:第一,天道是绝对正确的,作为物而言,它包含着诚的根本属性,即《中庸》所说的"天命之为性,率性之为道",性之所率,即诚之所发,亦天道之所在。物之本末始终都有其本来的面貌,诚的本质就是实在的物质世界与自然界的客观规律,"夫诚者,实有者也,前有所始,后有所终也。实有者,天下之公有也,有目所共见,有耳所共闻也"(《尚书引义·说命上》)。因此它所展现的形式是绝对的"诚",故"诚者,物之终始,不诚无物"。第二,人道乃是对天道的拟制,"诚者,自成也"(《中庸》),"诚者,毋自欺也"(《大学》)。天道是无由自生而能生长万物,故谓之大一,而其自成,乃在于人,因此,人道的发扬必须参照天道的根本属性,故孟子又曰:"反身而诚,乐莫大焉"(《孟子·尽心上》)。人若思天之诚,故得人道之精义,即物之始恒为始,物之终恒为终,不矫揉造作,能慎独自处,与人交时,能信守天道与人道法则,此所谓信,故"亲亲、尊尊、长长,男女之有别,人道之大者也"(《礼记·丧服小记》),传统的伦理等级制度,其法统完全是建立在对诚的绝对正确的解读之上,舍此,则君不君,臣不臣,父不父,子不子,一切传统文化的根基也就会轰然坍塌。

人对天道之诚的发明,是所谓的仁、义、信、守之类,如荀子说,"君子养心莫善于诚,致诚则无它事矣,唯仁之为守,唯义之为行"(《荀子·不苟》),因此人道之诚归根结底也是一种涵养的工夫,是人的内心深处一种"仁守义行"的过程,君子只有诚其意,才能"富润屋,德润身,心广体胖"。人而能发挥诚意正心,则政治亦能清明,"夫诚者,君子之所守也,而政事之本也"(《荀子·不苟》)。人道的发挥就是信,诚之所发即信之所起,"诚,信也,从言成声","信,诚也,从人言"。董仲舒认为,所谓信,即"有所许诺,纤毫必偿,有所期约，时刻不易"，是一种"常道"(《贤良对策》)。信可以说是古代士人修身的一项重要的德行，"人而不信，不知其可"，孔子在陈国燕居时，告诫弟子说，士有三个层次：不辱君命，为国效力；孝悌兼备，乡邻模范；言信行果，千金一诺。由此可见，诚信在中国古代既是天道的自然要求，也是人道的伦常体现。

"言必信，行必果"是社会道德与人格评判的最低标准。子贡曾问孔子何谓"士"。孔子回答说，首先要"行己有耻，使于四方"，其次要为"宗族称孝，乡党称弟"，最后才是"言必信，行必果"(《论语·子路》)。而所谓"言信行果"，在孔子看来，是普通得连小孩子都懂得的道理，严格意义上来说，仅有此品性，还只能成为普通人，算不上"士"。由此可见，社会主义核心价值观将"诚信"纳入其中，也正是考虑到"诚信"乃是社会道德的底线，如果突破这个底线，个人就成为道德的罪犯，社会就会失序，国家也就会陷入混乱。

四、友善："上善若水，仁者爱人"

友善是君子品性中最重要的品质，"君子莫大乎与人为善"(《孟子·公孙丑上》)。友善的根本又在于包容，"夫子之道，忠恕而已矣"(《论语·里仁》)，而包容的根本又在于能够由己及人，"善人者，人亦善之"(《管子·霸形》)。符合这些特性的，就是所谓的善。善在中国古人的概念中，有一个代名词，就是水，因为水能善利万物而无所争，因而"居善地，心善渊，与善仁，言善信，政善治，事善能，动善时"(《老子·第八章》)，都体现出一种与世无争的大气魄。可以说，友善即是伴随着传统中国人生存伦理与环境而成长起来的一种道德范畴，更是民族精神延续的动力。就前者而言，友善体现出个人的道德修养，如"见善如不及，见不善如探汤"(《论语·季氏》)；体现出孝道与治化，如"孝乎惟孝，友于兄弟，施于有政"(《论语·为政》）；体现出和谐的人际关系，如"德不孤，必有邻"（《论语·里仁》）。就后者而言，友善不独体现在某一时空与地点的人际对话，更体现出传统美德之间的古今延续。如孟子告诫自己的弟子万章说，一乡之善士要友善一乡之善士，一国之善士要友善一国之善士，天下之善士要友善天下之善士；不仅如此，"以友天下之善士为未足，又尚论古之人。颂其诗，读其书，不知其人，可乎？是以论其世也。是尚友也"（《孟子·万章下》）。善士还应与古代的善士相交流，要做到居今之世，服古之服，从他们古人那里汲取传统文化的养分，为此必须诵古人诗，读古人书；而要懂得古人的诗书，就必然要论其世，知其人。由此可见，社会主义核心价值观中的友善，其深刻的时代意义不仅仅只在内涵本身，而更在于它是文明古今传颂的最好见证。

儒家思想中含有以人为本。"人"的意涵，即在仁心的昭露流行。以其为昭露流行，在人伦社会关系中，必然形成一种"由近及远"的秩序，善首先是一种个体的道德修养，是康德所认为的"绝对命令"，这种道德修养延展开来，就是一种公共的集团伦理。故君子有成人之美、先人后己、公而忘私是为友善，即"子欲善而民善矣"（《论语·颜渊》）、"君子贵人而贱己，先人而后己"（《礼记·坊记》）、"天无私覆，地无私载，日月无私照。奉斯三者以劳天下"（《礼记·孔子闲居》）。这种秩序一则由礼、法所凝结而成的伦类连结，一则由孝亲而敬长，由齐家、治国而平天下。这种仁心的流行，顺着道德实践历程，在层层进展中，使得人的生命不断扩大。因此，如果问及儒家仁爱之情的现代意义，毋宁说儒家思想的超越性在于使人心相通合一，以此相通合一，使在人心的昭露流行中，能在当下获得各自圆满的归宿。所以谈"修己治人"，谈王道政治以及谈中庸思想，莫不自人心做起。"樊迟问仁。子曰：'爱人。'"（《论语·颜渊》）"夫子之道，忠恕而已"（《论语·里仁》），文字虽简，相应于现代政治社会中提倡的核心价值观培育而言，不仅可以拯救人心之陷溺，亦可作为治世明伦的典范。

《论语》里"仁"出现了109次,是频率最高的核心词汇,而"仁"也正是儒家文明的核心观念。"仁者,人也"(《中庸》),由仁言人,只是范围的扩大,基本上仁之与人,并无二致。而谈及仁的架构,学者陈来指出:"'万物与我为一',有两种意义,一个是境界的意义,指万物一体的精神境界;另一个是本体的意义,指万物存在的不可分的整体就是仁体。"[1] "万物与我为一"即"仁者,浑然与物同体"。在陈来看来,不管是程颢的"仁者,浑然与物同体"论,还是纵贯在整个宋明理学中的"万物与我为一""以天地万物为一体"等表述,其实都是一个意思,这就是程颢所提出的"学者须先识仁"而识得的"仁"或"仁体"观念[2]。理论上,普遍且一般性的美德是可接受,但那"普遍性"的意义为何,却少有人注意,即使注意也是人云亦云,未必人人皆理解。仁之为人,不能只有一个点,必须由点而线而面,仁的意涵才能扩大,才能实现道德精神的无限价值。所以仁不只体现在个体的人身上,须与社会合流,其活泼生力才能充然显现。因此,儒家的仁者非仅包涵个人的立场,尤应包含他人、天地。合而言之,便是人观念的引申、人与社会的道德秩序之架构以及人的内省关系的延展。

"仁者爱人"的传统启示我们,社会的仁爱友善价值观,不能只站在心性的哲思命题上,毕竟人与人之间的相处基础是建立在生活层面的互通,生活层面无法交流,仁者爱人的意义就相对薄弱,而爱人须得精神之义,亦须物理之义;精神之义在"境",物理之义在"实",有实际的交往准则作为规范,生活才能得到调适,人际关系才会安稳,也才不会至于怨天尤人,所谓的"友善之爱"才真正落到实处。此外,在论及人与人间的道德秩序时,如果只是讲基本的友善道德观念,

---

[1] 陈来:《仁学本体论》,生活·读书·新知三联书店2014年版,第36页。
[2] 陈来:《宋明儒学的仁体观念》,《北京大学学报(哲学社会科学版)》2014年第3期。

缺乏制衡的力量,恐怕很难做到人人皆合秩序。毕竟道德层面有善亦有恶,此二分法虽简单,却能分出君子小人。君子为善,所以道德标准高,恶念可以冲淡;小人者,心已下陷,胸中恶念已非道德标准所能驾驭,一定要同于君子,情势必不可能。因此构建社会主义核心价值观"友善"这一序列,就必须充分考虑到传统中国"礼"(或"性善")与"法"(或"性恶")对人性关系的假设。

第四章 中华优秀传统核心价值观的传承弘扬

中国人的价值观,凝聚着中华民族广泛接受与普遍认同的价值取向、思想品格以及道德规范,是中华民族情感认同、思想观念、文化传统以及语言习惯的抽象体现,具有强大的吸附力。以儒家思想为代表的传统文化体系的强大之处在于,它既有高深的信仰,又有接地气的操作手法,能够真正代表中华民族的精神生活,能够表现出中华民族的哲学思想并以此区别于他族别国的思想与价值特质。中华优秀传统核心价值观与社会主义核心价值观是传承和创新的关系。

第一节 中华优秀传统核心价值观的认知与培育

中华优秀传统文化是中国特色社会主义的植根之基,实现中国梦、解答前进中面临的实际问题,既需要马克思主义普遍真理的指导,也必须借鉴吸收中国传统文化的精华成分。

一、中华优秀传统核心价值观的转型与变革

以儒家思想为代表的传统核心价值观在中国延续了数千年,这当然不仅仅因为儒家思想本身能够兼收并蓄、自我更新,更重要的是它

在形成之初经历过社会的巨大转型与变革。

从横向上来看,传统的国家意志与个人的思想信仰及其之间的交互关系,构成了中华民族核心价值观的全部内涵。

从纵向上来看,中华文明的变迁与延续实际上就是思想与价值乃至整个中华民族核心价值观变迁与延续的如实写照。任何深刻且合理、能够持续存在并产生巨大影响的精神都不可能在平淡中诞生,这是因为任何社会核心价值成型的客观条件都必然摆脱不了社会转型这一事实。换言之,社会体制的变革与社会思潮的兴起是核心价值观得以形成的必然依据,只有在波澜壮阔的社会变革中,思想才会变得深刻、深远,传统文化系统也不能例外。古代中国的思想体系就是在治乱之间的转变中论证并建构起天、地、人是如何被合法地纳入这一秩序之中的,社会的深度转型呼唤统一的行动意识与伦理基础,这是任何时代都摆脱不了的"宿命"。

以儒家思想为代表的传统核心价值观在中国延续了数千年。这种相对稳定的、合理的结构是经过不断地论证与锻造而成的,人们在反复质疑与往复辩论的过程中经历了从"百家争鸣"到"独尊儒术"这样一个价值认同的过程。

众所周知,在春秋战国时期,"天子失官,学在四夷"(《左传·昭公十七年》),中国传统文化和核心价值观发生了巨大变迁,思想话语的承载者与政治权力的拥有者出现了分离,各种思想流派得以迅速产生,出现"百花齐放、百家争鸣"的局面。"那些无需论证就可以使人平静接受的真理,不再拥有权威性的时候,权力对思想失去了强制性的权威,对任何现象和事物的解释都要解释者从头说起,而且要有一套自成系统、自圆其说的道理。"[①] 人们对思想的理性思索代替了对权威不容置疑的臣服。但对价值观的思考争论实际上也意味着价值观在

---

① 葛兆光:《中国思想史》(第三卷),复旦大学出版社 2013 年版,第 78 页。

混乱中的缺场，战争和分裂一旦结束，社会便需要一个统一的价值观来修复被划伤的思想和知识体系。怎样才能寻找一个属于国家控制的并为人们共同认同的、最终的价值依据与心理本原？答案只能是：在社会转型的过程中提出一套可供时间检验的价值体系。这也难怪孔子曾感叹，在他所身处的世界中，"人而不仁，如礼何？人而不仁，如乐何？"（《论语·八佾》）从正统到混乱再到大一统的节点上，孔子期待通过他与弟子们的人本（仁）、宗法（礼）和中庸学说建立起"化民易俗，近者说服而远者怀之"（《礼记·学记》）的社会秩序。知识精英们清醒地认识到只有强调外在的秩序格局与内在的道德底蕴相结合，才能建立起有条不紊、协调和睦的社会。但在春秋战国时期，无论如何，面对离散的人心与失控的国家间秩序，儒家没有办法将其提倡的核心价值观上升为整个国家的意识形态。

对于建立价值观的设想及至汉代的董仲舒终于得以实现，春秋战国时期思想与信仰的离散也随着国家大一统而渐趋缝合。由于国家呼唤政治的权威秩序、观念的协调统一以及社会的安定繁荣，因此汉代在不断强调"天者，百神之大君"（《春秋繁露·郊祭》）、夯实君王权威的同时，结束了春秋战国时期"德""刑"分治，"道统"与"政统"分离以及知识与权力之间紧张对抗的局面，建构起"礼法合一、德刑共治"的大一统思想。儒家学说通过建构自然法则作为合法渊源，以君主制度与循吏行政系统作为推行力量，以血缘亲情作为社会认同基础，以特有的话语系统作为思想延续的符号，使得这种以"家国一体"为根本特质的系统化意识形态能够在时间与空间上"见而民莫不敬，言而民莫不信，行而民莫不说"（《中庸》）并统领中国人上千年的核心价值观，正式"成为理路贯通、兼备形上形下、可以实用于社会的国家意识形态，形成了中国传统意识形态的极富弹力和张力的系统"[①]。这

[①] 葛兆光:《中国思想史》（第三卷），复旦大学出版社2013年版，第243页。

种比较封闭、完整、自给自足的系统使得儒学在思想上取得寡占地位，因而它所输出的意识形态也自然成为国家的核心价值观。尽管自春秋以来的百家争鸣暂时归于平静，但这实际上也意味着中国古代核心价值观的内在分裂朝政治与宗教的趋势发展①，即儒学也开始表现出神学化的倾向。

汉代之后，玄学兴起。玄学的"名教与自然"之争，否定了儒学占据核心价值的地位，使得儒家话题的终点成为玄学话题的起点，"名教即自然""名教本于自然""越名教而任自然"等哲学认知的出现意味着传统的核心价值观再一次面临着转型与变迁。加之佛教东传，宗教信仰大有先于社会伦理而规训世俗世界之意。从公元5世纪到7世纪之间，儒、释、道之间的纷争意味着大一统的国家价值观不得不与宗教团体共享原来的权威，人们的价值观被杂糅成为"三千买棺，无制新衾。左手执《孝经》、《老子》，右手执《小品》、《法华经》"②式的灰色幽默，人们在三种价值的冲突与融合中变得无所适从。

随着隋唐统治者对于政权合法性的不断建构，三派的纷争趋于平息，新的意识形态、制度规范被重新勾勒出来，"借助权力建立了常规的世俗利益与经典的知识话语的联系，把一种有强烈意识形态色彩的知识、思想和信仰作为知识阶层的晋升必有途径"③。唐朝在经历了一个多世纪的繁荣后迅速陷入了国家权威沦丧、藩镇割据的窘局，因而国家又不得不呼唤通过统一的思想与价值观来重建传统主流意识形态的秩序与权威。"反本修古，不忘其初者也"（《礼记·礼器》）是儒家对于知识、思想延续与更新最常见的主张，即对于价值的重建必须要回归历史与得到经典的支持，通过重新解释经典与历史谱系来唤回价值认同。其中具有代表性的便是韩愈的《原道》，韩愈通过重新"发现"

---

① 周兴茂：《中国人核心价值观的传统变迁与当代重建》，《东南大学学报》2010年第3期。
② 萧子显：《南齐书》，中华书局1972年版，第729页。
③ 葛兆光：《中国思想史》（第三卷），复旦大学出版社2013年版，第5页。

孟子并重建其"道统",借助若虚构若真实的历史谱系的重述,把国家拉回到"博爱、行宜、顺而祥、爱而公、和而平"(《原道》)的局面,使得儒家价值观的合法性在帝国的意识形态中得以再次通行无阻,国家与民族价值观的一元状态也得以再次恢复。

  北宋结束了五代十国的动乱,但由于道统(文化重心)与政统(政治重心)的再次分离,在国家与个人之间,知识、思想与国家之间出现断裂。有鉴于此,国家希望通过其与士绅的双重支持,建构起一种囊括皇权、社会与自然的普遍真理,在这种普遍真理之下,士在价值体系中的地位得到回归,国家权威与社会秩序得到重建。在此基础上,儒、释、道又重新融合为一种新的儒学,即宋明理学,理学家们将正统儒学的天命论与人道论结合起来,使得儒学进一步走向精致化、程序化。① 从而国家与社会秩序的同一性也渐次得到了巩固,儒家价值观中的经典原则被伦理化与世俗化。以"孝"为基础的家庭、宗族秩序与以"忠"为基础的国家秩序获得了超稳定的结构,并且"国家的政治权力与士绅的知识权力,使得文明由都市向乡村、由中心向边缘逐渐辐射,并构建了以汉族地区为中心的认同的'同一性'……看上去,似乎生活在中国的人们,都已经自觉不自觉地认同了这种以家庭、宗族关系为中心的理智、克制、和睦的生活规则和社会秩序,以及维护这种规则和秩序的伦理道德观念,于是,以汉族为主的中国文明的同一性,这才真的被建构起来"②。

  总之,宋明以降,"存天理灭人欲"成为传统文化价值与人性修养的新的进路。中国人的核心价值演变为一切事物均遵循"天理"。因而名教与自然、先验与经验、伦理与政治得到了有机结合,儒、释、道一体两翼的格局因之以形成,中国传统文化中的核心价值观再一次

---

 ① 赵玉华:《中国传统文化及其价值观的总体特征解析》,《山东大学学报(哲学社会科学版)》2000年第1期。
 ② 葛兆光:《中国思想史》(第三卷),复旦大学出版社2013年版,第247—248页。

展示了其在社会转型中的自我延续与更新。

传统三纲五常的名教观念在社会转型中经受一次又一次的洗礼，锻炼后的价值观也遵循优胜劣汰的法则延续下去。它在社会转型中成长，又成为维护封建人伦与规范传统政治秩序的稳固基石。传统的核心价值观内涵丰富、自成系统，具有强大的吸附力，其在社会转型的过程中不断自我更新与成长，"牵动着整个社会的核心价值体系和道德规范体系，推动整个社会的价值导向和道德教化"[①]。即便是处于政治动乱之际，传统核心价值观仍旧能在思想上、精神上发挥着巨大的统领作用。

二、中华优秀传统核心价值观的双重培育路径

任何时代的文化精髓所凝练的价值观都必然要求高远的立意。作为一个时代的精神图腾，核心价值观具备双重面向：它不仅作为一种立身准则与行动标准，内化于每一个成员的精神—道德性力量以及规范他自己的政治秩序，同时也意味着这种话语符号是每一个成员孜孜矻矻却难以企及的道德制高点。所以孔子深谙"取乎其上，得乎其中"的道理，在他看来，社会的核心价值一定是要建立在"立天地之大本"但又必须"知天地之化育"的思想和信仰的基础上，所以"君子语大，天下莫能载；语小，天下莫能破"（《中庸》），君子之道存在于"费隐"与"能行"之间。千百年来，士子在吸纳传统文化的内核时，大致都有两条路径：一则进德，即"尊德性"，通过这种"极高明"的信念来成就信仰上的修为；一则穷经，即"道问学"，通过"道中庸"的日常修为来"温故知新"，求得智识上的进步。所以在"致广大而尽精微"（《中庸》）的培育理念下，以仰望星空的理念来做皓首穷经的志业，方能成就经典中对"士"或"君子"使命的塑造。对于今天的中

---

① 戴木才：《继承和弘扬中华民族优秀传统核心价值观（上）》，《唯实》2014年第4期。

国人而言，"读万卷书，行万里路"依旧是思想价值塑造的重要途径。任何一个在良性文化体系中成长的人都与这个体系及其内在的价值观形成一种人文的对话，即马克思主义在论述理论与实践关系时强调的：一方面，实践决定理论，要通过实践检验理论的真伪，并形成新的理论；另一方面，理论对实践具有反作用，要通过理论与智识指导社会实践。这一点古人早就给予我们明示。

对于在传统的家国一体的文化价值系统中"君子的形成是如何可能的"这一问题，晚清曾国藩的见解因其身份与成长经历的缘故，结合了耕读士子、知识精英与伦理"先锋队"的多重角色，因而可以清晰地为我们呈现在传统知识世界里"士"或"君子"这一群体的价值观是如何构建起来的：

> 君子之立志也，有民胞物与之量，有内圣外王之业，而后不忝于父母之所生，不愧为天地之完人。故其为忧也，以不如舜、不如周公为忧也，以德不修、学不讲为忧也。是帮顽民梗化则忧也；蛮夷猾夏则忧也；小人在位贤才否闭则忧也；匹夫匹妇不被己泽则忧也；所谓悲天命而悯人穷，此君子之所忧也。若夫一身之屈伸，一家之饥饱，世俗之荣辱得失、贵贱毁誉，君子固不暇忧及此也。①

《大学》开篇就提醒士子们注意，"欲明明德于天下者，先治其国；欲治其国者，先齐其家；欲齐其家者，先修其身；欲修其身者，先正其心，欲正其心者，先诚其意"。即一个人的社会存在如同向水中投入一颗石子所激起的涟漪，一圈一圈向外围扩展，想要为国家与社会缔造良好的政治秩序，则首先应当在家庭中陶冶其个人的品格。因此儒

---

① 曾国藩：《曾国藩家书》，中国致公出版社 2011 年版，第 22—23 页。

家的经典为所有的价值观认同者提供了一种心灵道德培育与国家秩序治理相连接的线索，从而国家、民族与社会秩序的建立即意味着个人心灵秩序的建构。这种"个人—家庭—社会—国家—宇宙"环环相扣的认知、实践模式便是传统文化对人的改造的基本假设。按照儒家的假设，如果所有人都能建构他自己的梦想，他所建构的普遍性原则就能与家族、社会、国家的行为联系起来，那么他们身处的社会就有可能"民胞物与"，他所处的国家才不至于"蛮夷猾夏"。因此在这种理想的模型之下，君子本身就成为一种完美的近乎珠玉的存在：完美到"不出家而成教于国"（《大学》）。

但问题的关键在于，仅有这种假设也无济于事，孔子的悲剧在于尽管他构建了主题宏大的社会价值观雏形，但是这一优良秩序在他那个时代并不流行，甚至等同一种妄想，被贴上"过时"的、"反动"的标签。[1] 在儒家的学说中，总有一个先设的道德标准与理想准则，它如同孵化机孕育并改造士子们的精神世界。但传统的文化毕竟无法摆脱对人的构造程序过于理想化这一事实，因为人的塑造不是流水线的生产车间。对于那些传统文化机器孵化出来的"半成品"或"残次品"，经典通常只会将他们弱化为"小人""愚者""不仁者""不肖者"这种渺小的形象，作为凸显君子美德的反面教材而加以批判谴责。比如："仁者以财发身，不仁者以身发财"（《大学》），"君子怀德，小人怀土；君子怀刑，小人怀惠"（《论语·里仁》），"君子坦荡荡，小人长戚戚"（《论语·述而》）。

三、中华优秀传统核心价值观的强大吸附力

传统的文化体系的强大之处在于，它既有深不可测的神圣信仰，

---

[1] 本杰明·史华兹：《中国古代的思想世界》，程钢译，江苏人民出版社2008年版，第84页。

又有接地气的操作手册。即便有多数人可能会被打上"名不见经传"的标签，但也仍旧不妨碍这种文化体系所具备的强大凝聚力，吸引人人都渴望成为君子的事实。同时孔子也说，道之所以不明是因为"知者过之，愚者不及也；贤者过之，不肖者不及也"（《中庸》）。于是他提出"中庸"的思想：多数的人要介于"知者"与"愚者"之间、"贤者"与"不肖者"之间。同时，为了弥补这个多数人都有可能"出局"的缺憾，孔子曾以他自己为例作出暗示，君子并非生下来就头戴道德与智慧的光环，而是要依靠一套既有的规则与秩序，在后天的社会里努力地加以锻炼与改造，"我非生而知之者，好古，敏以求之者也"（《论语·述而》），圣贤如此，况乎黎庶？这无疑告诉世人，核心价值观的理论建构是文化、社群与个人三者之间共同作用的结果，"君子之道，辟如行远，必自迩；辟如登高，必自卑"（《中庸》）。简言之，人的核心价值观的形成，如同在一条铺设好的道路上行走，必然要千里之行始于足下，又如同攀登一座高峰，必然要从低处拾级而上，两者缺一不可。

马克思曾说，"哲学并不像蘑菇那样从地下冒出来，是自己的时代、自己的人民的产物，人民最精致、最珍贵的和看不见的精髓都集中在哲学思想里"[①]。哲学要与自己时代的现实世界接触并发挥作用。所以曾国藩的高明之处在于，他能够洞见君子的形成是如何可能的，并很清晰地在展示传统核心价值观合法性的同时缕析了人与价值观之间的关系：传统的文化体系能够且应当培育出有大智慧、大修为的人，而人的被改造的过程实际上也是一种与文化系统对话的过程，即应当以宏大的旨趣与孜孜矻矻的心态去积极融入这种精深高远的文化体系。在这样一个整体性的封闭系统中，人的知识、思想与信仰之于整个系统无疑具有内在的同一性。同时，普及与融入核心价值，绝非熟记经

[①] 马克思、恩格斯：《马克思恩格斯全集》（第 1 卷），人民出版社 1956 年版，第 120 页。

典或懂得简单的伦理仪式那么简单,这一点古人早就洞见,"礼之所尊,尊其义也。失其义,陈其数,祝史之事也"(《礼记·郊特牲》)。除了抛弃那些锱铢必较、目光短浅的"实践",更重要的是要知其价值观背后更深的历史责任感,舍此,社会的核心价值观就会沦为人们茶余饭后的"顺口溜"。

那么,作为一个君子,究竟要树立、建构或者坚持一些什么样的品格呢?作为一个"立体"结构的人,曾国藩对君子培育的看法,实际上也包含着个人、社会、国家这三种关系,三者互相交错,各为因果。在国家层面,君子应当以国家昌盛、政治清廉、人民富强为己任;在社会层面,君子应当推己及人,"导之以德,齐之以礼"(《论语·为政》),通过德行与礼教使生民开化;在个人层面,君子应当"如琢如磨"(《诗经·国风·淇奥》),在心中立道德之法,以美德信仰作为目标。所以在现实世界中,当君子有了悲天命而悯人穷这样上下求索的志向,他便有了立足于社会及博取政治机遇的资本,进而其自身的修为也成为一座美德的山峰供其他士子瞻仰。同时还要看到,传统的价值观是建立在厚重的历史积淀之上的,传承与延续是儒家价值观区别于其他流派、区别于其他民族、区别于其他国家的根本所在,所以孔子一再强调,儒之为儒,要"有今人与居,古人与稽;今世行之,后世以为楷"(《礼记·儒行》),即君子虽安身于当今之世,却能时刻与古人对话;虽立命于当今之世,却能成为后世楷模。也正是这样注重伦理本位、阐明主体意识、身处辩证结构、关注现实政治、强调线性思维、重视人际关系的文化特点[①],才使得中国传统文化能够真正代表中华民族的精神生活,贯穿古代社会始终,表现出中华民族的哲学思想并以此区别于他族别国的思想与价值特质。

---

① 李宗桂:《论中国传统文化的核心及其特点》,《中山大学学报》1989 年第 4 期。

第二节 中华优秀传统核心价值观的深远立意

马克思曾说:"人们自己创造自己的历史,但是他们并不是随心所欲地创造,并不是在他们选定的条件下创造,而是在直接碰到的、既定的、从过去承继下来的条件下创造,一切已死的先辈们的传统,像梦魇一样纠缠着活人的头脑。"[1] 社会主义核心价值观推崇的是个人、社会与国家的良性互动、正和博弈,是将民族的精神与时代的理想结合起来对每一个公民进而对整个中华民族进行培育、改造。所谓的民族精神,除了马克思所说的"一切已死的先辈们的传统",更重要的是,它是"过去的人们作为生活行为的最高指导原则,为多数的先民所信奉,能够激励人心,是民族文化的主导思想"[2]。加强对公民特别是青年大学生的中华优秀传统文化教育,要以家国情怀教育、社会关爱教育和人格修养教育为重点,着力加强思想道德建设,培育理想人格,提升政治素养,并以此为根基进行社会主义核心价值观的培育。[3]

一、正心笃志、崇德弘毅的人格修养教育

大致来说,传统的文化体系是由两种二元观纵横交织而成一种中庸的思想,即同自然、秩序、天道和谐共处的和合思想以及长幼、尊卑、亲疏、上下的等级观念。前者"中出",主张同一与包容,如"万物各得其和以生"(《荀子·天论》)、"乾道变化,各正性命,保合太和,乃利贞"(《易·象辞·乾》);后者"外作",主张差异与秩序。故而儒家主张,"乐者,天地之和也;礼者,天地之序也。和,故百

---

[1] 马克思、恩格斯:《马克思恩格斯选集》(第1卷),人民出版社2012年版,第669页。
[2] 张岱年:《文化与哲学》,教育科学出版社1988年版,第73页。
[3] 教育部:《完善中华优秀传统文化教育指导纲要》,中华人民共和国教育部网站,2014年3月28日。

物皆化；序，故群物皆别"（《礼记·乐记》）。圣人作乐，能使天地和合；圣人制礼，能使万物有序。天地和合则万民皆由教化，万物有序则万民皆有其位。有了礼、乐（礼节民心、乐和民声），便有了"仁"，有了软件设施，再将这些软件设施应用于国家的政治制度与法律体系（政以行之、刑以防之），如此一来，人就有了节制进而能达到中庸，能够准确地定位自己的社会角色。

传统文化对人的培育是在一种清晰、严谨、完整的逻辑结构下进行的。在传统的中国社会，家庭是德性修养的第一所学校，汉族男子只有在20岁时在家庭之内接受长辈给予的"冠礼"后，他才开始成为儒家价值体系与礼法社会正式认可并着手培育的"人"，即"凡人之所以为人者，礼义也""冠者，礼之始也"（《礼记·冠义》）。通过来自家庭的仪式，男子得以"著代"，即代替父亲在家庭中的位置，成为真正有家庭角色与社会担当的成年人。传统的价值观一再强调家庭的教育是人生金字塔的基石，这个平台的宽度与厚度直接决定着金字塔的高度，一旦这个平台筑造失败，整个社会体系也会随之轰然垮塌。传统的核心价值观本身就建立在"家国同构"的稳固基础之上，所以这一体系如同流水线的车间，其投入的"材料"与所生产出来的"产品"即便不完全一致，也具备同质化的特征，比如事亲即是忠君，孝悌即是爱民。更重要的是，人本身就是他自己世界的核心，因而通过"正己"就能"正人"，通过"成己"就能"成物"，从而人的主体意识与责任感便在无形中得以培育。之所以宣传在家庭中要事亲（孝敬父母）、事亡（感佩先祖），是希望这种观念并不只是局限于一家一族之内，而能够将人的这种"角色"与产出的"产品"推及他人，进而传播至整个社会与国家，即"爱敬尽于事亲，而德教加于百姓，刑于四海"（《孝经·天子》）、"君子之事于亲孝，故忠可移于君；事兄悌，故顺可移于长；君家理，故治可移于官"（《孝经·广扬名》）。如果说儒家对于优良行为的"示范效应"作用具有真实的信仰，那么和睦家庭的榜样可以把它的影响辐射到周围的环境之中。[①]传统文化对人的感染力就在于它能留下广泛的拓展空间，从道德与伦理开始，最终回归道德与伦理，所以在家庭中人格的最低也是最高期望值被经典表述为：从安身立命开始，最终又回归安身立命并以其作为最高志向，即它既是价值体系的起点，也是所有价值指向的旨归，"夫孝，始于事亲，中于事君，终于立身"（《孝经·开宗明义》）。这一点无疑是基于传统的和合、中庸思想的一个阐释。故而在价值的塑造上，传统文化十分注重人的道德情操以及价值追求的起点、中间点与终点的定位。如果这个价值与道德水准定位过高，则被淘汰者较多，社会就会陷入少数精英的统治，从而有可能导致极权政治；而如果价值与道德水准定位太低，则会失去精英培育的土壤，从而有可能导致无政府主义，因此，"中者，天地之所终始也，而和者，天地之所生成也"（《春秋繁露·循天之道》）。那么，在传统核心价值体系中，君子如何在家庭之内形成这种安身立命的核心价值观？这其中的品质又有哪些？这些品质又如何通过家庭获得？大略言之，儒家对士的人格塑造大致体现在"正心笃志、崇德弘毅"这八个字上。

在传统的价值体系中，君子是生活在历史的时空之中的，他们虽安身于当今之世，却能时刻与古人对话，并为后世楷模。而要成就这种历史的成就感与忧国忧民的家国情怀，则一个人必须要有宏大的理想信念和深重的责任担当。因此，儒家有了下列表述："欲正其心者，先诚其意"（《大学》），"博学而笃志，切问而近思，仁在其中矣"（《论语·子张》），"士志于道，据于德，依于仁，游于艺"（《论语·述而》），"士不可以不弘毅，任重而道远。仁以为己任，不亦重乎？死而后已，不亦远乎？"（《论语·泰伯》）

从严格意义上来讲，中国传统的经学系统是史学与哲学的杂糅。

[①] 本杰明·史华兹：《古代中国的思想世界》，程钢译，江苏人民出版社2008年版，第136页。

这种学问强调的是通过严格的经典解释与哲理发挥去穷究学问的本源。但往往"儒者之书，多宏篇之作，可资语上，难喻中人。故蒙童之子，次困之材，虽有学山之情，半为望洋之叹"①，这种博大的知识体系又使得学子们在求知、进德的过程中不得不保持谦虚、实在的心态，"物格而后知至，知至而后意诚，意诚而后心正，心正而后身修"（《大学》）说的便是这层意思。因此士的人格与修身工夫也正是通过对传统知识结构的认知学习开始的。士在道德上的最初塑造实际上来自家庭伦理与经典知识双重"压力"之下。既然人在知识体系下如此渺小，加之科举体制本身就是通过求知来决定优胜劣汰的最佳法则，那么只有端正做人与学习的态度才不至于被生存的规则踢出局；此外，在家庭内，比事亲更高的位阶是爱人、忠君，因此家庭伦理也决定了士必须成为有责任有担当的谦谦君子。所谓心正，是指在这种知识体系与家庭环境之中，君子一方面要有心怀天下、追求卓越的气度，另一方面要有"自信人生二百年"的大自信。

孔子的弟子子夏正是深刻领悟到了志向与意志对一个初学者的重要性，所以对自己的学生说："虽小道，必有可观者焉，致远恐泥，是以君子不为也。"（《论语·子张》）只能谋生的技艺，加之井底之蛙的眼光，用来存活于市井或许可以，但是君子要有大志向、大谋略，所以苟活于世是君子所不齿的。那么君子在明白了这些道理之后应该怎么做呢？子夏接着说，"博学而笃志，切问而近思，仁在其中矣"（《论语·子张》），必须在知识的积累上与知识的获取方式上符合儒家的标准，只有宽泛地学习而又能坚守其求知、进德的志向，就切身的问题发问而又从近处思考，这样才能符合儒家的核心价值观——"仁"。子夏基于对求知与立志的见解，给出了君子成才的进路：不能把自己的志向与学问委身于闾巷之间，在求知路上应当既博且约，在志向上

---

① 陈澧：《东塾续集》（卷4），台北文海出版社1972年版，第141页。

要坚韧不拔，不可鼠目寸光。也正是因为如此，一百多年前著名的教育家、复旦大学的创始人马相伯先生便将子夏的这句话选作为该校的校训，即博学而笃志，切问而近思。

子张曾说："执德不弘，信道不笃，焉能为有？焉能为亡？"(《论语·子张》)一个人即便懂得了什么是核心价值观，但是不去坚守、不去弘扬它，一个人有了价值的信仰，但是不去遵循、不去忠实于它，这样的人活在世界上多他一个不算多，少他一个也不算少。所以在儒家的思想中，士总是坚毅果敢、特立独行的代名词，在社会大转型与思想大变迁的时代，人们渴望社会的繁荣与国家的稳定，人们也更多地把国家与民族的希望寄托于知识精英，因为他们相信知识总是与品德相连接，何况传统的文化系统里知识的积累也总是与品德的培育息息相关。所以孔子相信"人能弘道，非道弘人"(《论语·卫灵公》)，核心价值观是相对静止的，不会主动使人的信仰与精神变得崇高，相反，只有人们主动去认同、坚守、弘扬社会的核心价值观，才能发挥它在社会中的主导作用。因而传统核心价值观对士的培育，最终赋予他们的是深重的历史责任感和使命感。

总而言之，君子成才的进路非常明确，都在指向传统社会核心价值观——"仁"。但"仁"是一个立体的概念，国家有国家的仁，社会有社会的仁，士有士的仁。对于士而言，他所追求的"仁"体现在什么地方？齐王之子垫曾问孟子士的使命是什么，孟子回答说，"尚志"。所谓尚志，就是要做到"仁""义"两个层面(《孟子·尽心上》)。士的仁，按照孔子的理解是温良、敬慎、宽裕、孙接、礼节、言谈、歌乐、分散(《礼记·儒行》)，即做人应当温厚善良、恭敬慎重、胸襟宽阔、谦逊待人、有礼有节、举止儒雅；士的义，即弘扬他内心坚毅、果敢、稳重、谦恭、有责任、有远大抱负的一面。有了"正心、笃志、崇德、弘毅"的品格，君子就能做到一举一动能成为天下人道德的楷模，他的行为举止能成为天下人学习的榜样，他的一言一行能够成为天下人行动的准则，不管他走到哪里，都会受人尊敬。

当前对大学生开展以正心笃志、崇德弘毅为重点的人格修养教育，就是要使之明辨是非、遵纪守法、坚韧豁达、奋发向上，自觉弘扬中华民族优秀道德思想，形成良好的道德品质和行为习惯，知荣辱、守诚信、敢创新。①

二、仁爱共济、立己达人的社会关爱教育

在中国古代信息传播有限的环境之下，古人尤其注重身教与社会准则的传播，即根据自己内心的体验（核心价值观）来推测别人的思想感受，达到推己及人、影响他人与社会的目的，此即"忠恕"思想，换成今天的话来说即传播正能量。比如子贡问孔子，如果一个人能兼爱百姓、周济大众，是否可以说他身上具备了核心价值观（算得上是仁）？孔子说，所谓社会的核心价值观（仁）不过是"己欲立而立人，己欲达而达人"（《论语·雍也》）。通过价值观的自我建构，借助传统文化的发声机制，进而影响社会与他人，这就是核心价值观的本质。孔子的所谓"仁者爱人"，是有等差、有级别的爱，并非一视同仁、毫无区别的爱，这是由传统的社会构造与伦理观念决定的，通过有差别的爱来调节父子、君臣、兄弟、夫妇以及社会民众之间的关系。古人一直强调修身、齐家并非只局限于家庭之内，"仁者爱人"是传统核心价值观具备感召力的合法性基础，家庭教育已经使得士具备了尊亲尚贤的品格，那么一旦他走进社会也必定会"老吾老以及人之老，幼吾幼以及人之幼"（《孟子·梁惠王上》）。同样，核心价值观以其"正己

---

① 教育部：《完善中华优秀传统文化教育指导纲要》，中华人民共和国教育部网站，2014年3月28日。

正人，成己成物"的原则使他也会获得社会的尊重与爱戴，这是中国古代"涟漪式"教育法的本质所在。即便是与儒家学说互不兼容的法家也不得不承认，"古之能致功名者，众人助之以力；近者结之以成；远者誉之以名；尊者载之以势"（《韩非子·功名》）。一个人要有所成就并得到社会的认可，必须要有众人帮扶，身边的人要真心结交他，远方的人要以美名赞誉他，地位尊贵的人要以权势支持他。

在社会法则中，传统文化提倡理性人交往的假设，即人对社会的付出与索取基本成正比，"爱人者，人恒爱之；敬人者，人恒敬之"（《孟子·离娄下》）。所以人际关系强调的是宽和处世、和谐共处的仁爱原则，获得社会尊重的前提是必须为社会做出正向的贡献。尽管社会成员之间达到道义上的正和博弈是一件困难的事情，但和衷共济的民族品格自古以来就是中国人推崇的立身处世的行动指南。早在先秦时期，人们的思想观念中便有了和衷共济的意识："同寅协恭，和衷哉"（《尚书·皋陶谟》），"夫苦匏不材于人，共济而已"（《国语·鲁语下》）。墨家提出"兼相爱则治，交相恶则乱"（《墨子·兼爱上》），要求人际交往必须爱人如己，彼此之间不要存在血缘与等级差别的观念，并极具预见性地指出了两千多年一治一乱的历史，只有保持爱人如己才能和平向前发展，而天下之乱，则起于人与人不相敬重、不诚信。此后董仲舒的"循三纲五纪，通八端之理；忠信而博爱，敦厚而好礼"（《春秋繁露·深察名号》），韩愈的"博爱之谓仁"，柳宗元的"柔仁博爱之道"，欧阳修的"大仁博爱"，苏轼的"博爱临民"，苏辙的"温良博爱"，朱熹的"以博爱为仁"等等，这些观点和学说基本上共同构筑了中华民族的"仁爱"思想体系。父子有亲、君臣有义、夫妇有别、长幼有序、朋友有信是封建社会人伦关系的基本结构，所有的社会秩序都是围绕这五种关系展开的。

传统核心价值观以泾渭分明的姿态划定了社会交往的界限，对于核心价值观所倡导的规则与秩序要大力宣传并尽可能多地普及，而对违背知识建构与心性修养的事物则不应该使其在社会上流通,"己所不欲,勿施于人"(《论语·卫灵公》)是需要终身奉行的价值准则。这是因为,如果一个人有权利非公平地对待其他人,那么这种非公平的态度,即他的"不欲",将会使他本人"自食其果",这也反映了古代朴素的"平等"与"权利"观,社会被视为一个和谐、平等、自由的集体,一旦有人想要打破这种规则,他必将受到规则的惩罚。君子审己度人,与人交往时必以同理心替人设想,使人与我之间各得其宜,这就是儒家所谓的君子絜矩之道:"所恶于上,毋以使下;所恶于下,毋以事上;所恶于前,毋以先后;所恶于后,毋以从前;所恶于右,毋以交于左;所恶于左,毋以交于右"(《大学》)。如果厌恶上司的言行,就不要用这些言行对待下属;厌恶下属的某些言行,也不要用这些言行对待上司。憎恶厌恶前人所做的事情,也不可以对我后面的人做那些事情;厌恶后人所做的事,就不要对前人做那些事;嫌恶身边左右的人的行为,也不要拿来施加到别人身上。做到这些,便是道德上的表率。这样一来,价值观作为人的交往理念与行动准则就会起到缓解社会矛盾、融洽社会关系的作用。为了避免矛盾及社会冲突,孟子提倡"得志,泽加于民;不得志,修身见于世。穷则独善其身,达则兼济天下"(《孟子·尽心上》)。一个人有了兼济天下的能力,那么就应该将这种能力无私地奉献给社会大众;如果他的能力达不到,他就应该从自身找原因,继续完善自身修养,而不是归责于社会。一个人有了"用之则行,舍之则藏"(《论语·述而》)、"有道则见,无道则隐"(《论语·泰伯》)的社会交往原则,不管是对自身品行的再造还是对社会和谐稳定局面的维护均是有利的。

忠恕、絜矩之道的实质就是仁道,仁的本质就是要寻求社会的和谐,在社会交往中实现人、自然与社会的正和博弈,有了仁和的思想,小至为人处世,大至治国理政,便有了价值判断的标准,这就是社会核心价值观所在。行仁就必然履行在社会中的责任和义务,遵循社会的平等与自由原则,这就包括了义的性质。和合的思想既承认社会级别的差异性(家庭、社会、国家),也通过这一思想调和各主体之间的差异并使之互济互补。因而这种仁爱共济、推己及人的思想就是社会道德生活的开端和终结。孔子的弟子曾子曾说过,夫子所提倡的核心价值观没有别的,"忠恕而已矣"(《论语·里仁》)。

教育部开展的以仁爱共济、立己达人为重点的社会关爱教育,就是要使公民特别是青年大学生正确处理个人与他人、个人与社会的关系,学会心存善念、尊老爱幼、扶残济困、关心社会,培育集体主义精神,形成乐于奉献、热心公益慈善的良好风尚。①

三、天下兴亡匹夫有责的家国情怀教育

孔子的弟子樊迟自幼家贫,但能宵衣旰食日夜苦读,对农业种植也十分精通,他曾向孔子请教稼穑之学,孔子严厉地斥责了他,并说他只能算小人而算不上君子,真正的君子应当"忧道""谋道",而不应该去"忧贫""谋贫"。孔子所说的道,便是为国家的治理和安定出谋划策,为生民的疾苦鼓与呼的精神。至于樊迟所设想的即便是精通农桑之术,也照样会"馁在其中矣"(《论语·卫灵公》)。

在中国历史上,那些胸怀安邦定国之志、以天下家国为己任的君子,多半都有非凡的人生遭遇,如"先天下之忧而忧,后天下之乐而乐"的改革家范仲淹三次被贬,"精忠报国"的抗金将领岳飞最终惨遭杀害,"人生自古谁无死,留取丹心照汗青"的爱国诗人文天祥最终舍生取义、以死殉国,"苟利家国生死以,岂因祸福避趋之"的民族英雄林则徐迭遭打压、被贬伊犁。他们或颠沛流离、命运坎坷,或穷困潦

---

① 教育部:《完善中华优秀传统文化教育指导纲要》,中华人民共和国教育部网站,2014年3月28日。

倒、不容于世，但这些人都是一箪食、一瓢饮，乐在其中，不变其节。在国家与民族大义面前，他们都将个人的得失荣辱抛诸脑后，舍小家而成大家，"苟利国家，不求富贵"（《礼记·儒行》）。当然在多数情况下并不要求所有的人都必须为国家自蹈死地、以身殉国，但是，"天下兴亡，匹夫有责"确然是传统文化赋予士在国家层面的价值追求，国家的命运是放大了的个人命运，个人的前途是国家前景的缩影。顾炎武曾说："有亡国，有亡天下，亡国与亡天下奚辨？曰：异姓改号，谓之亡国；仁义充塞，而至于率兽食人，人将相食，谓之亡天下……保国者，其君其臣，肉食者谋之；保天下者，匹夫之贱，与有责焉耳矣。"①

在顾炎武看来，亡国与亡天下的区别就在于国家的治乱兴衰是统治者的责任，但天下生民的安危荣辱却是每一个士子的使命。严复也曾说，"吾所居者，只有天下，并无国家。而所谓天下者，十八省至正大中，虽有旁国，皆在要荒诸服之列，以其无由立别，故无国家可言"②。统治者居于高位，既然"受命于天"，自然要对于他的统治负有全部责任，"万方有罪，罪在朕躬"（《论语·尧曰》）。所以在顾炎武看来，这里所谓的国家不过是统治阶级用于牧民的机器，与匹夫匹妇没有多大关系；天下则不同，它指的是民众与社会，关涉民族的文化与道德的基础，所以它是每一个人的天下。所谓"众为邦本，士为邦基"③，生民的日用财物、衣食住行都与之息息相关，如果天下灭亡，那么这个民族的核心价值也会随之沦丧。从这个层次来说，这里的天下才是匹夫心中的"国家"，是一种最低的社会责任，所以"保天下者，匹夫之贱，与有责焉"。孔子说"邦有道，如矢；邦无道，如矢"

---

① 顾炎武：《日知录集释》（全校本），黄汝成集释，栾保群校点，上海古籍出版社2006年版，第757页。
② 严复：《严复集》（第五册），中华书局1986年版，第1245页。
③ 唐甄：《潜书·卿牧》，四川人民出版社1984年版，第370页。

(《论语·卫灵公》),不管匹夫眼中的国家是繁荣昌盛还是衰败凋敝,他们在内心都应当时刻保持为国家勇往直前的态度。所以,士胸中的民族精神与国家情怀,同他们与生俱来的使命感一样,既是仰望星空的信仰,又是脚踏实地的责任。因而张载说:"为天地立心,为生民立命,为往圣继绝学,为万世开太平。"[1] 显然,并不是每一个人都有资质做到继绝学,也并不是每一个人都有能力开万世太平。陈独秀曾说,自古以来所谓爱国主义者,多指爱国捐躯之烈士,其所行事,可歌可泣,受人崇拜,但他认为持续的、治本的爱国主义则应当是"勤、俭、廉、洁、诚、信"[2]。这些爱国的品质,匹夫匹妇都应当而且有能力具备,所谓位卑未敢忘忧国,不管何时何地,也不管处境如何,这种精神就如同一股活泉,它的生命力与感召力就已经远远地超过了它的意义本身。如果一个人有这样的精神,他就能影响一群人,如果一群人有这样的理想信念,那么就能影响一个国家的前途命运。

近代以来,一代又一代的湖南人敢为人先,经世致用,自强不息,勇敢尚武,很好地诠释了天下兴亡、匹夫有责的传统爱国精神。湖南人有着"身无半亩、心忧天下"(左宗棠语)的士子精神,在敢为天下先的精神上具有强大的凝聚力和感召力,这种家国精神鼓励着一批又一批的湘人舍生忘死。湖南人独立自强,生而不息,朝出麈兵,暮归讲道,尚文尚武,在学术上继圣贤绝学,在行动上救国家于危难,其集体表现很好地诠释了张载的话。宋教仁的"家国嗟何在,乾坤渺一身;夜阑不成寐,抚剑独怆神"[3],杨度的"若道中华国果亡,除非湖南人尽死"[4],蔡松坡的"豪杰并起,勉从其后;卫此民国,死生以之"[5],

---

[1] 张载:《张子语录·语录中》,《张载集》,中华书局1978年版,第320页。
[2] 陈独秀:《我之爱国主义》,《独秀文存》(卷一),上海东亚图书馆1922年版,第94页。
[3] 宋教仁:《晚泊梁子湖》,宋教仁常德研究会编:《宋教仁诗联鉴赏集》,湖南人民出版社2013年版,第42页。
[4] 杨度:《湖南少年歌》,刘晴波主编:《杨度集》,湖南人民出版社1986年版,第95页。
[5] 转引自丁中江:《北洋军阀史话》(第二集),中国友谊出版公司1996年版,第172页。

即便今天读来,仍旧振聋发聩,感人肺腑。陈独秀曾这样评价湖南人身先士卒的品质:"你见过蝗虫,他们怎样渡河么?第一个走下水边,被水冲去了,于是第二个又来,于是第三个,于是第四个;到后来,他们的死骸堆积起来,成了一座桥,其余的便过去了。"①近代以来的湖南人所践行的正是天下兴亡、匹夫有责的传统核心价值,学问上能够继承往圣道统经世致用;在个人遭遇沉浮时能宠辱不惊,自强不息;在家园破碎之际能够挺身而出,和衷共济;在家国危难之际能够忧国忧民心系天下。湖南人的爱国经世品格,正如岳麓书院讲堂的楹联所描述的:"是非审之于己,毁誉听之于人,得失安之于数,陟岳麓峰头,朗月清风,太极悠然可会;君亲恩何以酬,民物命何以立,圣贤道何以传,登赫曦台上,衡云湘水,斯文定有攸归。"

1918年,年仅23岁的蔡和森刚从湖南省第一师范学校毕业,便和毛泽东、萧子升等人成立了"新民学会"。蔡和森受学会委托组织青年学子赴法勤工俭学事宜,为了了解俄国与欧洲革命的情势,他远赴北京其师杨昌济先生处先行联络出国事宜,在船行至洞庭湖时适逢风雨大作,这位将国家与民族命运系于己身、一心想要"改造中国和世界"的热血青年有感于时局动荡,遂写下了著名的诗篇《少年行》:"大陆龙蛇起,乾坤一少年。乡国骚扰尽,风雨送征船。世乱吾自治,为学志转坚。从师万里外,访友人文渊。匡复有吾在,与人撑巨艰。忠诚印寸心,浩然充两间。虽无鲁阳戈,庶几挽狂澜。凭舟衡国变,意志鼓黎元。潭州蔚人望,洞庭证源泉。"②

当时,辛亥革命使得旧的传统被打破,但新的秩序却尚未建立起来,南北军阀割据混战,你方唱罢我登场,中国的政局陷入"风雨如晦,鸡鸣不已"的无政府状态。在湖南也一样,汤芗铭、傅良佐、张

---

① 陈独秀:《欢迎湖南人底精神》,《独秀文存》(卷一),上海东亚图书馆1922年版,第652页。

② 蔡和森:《蔡和森文集》,人民出版社1980年版,第26页。

敬尧等军阀长期扰乱地方，迫害民众。国家不能再走封建帝制的老路，西方的政体又并不完全适合中国，各种思潮与价值观齐头并进，让人眼花缭乱。在这种大背景下，如何重建中国的政治与社会秩序，寻求国家的出路与民众的福祉，推进中国从混乱割据走向现代化的进程，是当时青年们上下求索并为之付出鲜血和生命的大问题。蔡和森的这首诗，是一百多年前青年们为人生命运与机遇南北辗转，为四万万民众的福祉上下求索，为国家民族前途命运奔走呼号的真实写照。以毛泽东、蔡和森为代表的一代青年从此走上了反帝反封建、开启民智、创立新民主主义共和国的道路，在乱世当中，他们以厚重的肩膀承担起国家与民族复兴自强的重任。这种精神，既承续了天下兴亡匹夫有责的历史使命，也开启了近代中国救亡图存的新爱国主义。

当前，对公民特别是青年大学生开展以天下兴亡、匹夫有责为重点的家国情怀教育，就是要使之深刻认识到中国梦是每个人的梦，使之以祖国的繁荣为最大的光荣，以国家的衰落为最大的耻辱，增强国家认同，培养爱国情感，树立民族自信，形成为实现中华民族伟大复兴的中国梦而不懈努力的共同理想追求。[①]

第三节 中华优秀传统核心价值观的现代转型

马克思强调："真正的哲学都是自己时代精神的精华。""时代感"与"世界观"总是建基于一定的历史背景，因而只有站在历史的高度才能准确地把握两者的内涵。从这个意义上讲，真正的价值观总是产生于过去与现在不间断的对话过程之中，意味着它们的成型、延续、

[①] 教育部：《完善中华优秀传统文化教育指导纲要》，中华人民共和国教育部网站，2014年3月28日。

变迁、复兴都遵循着一定的历史脉动，不会伴随已经发生过的历史而消逝，反而，中国人在世界历史文明进程中延续下来的民族性格，在今天的时代背景下仍旧展现出它独有的魅力。中华优秀传统文化已经成为中华民族的基因，在中华优秀传统文化的传承与培育上，过去与现在也保持着某种程度的一致性。对于当代社会主义核心价值观的培育，中华优秀传统文化中的思想基因仍具备鲜活的生命力和借鉴意义。

一、近代知识分子陶铸复兴民族文化的历史呈向

近代以来，知识分子为寻求支撑国家继续前行并最终复兴民族的价值观而艰难探索。海外的学者发现，当时中国要引进的西方的东西，不是西方文化的精华，而是欧风美雨中比较负面的东西；对于传统，中国年轻人心里所普遍理解的并不是我们现在课堂上所讲的孔孟之道，而是所谓封建的东西，也就是"丑陋的中国人"所体现的各种歪风。许多人认为，传统文化的当代价值只能满足人们情绪的需要而并无实用价值，所以这也难怪列文森说中国的传统文化在今天看起来已经"博物馆化"了[①]。近代中国的发展历程已经表明，西方这条路线走不通，这就要求中国传统实现创造性转化，"如果儒家这个传统面对西方的挑战没有创建性的回应，它就没有发展的可能"[②]，那些代表中国特色的民主制度、政治体系、经济结构也就很难出现。亟待我们反思的重要问题是，传统文化中那些已经为人遗忘、抛弃，同时又是今人最为缺失的价值和信仰能否在当代中国人的精神世界中得以重建，并对广泛践行社会主义核心价值观起到促进作用。我们必须认识到，一个民族的精神并不会因为社会制度的破旧立新而全盘发生质的变化，一

---

① 列文森：《儒教中国及其现代命运》，郑大华、任菁译，中国社会科学出版社2000年版，第338页。

② 杜维明：《现代精神与儒家传统》，生活·读书·新知三联书店1997年版，第284页。

个民族中的某些被历史检验并熔铸过的精神是无论时代如何变迁都不会发生变化的,"在我们民族主义的历史脉络下,经过积淀与选择,一切最具有生命力、最富理性、最崇高、最美好的民族文化传统,从而陶铸成为中国人的民族精神"[①]。换言之,一个有着厚重的价值传统的现代文明不应该放弃对自己传统的解释权,更不应该用"倒洗澡水把孩子一起倒掉"的思维来对待传统文化。文化与价值信仰的文明存在形式并不完全是以地域和国界作为划分标准的,对于任何国家、民族乃至地区,在世界文明史上区分的标准都要"以各民族、各国家、各地区各具特色的民族文化、核心价值观和道德精神作为载体和基础"[②]。

令人担忧的是,当时中国青年的价值信仰构建面临相当严峻的问题:一方面,他们所能看到的、知道的,即和传统有联系的,都是他们所不要的,"他们把这些归结为封建遗毒,而封建遗毒在他们的价值系统中就是儒学,因此他们痛恨并要抛弃这个价值传统";另一方面,他们所需要的,"不管是民主、自由,还是人权,都是他们所不熟悉的,只是想当然耳"[③]。这样一来,他们对中国传统文化得出历史虚无主义的结论:对传统的、封建的、过时的东西进行彻底的决裂,传统的东西不过是泯灭人性的纲常名教,自给自足的小农意识,奴性与摧残式的教育控制、标榜男权夫权为上的吃人的等级秩序以及"普天之下,莫非王土"的权威政治等,这一类被"教科书"盖棺定论了的东西。从而完全倒向西化之路:西方的自由、民主、人权等所谓的"普世价值"才能救中国。这些基本价值取向的形成与近代尤其是五四运动以来中国思想文化的大转型与大变革有着最直接的关联。

五四运动以来,中国的思想界与知识界出现过"文言文与白话文"

[①] 邓鸿光:《个人·社会·历史——中国传统的人生价值观与民族精神》,浙江人民出版社1994年版,第161页。
[②] 戴木才:《继承和弘扬中华民族优秀传统核心价值观(下)》,《唯实》2014年第5期。
[③] 杜维明:《现代精神与儒家传统》,生活·读书·新知三联书店1997年版,第325页。

之争、"东西文化"论战、"科学与人生观"论战、"中国社会史"论战以及"中国本位文化"论战等数次思想和社会价值上的交锋。[①] 在中国文化建设和价值构建究竟是"向东走"（吸纳传统文化）还是"向西走"（全盘西化）的问题上，人们在迷茫中探索，又在探索中再一次陷入迷茫。中国知识分子群体在面对"古今中西"的问题上还没有寻求到合适的出路，即对传统的糟粕进行抛弃，对文化的精华进行批判性的继承，对西方精神的内在价值尽可能地借鉴吸收，对其负面现象坚决地排斥。在此期间也不免出现过多次全面抛弃本国、本民族优秀思想传统的历史虚无主义的思潮，他们或主张全盘接受西方文化，或主张全面否定儒家文化。在他们看来，封建时代只能孕育出旧的文化和思想，当然这样的文化与思想也只能生长于旧时代，与新时代的主张与理想是扞格不入的，自然这种旧时代的文化与思想也是绝无现代变迁与适应新时代主张与理想的可能。由于设定社会制度本身水火不容，就容易全盘地扼杀了传统文化中原本值得借鉴的地方。胡适声称要"打倒孔家店"，废除"吃人礼教"，并主张"全盘西化"和"充分世界化"[②]；但梁漱溟等人则持有完全相反的观点，认为在对待东西文明的态度上，"对于西方文化是全盘承受，而根本改过，就是对其态度要改一改；批评的把中国原来态度重新拿出来"[③]。

1935年1月，何炳松、陶希圣、萨孟武等十位教授联名在《文化建设》杂志上发表《中国本位的文化建设宣言》，史称"十教授宣言"。该宣言提出在"看不见中国"的局势下，要尽快建设"中国本位

---

① 有关于这几次论战的评述，可参见郭湛波：《近五十年中国思想史》，山东人民出版社1997年版，第225—253页。

② 胡适曾先后发表《文学改良刍议》以及《建设的文学革命论》，提倡文学研究的八不主义。陈独秀则发表《文学革命论》，提出"文学革命"。此外陈独秀还发表《驳康有为共和平议》《驳康有为致总统总理书》《宪法与孔教》《复辟与尊孔》等文章，掀起了"立宪与共和"的政体论战以及"文言文与白话文"的文体论战。

③ 梁漱溟：《东西文化及其哲学》，商务印书馆1999年版，第204页。

的文化","中国是既要有自我认识,也要有世界的眼光,既要有不闭关自守的度量,也要有不盲目模仿的决心"①。文章发表之后便引起了思想界的极大轰动,支持者有之,批判者也有之,大有"百家争鸣"之势。中国本位文化建设论以及后来的批判者大多仍旧是在围绕着"中西体用"的旧思维来展开中国文化现代化路径的探讨,所以在这一问题上也并没有取得太大的进展。

由此可以说,缺乏社会核心价值观的知识分子在毫无现成路径可循的争论中,为寻求支撑国家继续前行并最终复兴民族的价值观与意识形态进行了艰难探索。他们所争论和陷入两难困局的是,究竟要将"国故"扔进茅厕里还是"继续把它拿出来";究竟是要将欧风美雨全盘吸收还是"要把它改一改"。但不管论证怎样,都跳不出"中西体用"论的怪圈,正如列文森指出的,在那个时代,人们的价值取向仍旧是"择东西之精华而取之"。

二、新时代大学生鼎力担负民族复兴的历史重任

中华传统文化是马克思主义中国化不可或缺的思想来源。把马克思主义普遍真理与中国优秀传统文化相结合,是马克思主义理论研究和建设工程始终着力的重要内容。2014年3月,教育部社科司出台《完善中华优秀传统文化教育指导纲要》,为推动大中小学中华优秀传统文化教育一体化、促进中国化马克思主义理论进教材、进课堂、进头脑,做出了新的部署。从文化与价值的近代变革来看,国家的局面、社会的环境是知识分子群体特别是青年大学生核心价值观形成并发展的最重要前提。由于历史的连续性影响与惯性作用,今日中国知识分

---

① 王新命等:《中国本位的文化建设宣言》,樊仲云主编:《中国本位文化建设讨论集》,文化建设月刊社1936年版,第135页。

子核心价值与信仰的缺失,与近百年来国家的战争、民族的厄运以及时局人心的动荡有直接的关系。国家没有强大的国力、社会没有安定团结的局面、人民没有安居乐业的职业,而仅仅靠说教来期待外面的价值观不要来影响国人尤其是知识分子群体的价值取向,是绝对不可能做到的。两千多年前的古人就已经揭示了这个深刻的道理,韩非子曾说,"恃外不乱而治立者削,恃其不可乱而行法者兴"(《韩非子·心度》)。想要外敌不能入侵,就要在本国行法度;同样的道理,要想让西方的价值观无法对本国的国民进行"和平演变",就必须要建立起本国或本民族文化和价值上的"法度",这一"法度"在今天看来,便是在充分吸纳和借鉴中华传统优秀文化基础之上的中国特色社会主义核心价值观。

我们需要深思的是:在今天看起来不可思议甚至毫无讨论价值的问题,为何在那个社会动荡、人心离异的时代,成为知识分子群体中最为时髦的话题。这是因为,只有在社会的大转型与大变革之中,才能催生出思想的火花与价值的交汇,在"百家争鸣"的大争辩中,那些逐渐为人们所接受的、认同的价值才逐步明晰起来,而那些处在对立面的声音尽管逐渐暗淡下去,但依旧作为这种主流价值的陪衬品,彰显出它的地位与作用,从而导致核心价值观随着社会的转型渐浮水面并深入人心。

历史一次又一次地证明,伟大的时代才能造就伟大的文化,而伟大的文化无一不是"站在巨人的肩膀上"并根植于民族的传统文化之中的。更值得玩味的是,历史上多数时代核心价值的形成都少不了思想家与知识分子对社会的改造与重建,民众是文化传统和核心价值观塑造和传承的主体,但是冲锋在从事文化变革与价值构建第一线的却往往是知识分子。我们更应清醒地认识到,在对核心价值观改造与培育的过程中,不管是哪一个时代、哪一个民族,知识分子中的青年人都是肩负家庭、社会、民族复兴与国家兴盛的生力军。

当今全球化程度日益加深，多元文化的发展已成既定事实，任何国家都无法改变，我国也如此。改革开放以来，在历史方位感、社会秩序信念、社会规范意识、价值实践思维以及价值本位观念的支配下，社会主义市场经济的基本特点对青年一代社会主义核心价值观影响极大，其变革与发展呈现出"集体和社会利益为主兼顾个人利益"[①]的价值取向，知识分子的自我意识开始呈现[②]。核心价值观呈现出趋于倾向社会主流道德的理性化特点，呈现出本土与外来、传统与现代、主流与非主流观念复杂化、多元化特点，呈现出自我与社会、个人与集体、利己与利他观念调适与冲突的特点，呈现出个体人格价值观多元化的特点。[③]这些特点一方面为促成社会主义核心价值观提供了先决基础，但另一方面也可能促使青年大学生的思想呈现离散、盲从以及过度自我的趋向。培育青年人掌握求知、进德、处世、为人的方法，掌握这一方法，既是一种社会角色赋予的基本义务，也是承担社会责任必备的素质。实际上，在中国历史上有太多关于求知、进德、处世、为人的培育方法与案例，经典也不止一次地启迪青年人从自己的心灵走出，通过家庭的培育与社会的锻造并最终为国家的前行注入自己能量的具体路径与方法。这些方法并不必然带有"阶级"的和"政治"的色彩，也并不必然因为它们生存在封建的、旧的制度里而就一定要将其贴上"是为统治阶级服务"的标签。因为一切思想史都是古人与今人不断的对话，今天的人们崇尚富强、民主、文明、公正的国家价值要求和自由、平等、公正的社会秩序以及诚信、友善的人际关系，两千年前的

[①] 刘琼：《当代中国青年核心价值观的变革与引导》，《中国青年研究》2004年第5期。

[②] 杜维明曾回忆说，1985年的时候，《青年论坛》在武汉大学出版，它的推销员到全国销书，有些只有十六七岁。但这些小孩子可以坐火车、长途跋涉，带上二十至一百份《青年论坛》到处兜售。后来，许多年轻理论家在广州集合数百人开会讨论，所提出的观念都是"五四"精神的再现，理论的水平相当高，所以他觉得中国知识分子群体的批判的自我意识又出现了。参见杜维明：《现代精神与儒家传统》，生活・读书・新知三联书店1997年版，第325页。

[③] 张远新：《社会主义核心价值体系与当代大学生核心价值观教育》，《思想教育研究》2007年第10期。

古人也同样崇尚，只不过在不同的历史环境中他们的理解有历史的差异，但是思想深处关于人的存在与发展的理念某种程度上却是一致的。这当然包括青年人如何求知，如何修身，如何走向社会、服务国家。传统的士在求知进德的过程中在家庭、社会与国家中扮演的角色以及应当具有的品质仍旧适用于当代青年大学生。国家至上、忧国忧民的政治文化；与人为善、诚信为本、自由平等的社会交往模式；科学理性、上下求索的求知态度；敢于创新、敢当大任的时代观——这些既是传统文化始终强调的价值，也是当代青年大学生在政治、经济、文化的时代大背景下，在自身的职业、婚恋、消费、娱乐以及道德、金钱、时间观念里亟须熔铸的基本价值。

当前中国也正处在全面深化改革的大转折之中，一方面，青年大学生应当积极培育符合国家长治久安、民族伟大复兴与社会安定团结的核心价值观；另一方面，青年大学生应当勇于承担起民族复兴与国家兴盛的重任，为实现"两个一百年"奋斗目标而努力，而最重要的便是在进行社会主义核心价值观培育的同时践行社会主义核心价值观。

三、中华优秀传统文化与社会主义核心价值观的基因传承

中华优秀传统文化是中国特色社会主义的植根之基，实现中国梦、解答前进中面临的"中国问题"，既需要马克思主义普遍真理的指导，也必须借鉴吸收中国传统文化的精华成分。

核心价值观是一个国家和民族长期秉承的、在社会占据统治地位、起支配作用的一整套基本理念和根本原则。社会主义核心价值观最集中、最鲜明地体现当代中国价值追求的社会主义本质，在社会生活中居于统治地位并发挥主导作用，是指导社会成员价值选择和行为取向的基本标尺。对于建设中国特色社会主义的生力军即青年人而言，在社会主义核心价值观的培育过程中吸收先民智慧中的精髓并加以创造性的转

化，既是尊重历史与传统优秀文化的必然要求，也是复兴民族精神与文化的实践行动。传统士子在家庭、社会与国家中扮演的角色，很大程度上值得当代大学生借鉴与反思。近代以来，知识分子与青年人对于国家的改造和思想的重建做出的努力也是当代青年应该学习的榜样。

中国人的核心理念与价值观历经千年的发展，将个人的心灵延伸至整个宇宙，强调个人与自身、与家庭、与社群、与国家乃至与整个自然界的秩序与和谐，以此实现个人、社会、国家三者关系的价值主张、实现自我修养的价值取向、实现人与自然和谐共处的价值追求。

但是一旦我们忽视了上述的规律与定理，对过去的传统秉持"将国故丢弃在茅厕三十年"的心态，将我们守望相助的血缘关系与文明制度一棍子打死，视我们的民族的图腾信仰为敝履，视我们的精神衣钵为草芥，那么社会主义核心价值观就难以践行，就会淡忘于中国人的群体记忆之外，而对社会主义核心价值观的认知就会停留在"既不复古，也不违时"的空想图景下，如同无源之水，无本之木，像飘萍一样无法扎根于当代人的心灵中，更无法唤起全体国人对新的价值观的理解与认同，以至于培育社会主义核心价值观，更是因为忽略了前两者的重要历史时代背景而无从谈起。

对于社会主义核心价值观的认知与培育，我们必须看到，思想与价值都兼具这样的特点，即人们可以通过唤起历史的记忆，重新诠释经典以回应时代的变化，"以复古求变新"。任何历史都要指向现在，具体到考察社会主义核心价值观的形成发展所依赖的合法性依据而言，我们必须要看到，一般的知识、思想与信仰体系都具有广泛、深刻的民众基础，而民众普遍接受又意味着一种正确的行动贯穿于权力与秩序之间，更重要的是，在权力与秩序之间，人们对国家的同一伦理与文明的认同基础是超越个体生命、政治权力以及地域的普遍真理。只有人才是驱动历史和价值的主体，对社会主义核心价值观的认知与培育，在以人为本的理念下建构起公民对社会、国家的认同极为重要。

此外，信仰的坚定与权力的统一在一定程度上是成正比的，公民对国家的认同与国家对公民在意识形态上的教育，两者之间必须保持良性的一致。国家能够通过公民的价值信仰建构起自身的权威，公民则可以通过国家的价值观教化形成自己的核心价值观。如此一来，社会主义核心价值观的形成与发展才有了颠扑不破的合法性依据。

更进一步地说，中华优秀传统文化是民族的印记和特色，深刻影响着每一个中国人的思维方式和行为特征，根植于中国人内心，是中华民族特有的文化基因。习近平总书记指出："我们生而为中国人，根本在于我们有中国人的独特精神世界。"这意在表明，在全面培育和弘扬社会主义核心价值观的今天，更需要从中华优秀传统文化中汲取文化养料，使社会主义核心价值观更具生命力和感染力。传统文化精华与糟粕并存，我们应着眼时代的发展变化，对传统文化进行全面的分析，对片面的、极端的、带有封建专制主义影响等传统文化予以抛弃，继承和发扬优秀的文化基因。

传承中华优秀传统文化是对中华民族文化积淀的尊重、是对中华文明发展历史的尊重，而绝不是颂古否今。因而，培育和践行社会主义核心价值观过程中，必须要厘清两者的关系，传统文化的传承要科学化，不能试图以传统文化替代今天社会主义的主旋律。应在坚持优秀传统文化基本框架下，根据实际情况，不断创新和融入新内容，以增强优秀传统文化的生命力，从而为社会主义核心价值观培育目标的实现，提供强有力的文化支撑。

第五章　当代大学生社会主义核心价值观认知模式现状调查

十八大以来，党中央高度重视当代大学生社会主义核心价值观的培育和践行，"青年的价值取向决定了未来整个社会的价值取向，而青年又处在价值观形成和确立的时期，抓好这一时期的价值观养成十分重要"[①]。由此可以看出，青年大学生之于历史发展的重要，价值观之于青年大学生成长的重要。而大学生社会主义核心价值观培育和践行的前提在于认识当前大学生对社会主义核心价值观的心理认同及认知模式现状，以充分把握大学生知晓、学习、接受社会主义核心价值观的心理过程、机制及其运行态势，为认同和践行社会主义核心价值观提供认识的参照和实践路径的指导。

大学生在学习社会主义核心价值观的过程中，个体的认知模式发挥着重要作用。在调查中，根据认知语言学家莱考夫的分类，以命题认知、意向图式认知、隐转喻认知三个认知模式的结构维度编制调查问卷，考察大学生社会主义核心价值观认知模式。调查数据显示，在大学生对社会主义核心价值观的认知模式中，命题认知最常用，女大学生、文科生、研究生、低年级本科生对社会主义核心价值观有更积

---

① 习近平：《青年要自觉践行社会主义核心价值观——在北京大学师生座谈会上的讲话》，《人民日报》2014年5月5日，第1版。

极的认知态度，更善于使用不同的认知模式帮助自己理解、内化相关的知识要点，形成对新知识的组织和表征。因此，应根据大学生认知模式的特点与水平，积极探索科学有效的社会主义核心价值观培育路径，提升大学生社会主义核心价值观的心理认同度和践行度。

第一节　当代大学生社会主义核心价值观认知模式问卷编制

一、调查问卷理论维度建构

（一）研究目的

通过调查大学生对社会主义核心价值观三个层面十二个词汇的认知以及对其行为方式的影响，探究大学生对社会主义核心价值观的心理认同及认知模式，为编制预测问卷收集题目，从而提出大学生社会主义核心价值观心理认同及认知模式的理论构想。

（二）研究对象

课题组以方便抽样的方式，抽取重庆某大学思想政治教育专业大一、大二本科学生为调查对象，发放开放式问卷135份，回收问卷129份，开放式问卷的调查对象构成见表5-1-1。

表5-1-1　开放式调查被试基本信息

性别	大一	大二	合计
男	29	31	60
女	34	35	69

(三)调查结果与内容分析

开放问卷的题目包括:(1)请从社会主义核心价值观三个层面各自包含的四个词汇中分别挑选一个词汇,用简短的句子描述你的认识与感受;(2)请从社会主义核心价值观三个层面各自包含的四个词汇中分别挑选一个词汇,用简短的句子描述这些词汇对你日常生活行为倾向的影响;(3)对于社会主义核心价值观,你最为关注的问题是什么?(4)你是如何获得对社会主义核心价值观十二个词汇的认知的?

课题组对大学生社会主义核心价值观开放式问卷调查结果进行了内容分析,其结果见表 5-1-2:

表 5-1-2 开放式问卷调查结果分析

维度		典型描述示例
国家价值观	富强	富强是捍卫国家尊严,保障人民生活水平稳步提升的基础和根本;国富民强,是中华民族复兴的根本;国家富强会增加我的民族自豪感、民族认同感;我衷心祝愿祖国繁荣昌盛;我对国家的富裕强大充满期望;为了把国家建设得更为富强,我愿意为此而努力;我要为中国的富裕强大而努力学习,努力工作。
	民主	现阶段我感受到的民主就是一种形式,没有实质上的内容;小事主张民主,大事主张集中并没有真正体现民主精神;我对群体决策需要大家发表意见时不发言,事后又小话不断的行为很不感冒;我对某些打着民主的幌子对别国进行主权干涉的大国很鄙视;我对于"被代表"感到厌恶;哪怕没有反映我意见,民主的决策我也会支持。
	文明	文明是人类所创造的物质财富和精神财富的总和,是现在中国努力追求的目标;如何提升国民文明程度是当务之急;我讨厌公共场所的不文明行为,如抽烟、随手扔垃圾、说脏话、大声喧哗等;即使附近没有垃圾桶,我也不会把垃圾随手扔掉;扔垃圾时,尖锐锋利的废旧物品我会用心包裹好,以免割伤清洁工人;当他人有不文明行为时,我不会加以阻拦。
	和谐	和谐能促进社会的稳定发展;我厌恶以污染环境为代价来追求经济利益的发展模式;和谐的家庭氛围令我羡慕、向往;我会尽量少用一次性餐具,减少白色污染。

续表

维度		典型描述示例
社会价值观	自由	自由也要受法律、法规、规章制度的约束；拥有自由就是别人不能干涉我的任何事；我讨厌有人用规章制度约束我；我常常按自己的想法做事，不在乎也不理会他人的看法与意见；追求自由，同时也尊重他人的自由。
	平等	我认为机会平等比结果均等更重要；现实生活中，真正做到平等地对待每一个人是不可能实现的；我对那些因为具有某项优势而自认为高人一等的人很鄙视；我对就业上的学历歧视和性别歧视感到很不满；我不会鄙视穷人，也不会仇视富人。
	公正	公正就是社会中的每个个体得到平等的对待；在这个拼爹拼妈讲人际关系的时代，入学、入职等方面不公正的事多了去了；我对能够抛开个人利益，维护公平正义的人非常佩服；我很赞赏把私心放在一边，客观对待事情的人；如果有机会享受到特权待遇，我也不会推辞；我倾向于以自己的实力与他人公平竞争，即使有关系也不会滥用。
	法治	法治是现在中国努力追求的目标；我认为通过法律解决纠纷是一件很烦琐的事；钱权阶层往往凌驾于法律之上，让人无可奈何；必要时，我知道如何运用法律来保障我的正当权益不受侵犯；如果能够逃避惩罚，我也会钻法律的空子来获取利益。
个人价值观	爱国	个人积极向上，不断努力奋斗，也是爱国的一种表现；不认真工作，口中却大讲爱国的人是假爱国；每当看到五星红旗冉冉升起，我心中的自豪感便会油然而生；如果有需要，我会为捍卫国家的独立主权和领土完整做出贡献；我的爱国方式就是做好自己应该做的每一件事。
	敬业	热爱本职工作，认真履行岗位职责是对从业者爱岗敬业的基本要求；敬业是责任心的表现。敬业是一种对工作负责的态度；学生认真学习也是敬业的表现；"在其位不谋其事"的人让人瞧不起；即使没有人监督我，我也会尽力做好本职工作；如果个人私事与工作产生冲突时，我会优先处理个人事务。
	诚信	当自己没能信守诺言时，我会感到愧疚；我不会随便轻率地做出承诺以维持自己的诚信度；诚信是一种可贵的品质；不诚信的言行增加了人们的生活成本。
	友善	在当前社会，友善受到很大挑战，很多人想为而不敢为；陌生人有困难而我又能够提供帮助时，我会因为没有帮助他（她）而导致的意外后果感到内疚、自责；陌生人需要帮助的时候，经常会因为害怕惹上麻烦而踌躇不前；别人对我不友善，我也不会对他客气。

（四）大学生社会主义核心价值观调查问卷结构维度初步构想

基于对开放式问卷调查结果的内容分析，我们发现，大学生对社会主义核心价值观三个层面十二个词汇的描述可以从心理认同层面及认知模式层面进行结构维度的初步建构。

1. 大学生社会主义核心价值观心理认同层面结构维度的构想

在心理认同层面可从规范认同、情感认同及行为倾向认同三个视角进行归类。

规范认同是建立在对社会规范本身的必要性与意义认识的基础上的,是个体出于对规范本身的重要性及必要性的认识而发生的对规范的遵从现象,是一种理性上的认知。如开放式调查问卷中大学生所提及的"自由要受法律、法规、规章制度的约束","热爱本职工作,认真履行岗位职责是对从业者爱岗敬业的基本要求"等认识即属于这一类别。

情感作为人类所特有的基于价值判断和主观需要之间的内在连接,是个体对待客观对象,包括人、物、观念、行为方式等持有的肯定或否定、满意或不满意、享受或厌恶等态度的内心体验。情感认同则是个体对对象基于自身情感共鸣及主观意愿而形成的个体主体在情感上的价值选择和价值判断,是一个情感选择和心理指向的过程。开放式调查问卷中大学生所回答的"每当看到五星红旗冉冉升起,我心中的自豪感便会油然而生","我无法接受懒散、敷衍的工作态度","我对守信用的人抱有好感","看到诸如'感动中国'中具有善意和善行的事迹时往往会让我很感动"等即属于这一类别。

行为倾向即行为意图,是对态度对象做出某种反应的意向,是具体行为前的一种心理准备状态,开放式问卷中的"我要为中国的富裕强大而努力学习,努力工作","我不会随便轻率地做出承诺以维持自己的诚信度"等描述即从行为倾向这一角度阐释社会主义核心价值观对自己行为方式可能产生的影响。

基于以上认识,我们初步建构了大学生社会主义核心价值观心理认同问卷的结构维度,一级维度指标包括社会主义核心价值观的三个层面,二级维度指标包括各个层面下的四个核心词,三级维度指标是对每个核心词的规范认知认同、情感认同及行为倾向认同。

2. 大学生对社会主义核心价值观认知模式层面结构维度的构想

作为人与外部世界互动基础上形成的认知方式，认知模式是个体对知识进行组织和表征的模式。[1] 根据认知语言学家莱考夫的分类，认知模式包括表明概念和概念关系的命题模式，涉及形状、空间关系和移动过程的意象图式模式，命题或意象图式在不同认知域之间投射转换的隐喻模式及部分替代整体的转喻模式。[2] 命题模式是出发点和归宿，意象图式模式是基础，转喻模式和隐喻模式是建立在命题模式和意象图式模式上的认知事物的过程和方式。由于隐喻模式和转喻模式之间存在复杂的相互作用，二者往往交织在一起。Goossens 提出，隐喻和转喻两种认知模式并非相互排斥，而是相互结合的，并创造出"隐转喻"（meatphtonymy）的概念，用于解释同时涉及概念隐喻和转喻的现象[3]。Radden 也认为转喻和隐喻的区别不是绝对的，二者中间存在一个连续体，两个实体间概念关系的实体能随观察角度不同而可以更接近某一端。[4] 因而在认知模式调查问卷理论维度的建构上，我们把隐喻模式和转喻模式加以整合，形成隐转喻模式。

基于此，在认知模式层面，我们从命题认知、意象图式认知及隐转喻认知三个视角加以归类。

命题认知是呈现概念及概念之间关系的知识结构，包括对特定对象的成分、属性及其关系的认知以及整个认知域的知识形成知识网络。[5] 命题认知是人类认知事物的起点，人们以命题的形式描述客观世

---

[1] 吴嘉卉、杨廷君：《理念化认知模式中四种认知模式的关系探究》，《现代语文（语言研究）》2013 年第 3 期。

[2] 彭卓：《认知模式在英语阅读教学中的应用》，《教育理论与实践》2011 年第 24 期。

[3] Louis Goossens, "Metaphtonymy: The Interaction of Metaphor and Metonymy", *Expressions for Linguistic Action, Cognitive Linguistics*, 1990, 1(3), pp. 323-342.

[4] G. Radden, *How Metonymical Metaphors in Metaphor and Metonymy at the Crossroads*, ed. by Barcelona, Berlin, New York: Mouton de Gruyt, 2000.

[5] 赵艳芳：《认知语言学概论》，上海外语教育出版社 2001 年版，第 72 页。

界，对事物进行判断、归纳和推理[1]，命题认知强调的是对事物本身的认识。如开放式调查问卷中大学生所提及的"没有绝对意义上的自由，自由总是相对的"，"富强意味着生活底层的民众也能共享改革开放的成果"，"不诚信的言行增加了人们的生活成本"等认识即属于对社会主义核心价值观的命题认知。

意象图式认知是在事物间关系的认知基础上所构成的认知结构，是人类依据经验和理解对抽象事物和具象事物或抽象关系和具象关系组织建构的方式。[2] 意象图式强调的是对事物间关系的把握与理解，是联系感觉与理性的桥梁。如开放式问卷调查中大学生所提及的"有信用的人更能取得事业的成功"，"陌生人有困难而我又能够提供帮助时，我会因为没有帮助他（她）而导致的意外后果感到内疚、自责"，"社会阶层之间的固化趋势加剧，流动性减弱，生活在底层的民众向上流动的可能性与机会越来越少了"等认识属于对社会主义核心价值观的意象图式认知。

转喻是在同一理念化认知模式中用较易感知的部分来理解整体或整体中的另一部分，隐喻用以对抽象事物进行概念化、理解和推理从而帮助人们把握不太熟悉的认知域。可见，转喻认知和隐喻认知都是人类的高级认知模式，均为基于个体经验而通过寓意实现对事物的认知由通常所指到新的指向之间的转换。如开放式问卷调查中大学生提及的"每当看到五星红旗冉冉升起，我心中的自豪感便会油然而生"，"在其位不谋其事的人让人瞧不起"等描述即是采用隐转喻方式对社会主义核心价值观进行的认知。基于以上认识，我们建构了大学生社会主义核心价值观认知模式问卷的结构维度，包括命题认知、意象图式认知及隐转喻认知。

---

[1] 彭卓：《认知模式在英语阅读教学中的应用》，《教育理论与实践》2011 年第 8 期。
[2] 刘晓莺：《认知模式及其关系探析》，《现代语文》2012 年第 5 期。

二、初测问卷的编制

根据大学生社会主义核心价值观心理认同问卷及认知模式问卷的理论构想，在对开放式调查进行内容分析的基础上，拟出初步的问卷题项，并请专家对这些题项进行挑剔性评阅，最后形成 108 个题项的心理认同初测问卷和 52 个题项的认知模式初测问卷。采用李克特自评式五点量表法，从"完全不赞同"到"完全赞同"或"从不这样做"到"总是这样做"，记为 1 分到 5 分，得分越高，表明越赞同项目叙述的内容或越有这样做的行为倾向。

（一）研究对象与方法

初测问卷以重庆某高校在校大学生为调查对象，由研究者对被试进行群体施测，共发放问卷 530 份，回收有效问卷 502 份。其中男生 180 人、女生 322 人，低年级 336 人、高年级 166 人，平均年龄为（19.44±1.90）岁。

初测数据采用 SPSS 17.0 统计软件包进行处理。

（二）大学生社会主义核心价值观心理认同及认知模式初测问卷项目分析与筛选

项目分析是以问卷中的每一个题项为考察对象，一一分析它们的优劣。分析方法包括定性分析和定量分析两种，定性分析主要依靠问卷编制者的经验，对项目的内容与形式是否得当进行分析。非成就类测量的定量分析主要是对项目的区分度进行分析，题项的区分度即鉴别力是考察每个项目在测量的各个指标上能够准确区分被测试者的程度。鉴别力检验是项目分析的重要内容，是评估问卷项目以及筛选项目的主要指标与依据，项目的区分度越高，预示着问卷的质量越好。

1. 项目—总分相关（Spearman）

项目区分度用相关法计算得出，即求出各题项与问卷总分的相关系数，相关系数越大，项目的区别度越高。郑日昌等学者给出了关于区别度指数（D）的一个参考值：D≥0.40，项目评价为很好；0.30≤D<0.39，项目评价良好，修改后会更佳；0.20≤D<0.29，项目尚可，需修改；D<0.20，项目差，必须淘汰。[①] 据此，我们采用 Spearman 相关法计算每个项目与量表总分的相关性，相关系数<0.3 的条目因不能鉴别出不同被试的反应程度，加以删除。

（1）国家价值观项目—总分相关。

国家价值观初测数据的项目区分度见表 5-1-3。国家价值观共 36 个题项，项目与总分相关分析显示，所有项目与总分相关系数介于 0.188—0.579 之间，其中 10 个项目因相关系数小于 0.3，予以删除。

表 5-1-3　国家价值观项目区分度系数的频数分布

区分度系数	0.2 以下	0.2—0.3	0.3—0.4	0.4—0.5	0.5 以上	总计
f	4	6	12	8	6	36

（2）社会价值观项目—总分相关。

社会价值观初测数据项目区分度见表 5-1-4。社会价值观共 36 个题项，项目与总分相关分析显示，所有项目与总分相关系数介于 0.193—0.530 之间，其中 11 个项目因相关系数小于 0.3，予以删除。

表 5-1-4　社会价值观项目区分度系数的频数分布

区分度系数	0.2 以下	0.2—0.3	0.3—0.4	0.4—0.5	0.5 以上	总计
f	3	8	11	10	4	36

---

① 郑日昌、蔡永红、周益群：《心理测量学》，人民教育出版社 1999 年版，第 102 页。

（3）个人价值观项目—总分相关。

个人价值观初测数据项目区分度见表 5-1-5。个人价值观共 36 个题项，项目与总分相关分析显示，所有项目与总分相关系数介于 0.171—0.590 之间，其中 9 个项目因相关系数小于 0.3，予以删除。

表 5-1-5　个人价值观项目区分度系数的频数分布

区分度系数	0.2 以下	0.2—0.3	0.3—0.4	0.4—0.5	0.5 以上	总计
f	2	7	10	8	9	36

（4）认知模式项目—总分相关。

大学生社会主义核心价值观认知模式初测数据区分度见表 5-1-6。认知模式共 52 个题项，项目与总分相关分析显示，所有项目与总分相关系数介于 0.193—0.584 之间，其中 18 个项目因相关系数小于 0.3，予以删除。

表 5-1-6　认知模式项目区分度系数的频数分布

区分度系数	0.2 以下	0.2—0.3	0.3—0.4	0.4—0.5	0.5 以上	总计
f	7	11	15	12	7	52

2. 决断值（CR 值，Critical Ratio）

决断值法也是常用的计算题项区分度的方法。决断值又称临界比，是根据测验总分区分高分组和低分组（高低组各占 27%），再把高低两组在每个条目上的得分均数进行独立样本 t 检验，CR 值即为两者均数差异检验的 t 值，如果有条目未达显著水平，则表明该条目不具良好的区分度，须删除。

（1）国家价值观 CR 值。

国家价值观问卷题项经条目—总分相关删掉 10 个题项后，余下的 26 个题项以决断值法进行项目分析，分析结果如表 5-1-7。由表

5-1-7 的数据结果可知，国家价值观问卷所有题项的高分组与低分组得分独立样本 t 检验皆达到显著水平，符合选题标准，可以保留至下一步的分析中。

表 5-1-7　国家价值观 CR 值

题项	国家价值观 高分组（n=139）	国家价值观 低分组（n=137）	t（CR）值	p
1	2.14±1.16	1.48±0.78	5.49	<0.001
2	3.65±1.10	2.85±1.08	6.03	<0.001
4	1.91±1.07	1.16±0.53	7.32	<0.001
24	2.09±0.86	1.08±0.27	13.01	<0.001
27	3.06±1.10	2.09±1.21	6.94	<0.001
36	3.90±0.98	2.36±1.16	11.90	<0.001
38	1.67±0.89	1.07±0.25	7.66	<0.001
39	2.04±1.23	1.25±0.63	6.74	<0.001
48	1.83±0.92	1.01±0.09	10.34	<0.001
49	2.30±0.93	1.72±0.81	5.58	<0.001
50	2.16±1.11	1.26±0.63	8.28	<0.001
51	2.79±1.24	1.84±1.09	6.77	<0.001
52	1.87±1.08	1.26±0.77	5.46	<0.001
61	2.55±0.96	1.17±0.49	15.00	<0.001
62	3.23±1.08	1.75±0.93	12.19	<0.001
63	3.35±0.88	2.19±0.98	10.29	<0.001
64	2.50±0.94	1.49±0.79	9.67	<0.001
74	2.81±1.03	1.31±0.58	15.02	<0.001
75	2.49±1.02	1.74±0.96	6.25	<0.001
76	1.71±0.79	1.02±0.15	10.04	<0.001
85	2.29±0.92	1.20±0.45	12.55	<0.001
87	1.99±1.05	1.39±0.73	5.43	<0.001
88	1.66±0.89	1.11±0.50	6.36	<0.001

续表

题项	国家价值观 高分组（n=139）	国家价值观 低分组（n=137）	t（CR）值	p
97	2.86±1.05	1.47±0.77	12.59	<0.001
98	2.59±0.95	1.54±0.86	9.61	<0.001
99	2.76±1.03	1.52±0.83	11.01	<0.001

（2）社会价值观 CR 值。

社会价值观问卷题项经条目—总分相关删掉 11 个题项后，余下的 25 个题项以决断值法进行项目分析，分析结果如表 5-1-8。由表 5-1-8 的数据结果可知，社会价值观问卷所有题项的高分组与低分组得分独立样本 t 检验皆达到显著水平，符合选题标准，可以保留至下一步的分析中。

表 5-1-8 社会价值观 CR 值

题项	社会价值观 高分组（n=362）	社会价值观 低分组（n=142）	t（CR）值	p
5	1.59±0.92	1.13±0.46	5.59	<0.001
6	3.48±1.03	2.85±1.14	6.00	<0.001
8	2.60±1.25	1.66±0.93	8.07	<0.001
16	2.12±1.01	1.50±0.83	5.67	<0.001
17	2.96±1.02	2.29±0.95	6.75	<0.001
29	1.73±0.93	1.17±0.59	6.65	<0.001
30	3.85±0.91	2.96±1.18	9.01	<0.001
31	3.01±1.24	1.65±0.85	11.96	<0.001
40	1.35±0.78	1.01±0.12	5.01	<0.001
41	1.77±1.05	1.43±0.82	3.43	<0.001
42	4.25±0.87	3.74±1.11	5.48	<0.001
55	1.55±0.80	1.17±0.46	5.24	<0.001
56	2.73±1.06	1.72±0.74	10.32	<0.001
65	2.52±1.10	1.68±0.84	8.13	<0.001

续表

题项	社会价值观 高分组（n=362）	社会价值观 低分组（n=142）	t（CR）值	p
67	2.19±0.97	1.38±0.65	9.11	<0.001
77	1.38±0.73	1.11±0.36	4.14	<0.001
79	1.99±1.05	1.10±0.37	9.70	<0.001
80	3.14±1.13	2.12±1.07	9.19	<0.001
89	1.69±0.88	1.32±0.65	4.43	<0.001
90	1.82±0.93	1.44±0.72	4.28	<0.001
91	3.26±1.01	2.32±0.93	9.56	<0.001
92	3.54±1.10	2.76±1.35	6.67	<0.001
101	1.63±0.82	1.23±0.58	5.26	<0.001
102	3.49±0.96	2.34±1.08	11.56	<0.001
104	3.04±1.05	2.13±0.96	8.96	<0.001

（3）个人价值观 CR 值。

个人价值观问卷题项经条目—总分相关删掉 9 个题项后，余下的 27 个题项以决断值法进行项目分析，分析结果如表 5-1-9。由表 5-1-9 的数据结果可知，个人价值观问卷所有题项的高分组与低分组得分的独立样本 t 检验皆达到显著水平，符合选题标准，可以保留至下一步的分析中。

表 5-1-9　个人价值观 CR 值

题项	个人价值观 高分组（n=144）	个人价值观 低分组（n=136）	t（CR）值	p
9	2.24±1.26	1.15±0.42	9.56	<0.001
10	1.84±1.08	1.07±0.35	8.01	<0.001
11	1.96±1.10	1.13±0.36	8.37	<0.001
12	2.06±1.05	1.18±0.60	8.52	<0.001
20	2.36±1.05	1.24±0.58	10.97	<0.001
23	2.18±0.97	1.28±0.48	9.73	<0.001

续表

题项	个人价值观 高分组（n=144）	个人价值观 低分组（n=136）	t（CR）值	p
32	2.18±0.99	1.10±0.44	11.78	<0.001
33	2.06±0.89	1.18±0.56	9.84	<0.001
34	2.31±1.02	1.21±0.56	11.01	<0.001
44	1.81±0.85	1.01±0.12	10.81	<0.001
47	2.82±1.02	1.73±0.78	9.99	<0.001
57	2.20±1.12	1.10±0.33	11.00	<0.001
58	2.19±1.01	1.25±0.63	9.36	<0.001
59	1.63±0.78	1.03±0.34	8.26	<0.001
69	2.28±0.90	1.22±0.48	12.25	<0.001
72	1.76±0.87	1.04±0.19	9.55	<0.001
81	2.43±0.95	1.46±0.82	9.11	<0.001
82	1.95±0.78	1.05±0.22	12.99	<0.001
83	2.01±0.85	1.38±0.60	7.09	<0.001
84	1.68±0.78	1.01±0.09	9.99	<0.001
93	2.44±0.97	1.18±0.47	13.73	<0.001
94	2.33±0.81	1.17±0.41	15.00	<0.001
95	1.97±0.83	1.04±0.19	12.72	<0.001
96	2.22±1.00	1.26±0.67	9.39	<0.001
106	2.63±0.98	1.76±0.90	7.71	<0.001
107	2.42±0.82	1.25±0.57	13.80	<0.001
108	3.63±1.05	2.82±1.23	5.86	<0.001

（4）认知模式 CR 值。

大学生对社会主义核心价值观认知模式问卷题项经条目—总分相关删掉 18 个题项后，余下的 34 个题项以决断值法进行项目分析，分析结果如表 5-1-10。由表 5-1-10 的数据结果可知，认知模式问卷所有题项的高分组与低分组得分的独立样本 t 检验皆达到显著水平，符合选题标准，可以保留至下一步的分析中。

表 5-1-10　认知模式 CR 值

题项	认知模式 高分组（n=139）	认知模式 低分组（n=135）	t（CR）值	p
4	1.98±1.12	1.19±0.59	7.31	<0.001
5	1.96±1.08	1.13±0.45	8.30	<0.001
8	2.86±1.23	1.72±1.03	8.36	<0.001
9	2.40±1.26	1.16±0.43	10.84	<0.001
10	1.93±1.11	1.04±0.27	9.01	<0.001
11	2.04±1.16	1.14±0.37	8.57	<0.001
12	2.17±1.07	1.15±0.51	9.96	<0.001
20	2.32±1.06	1.23±0.61	10.40	<0.001
23	2.16±0.97	1.31±0.51	8.99	<0.001
24	2.01±0.84	1.08±0.30	12.14	<0.001
38	1.58±0.79	1.10±0.42	6.24	<0.001
39	2.10±1.26	1.20±0.52	7.71	<0.001
40	1.65±0.96	1.01±0.12	7.68	<0.001
44	1.78±0.85	1.01±0.09	10.45	<0.001
47	2.90±1.07	1.63±0.64	11.90	<0.001
48	1.82±0.87	1.01±0.09	10.80	<0.001
50	2.17±1.08	1.24±0.63	8.72	<0.001
56	3.17±1.03	1.71±0.78	13.18	<0.001
57	2.21±1.15	1.07±0.25	11.33	<0.001
58	2.18±1.06	1.29±0.66	8.35	<0.001
61	2.56±1.01	1.16±0.46	14.69	<0.001
76	1.78±0.79	1.02±0.15	10.92	<0.001
77	1.73±0.91	1.07±0.26	8.07	<0.001
79	2.07±0.99	1.71±0.92	3.12	<0.001
80	3.32±1.03	2.20±1.11	8.68	<0.001
81	2.40±0.96	1.49±0.84	8.39	<0.001
82	1.91±0.80	1.07±0.28	11.60	<0.001

续表

题项	认知模式 高分组（n=139）	认知模式 低分组（n=135）	t（CR）值	p
84	1.63±0.80	1.02±0.15	8.73	<0.001
85	2.22±0.92	1.13±0.38	12.77	<0.001
87	2.00±1.06	1.21±0.43	8.02	<0.001
89	1.94±0.97	1.37±0.75	5.37	<0.001
91	3.37±0.93	2.42±1.05	7.86	<0.001
93	2.42±1.00	1.13±0.38	14.08	<0.001
97	2.86±1.09	1.39±0.64	13.55	<0.001

（三）大学生社会主义核心价值观心理认同及认知模式初测问卷探索性因子分析

探索性因子分析（Exploratory Factor Analysis，EFA）是一项用来找出多元观测变量的本质结构，并进行处理降维的技术，能够将具有错综复杂关系的变量综合为少数几个核心因子。不过并非所有的数据都能进行因子分析，Bartlett 球形检验和 KMO 检验可用于考察数据是否有因子分析的可行性，一般来说，球形检验要显著（p 小于 0.05 或 0.01），KMO 值要大于 0.6 以上才适合做探索性因子分析。探索性因子分析的项目筛选参考两个标准进行：一是因子负荷值小于 0.4，二是共同度小于 0.4 的题项。

1. 大学生社会主义核心价值观心理认同国家价值观分问卷探索性因子分析

经过项目分析后，用余下的题项进行探索性因子分析。在对数据进行因子分析前，先对初测数据进行探索性因子分析适当性考察，结果表明，KMO 指数为 0.833，Bartlett 球形检验卡方值为 2326.167（p<0.001），说明研究数据适合进行因子分析。社会主义核心价值观国家层面的价值取向包括四个核心词，每一个核心词从三个视角，即认知、情感和行为倾向进行问卷设计，因而因子分析中采用主成分分

析法，因子数目抽取时设定的因子数为12，并把抽取因子作最大方差正交旋转。结果表明所有条目因子负荷及共同度皆大于0.40，12个因子累积解释变异量为67.743%。

2. 大学生社会主义核心价值观心理认同社会价值观分问卷探索性因子分析

经过项目分析后，用余下的题项进行探索性因子分析。初测数据因子分析的适当性考察发现，KMO指数为0.818，Bartlett球形检验卡方值为2285.280（$p<0.001$），说明研究数据适合进行因子分析。采用主成分分析法，因子数目抽取时设定的因子数为12，并把抽取因子作最大方差正交旋转。结果表明所有条目因子负荷及共同度皆大于0.40，12个因子累积解释变异量为69.452%。

3. 大学生社会主义核心价值观心理认同个人价值观分问卷探索性因子分析

经过项目分析后，用余下的题项进行探索性因子分析。初测数据因子分析的适当性考察发现，KMO指数为0.883，Bartlett球形检验卡方值为3249.889（$p<0.001$），说明研究数据适合进行因子分析。采用主成分分析法，因子数目抽取时设定的因子数为12，并把抽取因子作最大方差正交旋转。结果表明所有条目因子负荷及共同度皆大于0.40，12个因子累积解释变异量为68.943%。

4. 大学生社会主义核心价值观认知模式国家价值观分问卷探索性因子分析

对大学生社会主义核心价值观认知模式国家价值观分问卷初测数据进行探索性因子分析的适当性考察，结果表明，KMO指数为0.819，Bartlett球形检验卡方值为891.783（$p<0.001$），说明研究数据适合进行因子分析。在不限定因子层面的情况下，采用主成分分析法，抽取因子作最大方差正交旋转，结果表明所有条目共同度皆大于0.4，因子负荷也皆大于0.40（表5-1-11），特征根大于1的因子有3个，特征

值分别为 3.258，1.227，1.000，解释变异分别为 29.615%，11.152% 和 9.079%，累积解释变异量为 49.846%。

表 5-1-11　认知模式国家价值观分问卷因子分析

题项	命题认知	意象图式认知	隐转喻认知
38	0.535		
76	0.584		
50		0.541	
85		0.669	
87		0.693	
4			0.748
24			0.772
39			0.644
48			0.540
61			0.735
97			0.587

5. 大学生社会主义核心价值观认知模式社会价值观分问卷探索性因子分析

对大学生社会主义核心价值观认知模式社会价值观分问卷初测数据进行探索性因子分析的适当性考察，结果表明，KMO 指数为 0.836，Bartlett 球形检验卡方值为 923.268（$p<0.001$），说明研究数据适合进行因子分析。在不限定因子层面的情况下，采用主成分分析法，抽取因子作最大方差正交旋转，结果表明所有条目共同度皆大于 0.4，因素负荷大于 0.40（表 5-1-12），特征根大于 1 的因子有 3 个，特征值分别为 2.275，1.653，1.001，解释变异分别为 25.281%，18.367% 和 11.021%，累积解释变异量为 54.670%。

表 5-1-12　认知模式社会价值观分问卷因子分析

题项	命题认知	意象图式认知	隐转喻认知
40	0.678		
77	0.799		
89	0.430		
8		0.803	
80		0.771	
91		0.801	
92		0.597	
5			0.600
79			0.624

6. 大学生社会主义核心价值观认知模式个人价值观分问卷探索性因子分析

对大学生社会主义核心价值观认知模式个人价值观分问卷初测数据进行探索性因子分析的适当性考察，结果表明，KMO 指数为 0.834，Bartlett 球形检验卡方值为 1278.431（$p<0.001$），说明研究数据适合进行因子分析。在不限定因子层面的情况下，采用主成分分析法，抽取因子作最大方差正交旋转，结果表明所有条目共同度皆大于 0.4，因子负荷也大于 0.40（表 5-1-13），特征根大于 1 的因子有 3 个，特征值分别为 3.841，1.364，1.199，解释变异为 27.438%，9.742% 和 8.563%，累积解释变异量为 45.743%。

表 5-1-13　认知模式个人价值观分问卷因子分析

题项	命题认知	意象图式认知	隐转喻认知
10	0.656		
12	0.725		
44	0.496		
81	0.596		

续表

题项	命题认知	意象图式认知	隐转喻认知
84	0.607		
9		0.466	
11		0.808	
23		0.541	
47		0.692	
82		0.637	
20			0.611
57			0.427
58			0.673
93			0.556

根据上述步骤对大学生核心价值观心理认同问卷的题项进行筛选，预测问卷 108 个题目共剔除 30 个，剩余 78 个，构成大学生社会主义核心价值观心理认同正式问卷。同时，大学生核心价值观认知模式预测问卷 52 个题目共剔除 18 个题目，剩余 34 个题目，构成大学生社会主义核心价值观认知模式正式问卷。

三、正式问卷信效度检验

（一）调查工具

正式施测问卷主要由两部分组成：第一部分是被调查者的基本情况，包括性别、年级、学历、民族、居住地、学历层次、是否中共党员、是否学生干部、家庭经济条件、父母文化程度等变量；第二部分即是课题组自编的大学生社会主义核心价值观心理认同及认知模式问卷。

（二）调查对象

正式施测中，累计发放问卷 3700 份，回收问卷 3613 份，其中有效问卷 3505 份，占回收问卷的 97%。以下是对问卷样本总体情况的分析（表 5-1-14）。其中，东北地区调查了吉林大学、黑龙江科技大学、沈阳航空航天大学，华北地区调查了北京科技大学、北京中医药大学、集宁师范学院，华中地区调查了商丘师范学院、黄冈师范学院、湖南工程学院，华东地区调查了合肥工业大学、上海工程技术大学、上海交通大学，西北地区调查了兰州大学、兰州商学院，西南地区调查了重庆科技学院、内江师范学院，华南地区调查了广西百色学院、广东海洋大学，共 18 所高校。

表 5-1-14 样本总体分布情况表

		人数	百分比			人数	百分比
片区	东北	578	16.49	学历层次	专科生	405	11.55
	华北	632	18.03		本科生	2182	62.25
	华中	548	15.63		硕士	712	20.31
	华东	399	11.38		博士	206	5.88
	华南	454	12.95	居住地	农村	1693	48.30
	西南	412	11.75		乡镇	757	21.60
	西北	482	13.75		城市	1055	30.10
性别	男	1729	49.33	是否独生子女	是	1222	34.86
	女	1776	50.67		否	2283	65.14
是否211高校	是	1197	34.15	专业类别	文科类	1112	31.73
	否	2308	65.85		理科类	2393	68.27
是否学生党员	党员	549	15.66	是否学生干部	是	1290	36.80
	非党员	2956	84.34		否	2215	63.20
父亲文化程度	小学	620	17.69	母亲文化程度	小学	1059	30.21
	中学/中专	2159	61.60		中学/中专	1927	54.98
	大学及以上	726	20.71		大学及以上	519	14.81

续表

		人数	百分比			人数	百分比
家庭经济条件	较好	325	9.27	民族	汉族	3175	90.58
	一般	2378	67.85		少数民族	330	9.42
	较差	802	22.88				

(三) 信度分析

采用内部一致性信度系数即 Cronbach a 系数作为检测大学生社会主义核心价值观心理认同及认知模式正式问卷的信度。根据有关标准，内部一致性信度系数达到 0.8 以上最好，0.7—0.8 之间可以接受，0.6—0.7 之间勉强可接受。数据分析显示，社会主义核心价值观心理认同总问卷的 Cronbach a 为 0.927，国家价值观心理认同分问卷 Cronbach a 为 0.821，社会价值观心理认同分问卷 Cronbach a 为 0.688，个人价值观心理认同分问卷 Cronbach a 为 0.881。

社会主义核心价值观认知模式总问卷 Cronbach a 为 0.880，命题认知模式分问卷 Cronbach a 为 0.756，意象图式认知模式分问卷 Cronbach a 为 0.609，隐转喻认知模式分问卷 Cronbach a 为 0.777。

可见社会主义核心价值观心理认同及认知模式问卷总体内部一致性信度系数及分问卷的内部一致性系数在可接受的范围，这表明问卷具有较好的信度，能够作为测量大学生社会主义核心价值观心理认同及认知模式的工具。

(四) 效度分析

从内容效度和结构效度进行问卷的效度分析。

1. 内容效度

内容效度用来测验题目对有关内容取样的适当性与代表性，内容效度最常用的评判方法是请相关专家就问卷题项的适当性与代表性进行判断。在本调查问卷的编制过程中，调查人员查阅了大量的文献资料,设计了开放式问卷,问卷所有题项皆来自开放式问卷调查结果、文献分析结果及以往相关研究工具,并请有相关经验的专家对所有题项进行了挑剔性评阅,以保证调查问卷所有题项与调查主题相一致,符合问卷的理论构想,并确保每一题项在表述上清晰易懂无歧义。调查问卷的这些编制步骤使得本问卷具有较好的内容效度。

2. 结构效度

本问卷通过相关分析检验问卷的结构效度,即检查各个维度之间和各维度与总分之间的相关来了解问卷的结构效度。根据心理测量相关理论观点,维度之间应该具有中度相关,维度与总分之间具有高相关。

社会主义核心价值观心理认同问卷各维度及总分之间的相关分析见表 5-1-15 到表 5-1-18,由表可知,社会主义核心价值观心理认同问卷各维度之间的相关都达到显著水平,国家价值观分问卷各维度相关系数在 0.376—0.524 之间,各维度与国家价值观总分相关系数在 0.757—0.841 之间;社会价值观分问卷各维度相关系数在 0.265—0.413 之间,各维度与社会价值观总分相关系数在 0.690—0.832 之间;个人价值观分问卷各维度相关系数在 0.561—0.730 之间,各维度与个人价值观总分相关系数在 0.804—0.896 之间;社会主义核心价值观心理认同各维度之间相关系数在 0.736—0.835 之间,各维度与总分之间的相关系数在 0.879—0.944 之间。

表 5-1-15 国家价值观心理认同各维度及总分相关矩阵

	1	2	3
国家价值观认知	1		
国家价值观情感	0.519**	1	
国家价值观行为倾向	0.524**	0.376**	1
国家价值观总分	0.841**	0.757**	0.815**

表 5-1-16　社会价值观心理认同各维度及总分相关矩阵

	1	2	3
社会价值观认知	1		
社会价值观情感	0.265**	1	
社会价值观行为倾向	0.340**	0.413**	1
社会价值观总分	0.690**	0.713**	0.832**

表 5-1-17　个人价值观心理认同各维度及总分相关矩阵

	1	2	3
个人价值观认知	1		
个人价值观情感	0.730**	1	
个人价值观行为倾向	0.561**	0.577**	1
个人价值观总分	0.896**	0.895**	0.804**

表 5-1-18　社会主义核心价值观心理认同各维度及总分相关矩阵

	1	2	3
国家价值观总分	1		
社会价值观总分	0.750**	1	
个人价值观总分	0.835**	0.736**	1
核心价值观总分	0.938**	0.879**	0.944**

　　社会主义核心价值观认同模式问卷各维度及总分相关分析见表 5-1-19 到表 5-1-22，由表可知，该问卷各维度之间的相关都达到显著水平，国家价值观认知模式各维度之间相关系数在 0.248—0.460 之间，国家价值观认知模式各维度与认知模式总分之间相关系数在 0.641—0.910 之间；社会价值观认知模式各维度之间相关系数在 0.350—0.458 之间，社会价值观认知模式各维度与认知模式总分之间相关系数在 0.617—0.682 之间；个人价值观认知模式各维度之间相关系数在 0.551—0.637 之间，个人价值观认知模式各维度与认知模式总分之间相关系数在 0.826—0.884 之间；社会主义核心价值观认知模式

各维度之间相关系数在 0.652—0.721 之间，各维度与总分之间的相关系数在 0.876—0.920 之间。

表 5-1-19 国家价值观认知模式各维度及总分相关矩阵

	1	2	3
国家价值观命题	1		
国家价值观意象	0.248**	1	
国家价值观隐转喻	0.460**	0.449**	1
国家价值观认知模式总分	0.641**	0.715**	0.910**

表 5-1-20 社会价值观认知模式各维度及总分相关矩阵

	1	2	3
社会价值观命题	1		
社会价值观意象	0.350**	1	
社会价值观隐转喻	0.365**	0.458**	1
社会价值观认知模式总分	0.682**	0.666**	0.617**

表 5-1-21 个人价值观认知模式各维度及总分相关矩阵

	1	2	3
个人价值观命题	1		
个人价值观意象	0.637**	1	
个人价值观隐转喻	0.551**	0.604**	1
个人价值观认知模式总分	0.855**	0.884**	0.826**

表 5-1-22 社会主义核心价值观认知模式各维度及总分相关矩阵

	1	2	3
命题认知模式总分	1		
意象图式认知模式总分	0.652**	1	
隐转喻认知模式总分	0.721**	0.711**	1
认知模式总分	0.876**	0.880**	0.920**

大学生社会主义核心价值观心理认同及认知模式问卷数据表明各维度之间以及维度与总分之间的相关符合结构效度的要求，各维度之间既有一定的独立性，又反映了不同的归属性，表明该问卷的结构效度较好。

经过以上问卷的项目分析及信效度分析表明，大学生社会主义核心价值观心理认同及认知模式问卷的心理测量特征较为理想，在大学生群体中具有良好的信度和效度，可以作为测量大学生社会主义核心价值观心理认同及认知模式的调查工具。

第二节 当代大学生社会主义核心价值观心理认同现状分析

一、社会主义核心价值观认同度总体状况

为了考察大学生对社会主义核心价值观的认同情况，对参加本次调查的被试在社会主义核心价值观各维度上的均值和标准差进行了统计。本研究所编制的问卷各题项分数在1—5分之间，中等临界值为3。如果问卷各维度及总分均值在3分以上，表明大学生对国家价值观、社会价值观、个人价值观三个层面及社会主义核心价值观总体的认同度呈现出正向趋势；如果问卷各维度及总分均值在3分以下，则表明大学生对社会主义核心价值观的三个层面及总体的认同度还不够，需要采取有效对策加以提升。

（一）大学生对社会主义核心价值观整体认同情况

1.大学生对社会主义核心价值观认同度处于中等偏高水平

对调研数据进行描述性分析发现，大学生对社会主义核心价值观

认同度的总均分为 3.90（表 5-2-1），显著高于中等临界值（t=134.03,p<0.000），表明我国大学生对社会主义核心价值观的认同度处于中等偏高水平，表现出积极的正向趋势。

2. 大学生对社会主义核心价值观情感认同最高，行为倾向认同最低

描述分析发现（表 5-2-1），大学生对社会主义核心价值观的认知认同、情感认同、行为倾向认同平均分皆高于 3 分，其中情感认同最高，认知认同次之，行为倾向认同最低。

3. 大学生个人价值观认同最高，社会价值观认同最低

在社会主义核心价值观的三个层面上（表 5-2-1），个人价值观得分最高，社会价值观得分最低，各平均值大小比较依次为：个人价值观 > 国家价值观 > 社会价值观。

表 5-2-1 大学生社会主义核心价值观认同度总体情况

维度	N	极小值	极大值	均值	标准差
国家价值观认知	3505	1.89	5.00	3.89	0.51
国家价值观情感	3505	1.50	5.00	4.19	0.53
国家价值观行为倾向	3505	1.78	5.00	3.73	0.58
国家价值观总分	3505	2.46	5.00	3.93	0.44
社会价值观认知	3505	1.67	5.00	3.54	0.41
社会价值观情感	3505	2.00	5.00	3.63	0.44
社会价值观行为倾向	3505	1.75	5.00	3.62	0.61
社会价值观总分	3505	2.48	4.72	3.60	0.37
个人价值观认知	3505	2.00	5.00	4.24	0.55
个人价值观情感	3505	2.22	5.56	4.71	0.61
个人价值观行为倾向	3505	2.13	5.00	3.92	0.56
个人价值观总分	3505	2.41	5.00	4.16	0.49
核心价值观认知	3505	2.50	4.89	3.90	0.41
核心价值观情感	3505	2.12	5.00	4.05	0.44
核心价值观行为倾向	3505	2.28	5.00	3.76	0.51
核心价值观总分	3505	2.58	4.90	3.90	0.40

（二）大学生对国家价值观的认同处于中等偏高水平

大学生国家价值观认同度分问卷总平均分为3.93（表5-2-2），居于中等偏高水平。从三个维度上看，情感认同得分最高，行为倾向认同得分最低，各维度大小比较依次为：情感认同＞认知认同＞行为倾向认同。情感认同中，和谐认同最高，文明认同最低；认知认同中，和谐认同最高，民主认同最低；在行为倾向认同中，大学生对富强的认同程度最高，文明的认同程度最低。

表 5-2-2 大学生国家价值观认同度情况

维度	N	极小值	极大值	均值	标准差
富强认知	3505	1.00	5.00	3.56	0.83
民主认知	3505	1.00	5.00	3.31	0.83
文明认知	3505	1.00	5.00	4.12	0.75
和谐认知	3505	1.33	5.00	4.35	0.76
国家价值观认知	3505	1.89	5.00	3.89	0.51
富强情感	3505	1.00	5.00	4.33	0.75
民主情感	3505	1.00	5.00	4.12	0.75
文明情感	3505	1.00	5.00	3.87	0.86
和谐情感	3505	1.00	5.00	4.46	0.71
国家价值观情感	3505	1.50	5.00	4.19	0.53
富强行为倾向	3505	1.00	5.00	3.90	0.72
民主行为倾向	3505	1.00	5.00	3.69	0.82
文明行为倾向	3505	1.00	5.00	3.50	0.78
和谐行为倾向	3505	1.00	5.00	3.75	0.81
国家价值观行为倾向	3505	1.78	5.00	3.73	0.58
国家价值观总分	3505	2.46	5.00	3.93	0.44

(三)大学生对社会价值观的认同处于中等水平

大学生社会价值观认同度分问卷总平均分为 3.60（表 5-2-3），居于中等水平。从三个维度上看，情感认同得分最高，认知认同得分最低，各维度大小比较依次为：情感认同＞行为倾向认同＞认知认同。情感认同中，自由认同最高，法治认同最低；认知认同中，自由认同最高，法治认同最低；在行为倾向认同中，大学生对自由认同程度最高，法治、公正的认同程度较低。

表 5-2-3　大学生社会价值观认同度情况

维度	N	极小值	极大值	均值	标准差
自由认知	3505	1.00	5.00	4.42	0.69
平等认知	3505	1.00	5.00	3.49	0.68
公正认知	3505	1.00	5.00	2.96	0.75
法治认知	3505	1.00	5.00	2.85	0.76
社会价值观认知	3505	1.67	5.00	3.54	0.41
自由情感	3505	1.00	5.00	4.16	0.77
平等情感	3505	1.00	5.00	3.60	0.74
公正情感	3505	1.00	5.00	3.71	0.76
法治情感	3505	1.00	5.00	3.05	0.98
社会价值观情感	3505	2.00	5.00	3.63	0.44
自由行为倾向	3505	1.00	5.00	3.92	0.79
平等行为倾向	3505	1.00	5.00	3.78	0.81
公正行为倾向	3505	1.00	5.00	3.40	0.78
法治行为倾向	3505	1.00	5.00	3.41	0.95
社会价值观行为倾向	3505	1.75	5.00	3.62	0.61
社会价值观总分	3505	2.48	4.72	3.60	0.37

（四）大学生对个人价值观的认同处于较高水平

大学生个人价值观认同度分问卷总平均分为4.16（表5-2-4），居于较高水平。从三个维度上看，情感认同得分最高，行为倾向认同得分最低，各维度大小比较依次为：情感认同＞认知认同＞行为倾向认同。情感认同中，诚信认同最高，敬业认同最低；认知认同中，敬业认同最高，诚信认同最低；在行为倾向认同中，大学生对爱国认同程度最高，友善认同程度最低。

表5-2-4 大学生个人价值观认同度情况

维度	N	极小值	极大值	均值	标准差
爱国认知	3505	1.67	5.00	4.24	0.67
敬业认知	3505	1.00	5.00	4.46	0.71
诚信认知	3505	1.00	5.00	4.14	0.78
友善认知	3505	1.67	5.00	4.16	0.68
个人价值观认知	3505	2.00	5.00	4.24	0.55
爱国情感	3505	1.33	5.00	4.24	0.72
敬业情感	3505	1.00	5.00	4.21	0.79
诚信情感	3505	1.00	5.00	4.52	0.69
友善情感	3505	1.00	5.00	4.26	0.73
个人价值观情感	3505	2.22	5.00	4.35	0.61
爱国行为倾向	3505	1.00	5.00	4.24	0.76
敬业行为倾向	3505	1.00	5.00	3.92	0.82
诚信行为倾向	3505	1.00	5.00	3.90	0.83
友善行为倾向	3505	1.00	5.00	3.60	0.75
个人价值观行为倾向	3505	2.13	5.00	3.92	0.56
个人价值观总分	3505	2.41	5.00	4.16	0.49

为了分析当前大学生对社会主义核心价值观认同情况的发展特点及存在问题，课题组在问卷编制时设计了相关背景变量，如性别、年

级、学历层次等，把背景变量作为分组变量进行均数差异的 t 检验或 F 检验，可以进一步考察具有不同背景特点的大学生对社会主义核心价值观的认同情况，以分析大学生社会主义核心价值观认同度总体呈现的发展特点及存在问题。

（五）大学生社会主义核心价值观认同情况总体呈现的发展特点

1. 学生党员对社会主义核心价值观认同情况较好，发挥了榜样示范作用

我们对是否学生党员的社会主义核心价值观认同情况进行了显著性检验（表5-2-5），发现学生党员社会主义核心价值观认同总分、认知认同、情感认同及行为倾向认同极显著高于非学生党员。这表明学生党员的社会主义核心价值观认同情况较好，发挥了应有的示范作用。

表5-2-5 是否学生党员社会主义核心价值观认同度差异检验

维度	政治身份	均值 ± 标准差	t	p
核心价值观认知	党员（n=549）	112.12 ± 11.82	6.372**	0.000
	非党员（n=2956）	108.74 ± 11.33		
核心价值观情感	党员（n=549）	102.52 ± 10.54	2.894**	0.004
	非党员（n=2956）	101.03 ± 11.10		
核心价值观行为倾向	党员（n=549）	96.38 ± 13.00	4.983**	0.000
	非党员（n=2956）	93.41 ± 12.76		
核心价值观总分	党员（n=549）	311.01 ± 31.57	5.434**	0.000
	非党员（n=2956）	303.19 ± 30.87		

2. 学生干部对社会主义核心价值观行为倾向认同情况较好，发挥了榜样示范作用

我们对是否学生干部的社会主义核心价值观认同情况进行了显著

性检验（表 5-2-6），发现学生干部在社会主义核心价值观行为倾向认同上显著高于非学生干部。这表明学生干部的社会主义核心价值观行为倾向认同较好，一定程度上发挥了应有的示范作用。

表 5-2-6　是否担任学生干部大学生社会主义核心价值观认同度差异检验

维度	学生干部	均值 ± 标准差	t	p
核心价值观认知	是（n=1290）	109.56 ± 11.55	1.149	0.251
	否（n=2215）	109.10 ± 11.42		
核心价值观情感	是（n=1290）	101.38 ± 11.16	0.467	0.641
	否（n=2215）	101.20 ± 10.96		
核心价值观行为倾向	是（n=1290）	94.59 ± 13.19	2.489*	0.013
	否（n=2215）	93.47 ± 12.62		
核心价值观总分	是（n=1290）	305.53 ± 31.69	1.616	0.106
	否（n=2215）	303.77 ± 30.75		

3. 是否独生子女大学生社会主义核心价值观认同度无显著差异

我们对是否独生子女的大学生社会主义核心价值观认同度的差异进行了显著性检验（表 5-2-7），发现二者间无显著差异，表明是否独生子女对社会主义核心价值观的认同度不产生明显影响。

表 5-2-7　是否独生子女大学生社会主义核心价值观差异检验

维度	独生子女	均值 ± 标准差	t	p
核心价值观认知	是（n=1222）	109.36 ± 11.74	0.323	0.747
	否（n=2283）	109.22 ± 11.33		
核心价值观情感	是（n=1222）	101.10 ± 11.05	-0.662	0.508
	否（n=2283）	101.36 ± 11.02		
核心价值观行为倾向	是（n=1222）	93.67 ± 13.13	-0.715	0.475
	否（n=2283）	93.99 ± 12.69		

续表

维度	独生子女	均值 ± 标准差	t	p
核心价值观总分	是（n=1222）	304.12 ± 31.63	－0.411	0.681
	否（n=2283）	304.57 ± 30.83		

（六）大学生社会主义核心价值观认同情况存在的问题

1. 男大学生社会主义核心价值观认同度较低

我们对不同性别大学生社会主义核心价值观的差异进行了显著性检验（表5-2-8），发现男大学生在社会主义核心价值观认同总分、认知认同、情感认同及行为倾向认同方面皆极显著低于女大学生，表现出男大学生社会主义核心价值观认同情况与女生相比不佳的现状。

表5-2-8　男女大学生社会主义核心价值观认同度上的差异检验

维度	性别	均值 ± 标准差	t	p
核心价值观认知	男（n=1729）	108.40 ± 12.01	－4.433**	0.000
	女（n=1776）	110.11 ± 10.85		
核心价值观情感	男（n=1729）	100.17 ± 11.39	－5.819**	0.000
	女（n=1776）	102.33 ± 10.56		
核心价值观行为倾向	男（n=1729）	92.52 ± 13.26	－6.198**	0.000
	女（n=1776）	95.20 ± 12.29		
核心价值观总分	男（n=1729）	301.10 ± 32.63	－6.264**	0.000
	女（n=1776）	307.64 ± 29.19		

2. 理科类大学生社会主义核心价值观认同度较差

我们对文科类大学生和理科类大学生的社会主义核心价值观认同情况进行了显著性检验（表5-2-9），发现理科类大学生在社会主义核心价值观认同总分、情感认同方面极显著低于文科类大学生，行为倾向上显著低于文科类大学生。

表 5-2-9　文理科大学生社会主义核心价值观认同度差异检验

维度	专业	均值 ± 标准差	t	p
核心价值观认知	文科类（n=1112）	109.58 ± 10.56	1.108	0.268
	理科类（n=2393）	109.12 ± 11.87		
核心价值观情感	文科类（n=1112）	102.71 ± 10.35	5.320**	0.000
	理科类（n=2393）	100.59 ± 11.27		
核心价值观行为倾向	文科类（n=1112）	94.57 ± 12.07	2.184*	0.029
	理科类（n=2393）	93.56 ± 13.18		
核心价值观总分	文科类（n=1112）	306.87 ± 28.08	3.193**	0.001
	理科类（n=2393）	303.27 ± 32.36		

3. 211 高校大学生社会主义核心价值观认同度较差

我们以是否 211 高校为分组变量，把调查对象分为 211 高校大学生和非 211 高校大学生，数据分析发现（表 5-2-10），211 高校大学生对社会主义核心价值观的认同度总分及情感认同显著低于非 211 高校大学生，行为倾向认同极显著低于非 211 高校大学生。

表 5-2-10　是否 211 高校大学生社会主义核心价值观认同度差异比较

维度	是否 211 高校	均值 ± 标准差	t	p
社会主义核心价值观认知	是（n=1197）	109.58 ± 11.84	1.165	0.244
	否（n=2308）	109.11 ± 11.28		
社会主义核心价值观情感	是（n=1197）	100.71 ± 10.85	−2.169*	0.030
	否（n=2308）	101.56 ± 11.11		
社会主义核心价值观行为倾向	是（n=1197）	92.53 ± 12.61	−4.500**	0.000
	否（n=2308）	94.58 ± 12.91		
社会主义核心价值观总分	是（n=1197）	302.82 ± 31.20	−2.193*	0.028
	否（n=2308）	305.24 ± 31.03		

4. 高年级本科生社会主义核心价值观认同度较差

因专科生、硕士研究生和博士研究生在年级变量上调查人数的差异较大，我们仅对本科生的高低年级大学生社会主义核心价值观认同度差异进行了检验（表5-2-11）。分析发现，低年级本科生社会主义核心价值观认知认同、情感认同显著高于高年级本科生，行为倾向认知及认同总分极显著高于高年级本科生。

表5-2-11 本科生高低年级大学生社会主义核心价值观认同度差异检验

维度	高低年级	均值 ± 标准差	t	p
核心价值观认知	低年级（n=1496）	109.70±11.14	2.366*	0.018
	高年级（n=686）	108.47±11.65		
核心价值观情感	低年级（n=1496）	101.83±11.05	1.955*	0.050
	高年级（n=686）	100.83±11.25		
核心价值观行为倾向	低年级（n=1496）	94.66±12.90	4.991**	0.000
	高年级（n=686）	91.71±12.58		
核心价值观总分	低年级（n=1496）	306.18±30.96	3.612**	0.000
	高年级（n=686）	301.00±31.41		

5. 专科生认知认同显著低于本科生和研究生，行为倾向认同显著高于本科生和研究生

我们对不同学历层次的大学生社会主义核心价值观认同度进行了多因素方差分析（表5-2-12），发现不同学历层次大学生在认知认同、行为倾向认同上存在极显著差异，认知认同随学历的上升而上升，行为倾向认同则发生逆转，反而随学历层次的增长而下降。而进一步的多重比较发现：在认知认同上，专科生最低，且显著低于其他两个学历层次；在行为倾向上，专科生最高，且显著高于其他两个学历层次。这一结果表明不同学历层次的大学生对社会主义核心价值观的认同表现出明显的知与行的错位与脱节，社会主义核心价值观对个人行为方式的指导方面，反而是学历层次最低的专科生表现最好。

表 5-2-12　不同学历层次大学生社会主义核心价值观认同度差异比较

维度	学历层次	均值 ± 标准差	F	p
核心价值观认知	专科生（n=405）	107.33 ± 10.30	7.841**	0.000
	本科生（n=2182）	109.31 ± 11.31		
	研究生（n=918）	110.03 ± 12.22		
核心价值观情感	专科生（n=405）	100.87 ± 10.52	1.472	0.230
	本科生（n=2182）	101.51 ± 11.12		
	研究生（n=918）	100.85 ± 11.03		
核心价值观行为倾向	专科生（n=405）	95.69 ± 12.14	4.736**	0.009
	本科生（n=2182）	93.73 ± 12.87		
	研究生（n=918）	93.44 ± 13.02		
核心价值观总分	专科生（n=405）	303.89 ± 27.57	0.084	0.919
	本科生（n=2182）	304.55 ± 31.19		
	研究生（n=918）	304.31 ± 32.37		

6. 家庭经济条件较好的大学生社会主义核心价值观认同度较差

按被调查对象自我报告的家庭经济状况，我们把调查对象分为家庭经济条件较好、一般及较差三类，分析发现（表 5-2-13），三类学生在社会主义核心价值观认同总分及认知认同、情感认同、行为倾向认同方面存在极显著差异，多重比较发现，家庭经济条件较好的大学生在认知认同、情感认同、行为倾向认同及总分上显著低于经济条件一般和较差的大学生，经济条件较差的大学生在认知认同上显著低于经济条件一般的大学生，其他两两间无显著差异。

表 5-2-13　不同家庭经济条件大学生社会主义核心价值观认同度差异检验

维度	家庭经济条件	均值 ± 标准差	F	p
核心价值观认知	较好（n=325）	105.89 ± 13.47	21.485**	0.000
	一般（n=2378）	110.01 ± 11.23		
	较差（n=802）	108.44 ± 10.99		

续表

维度	家庭经济条件	均值 ± 标准差	F	p
核心价值观情感	较好（n=325）	97.49 ± 13.35	22.016**	0.000
	一般（n=2378）	101.79 ± 10.64		
	较差（n=802）	101.23 ± 10.84		
核心价值观行为倾向	较好（n=325）	91.10 ± 14.20	8.484**	0.000
	一般（n=2378）	94.11 ± 12.53		
	较差（n=802）	94.33 ± 13.05		
核心价值观总分	较好（n=325）	294.48 ± 37.62	19.605**	0.000
	一般（n=2378）	305.91 ± 30.24		
	较差（n=802）	304.00 ± 29.98		

7. 父母文化程度高的大学生对社会主义核心价值观情感认同更低

我们以父母的文化程度为分类标准进行多因素方差分析，发现父母文化程度不同的大学生对社会主义核心价值观的情感认同存在显著差异（表5-2-14，表5-2-15）。多重比较发现，父母文化程度在大学及以上的大学生，情感认同显著低于其他两种情况，表明父母文化程度越高，子女对社会主义核心价值观的情感认同越低。

表5-2-14 不同父亲文化程度大学生社会主义核心价值观认同度差异检验

维度	父亲文化程度	均值 ± 标准差	F	p
核心价值观认知	小学（n=620）	108.85 ± 10.72	0.663	0.516
	中学/中专（n=2159）	109.43 ± 11.42		
	大学及以上（n=726）	109.16 ± 12.22		
核心价值观情感	小学（n=620）	101.16 ± 11.13	3.765*	0.023
	中学/中专（n=2159）	101.61 ± 10.90		
	大学及以上（n=726）	100.32 ± 11.29		
核心价值观行为倾向	小学（n=620）	93.82 ± 12.73	0.505	0.604
	中学/中专（n=2159）	94.03 ± 12.75		
	大学及以上（n=726）	93.48 ± 13.23		

续表

维度	父亲文化程度	均值 ± 标准差	F	p
核心价值观总分	小学（n=620）	303.8 ± 29.57	1.382	0.251
	中学/中专（n=2159）	305.07 ± 30.94		
	大学及以上（n=726）	302.96 ± 32.81		

表 5-2-15　不同母亲文化程度大学生社会主义核心价值观认同度差异检验

维度	母亲文化程度	均值 ± 标准差	F	p
核心价值观认知	小学（n=1059）	108.96 ± 10.73	0.588	0.556
	中学/中专（n=1927）	109.44 ± 11.54		
	大学及以上（n=519）	109.28 ± 12.62		
核心价值观情感	小学（n=1059）	101.41 ± 10.70	2.962*	0.050
	中学/中专（n=1927）	101.48 ± 11.12		
	大学及以上（n=519）	100.18 ± 11.30		
核心价值观行为倾向	小学（n=1059）	94.12 ± 12.38	0.549	0.578
	中学/中专（n=1927）	93.88 ± 12.79		
	大学及以上（n=519）	93.40 ± 13.94		
核心价值观总分	小学（n=1059）	304.49 ± 29.22	0.791	0.453
	中学/中专（n=1927）	304.79 ± 31.26		
	大学及以上（n=519）	302.86 ± 34.11		

二、国家价值观认同现状分析

（一）国家价值观认同情况发展特点

1. 学生干部国家价值观认同度较好，富强、民主、文明行为倾向认同较好

数据分析发现（表 5-2-16，表 5-2-17），担任学生干部的大学生国家价值观行为倾向认同及总分高于非学生干部。基于此，对国家价值观四个词汇的行为倾向认同进行进一步的差异检验，发现学生干部在富强、民主、文明行为倾向上皆显著高于非学生干部。

表 5-2-16　是否担任学生干部大学生国家价值观认同度差异检验

维度	学生干部	均值 ± 标准差	t	p
国家价值观认知	是（n=1290）	35.16 ± 4.64	1.293	0.196
	否（n=2215）	34.95 ± 4.57		
国家价值观情感	是（n=1290）	33.50 ± 4.32	-0.575	0.565
	否（n=2215）	33.58 ± 4.19		
国家价值观行为倾向	是（n=1290）	34.05 ± 5.39	4.258**	0.000
	否（n=2215）	33.27 ± 5.15		
国家价值观总分	是（n=1290）	102.71 ± 11.71	2.275*	0.023
	否（n=2215）	101.80 ± 11.13		

表 5-2-17　是否担任学生干部国家价值观行为倾向认同差异检验

维度	学生干部	均值 ± 标准差	t	p
富强行为倾向	是（n=1290）	11.83 ± 2.17	3.101**	0.002
	否（n=2215）	11.60 ± 2.14		
民主行为倾向	是（n=1290）	7.58 ± 1.62	5.752**	0.000
	否（n=2215）	7.25 ± 1.65		
文明行为倾向	是（n=1290）	7.09 ± 1.56	2.799**	0.005
	否（n=2215）	6.94 ± 1.56		
和谐行为倾向	是（n=1290）	7.54 ± 1.67	1.141	0.254
	否（n=2215）	7.48 ± 1.60		

2. 学生党员国家价值观认同度较好，除和谐认知认同及民主情感认同外，其他词汇认同情况较好

数据分析发现（表5-2-18），学生党员在国家价值观认同总分、认知认同、情感认同及行为倾向认同上皆显著高于非学生党员。基于此，对国家价值观四个词汇的认知认同、情感认同及行为倾向认同进行进一步的差异检验（表5-2-19），发现仅和谐认知认同及民主情感认同二者间无显著差异，其他词汇皆是党员大学生显著高于非党员大学生。

表 5-2-18 是否学生党员国家价值观认同度差异检验

维度	政治身份	均值 ± 标准差	t	p
国家价值观认知	党员（n=549）	35.96±4.68	5.177**	0.000
	非党员（n=2956）	34.85±4.56		
国家价值观情感	党员（n=549）	33.88±4.02	1.952*	0.050
	非党员（n=2956）	33.49±4.27		
国家价值观行为倾向	党员（n=549）	34.83±5.31	6.193**	0.000
	非党员（n=2956）	33.32±5.21		
国家价值观总分	党员（n=549）	104.66±11.57	5.691**	0.000
	非党员（n=2956）	101.67±11.25		

表 5-2-19 是否学生党员国家价值观认知情感行为倾向认同差异检验

维度	政治身份	均值 ± 标准差	t	p
富强认知	党员（n=549）	7.53±1.60	6.325**	0.000
	非党员（n=2956）	7.04±1.66		
民主认知	党员（n=549）	6.93±1.66	4.634**	0.000
	非党员（n=2956）	6.57±1.66		
文明认知	党员（n=549）	8.35±1.42	1.926*	0.050
	非党员（n=2956）	8.21±1.52		
和谐认知	党员（n=549）	13.15±2.27	1.174	0.240
	非党员（n=2956）	13.02±2.28		
富强情感	党员（n=549）	8.88±1.46	3.864**	0.000
	非党员（n=2956）	8.61±1.49		
民主情感	党员（n=549）	8.32±1.49	1.310	0.190
	非党员（n=2956）	8.23±1.50		
文明情感	党员（n=549）	7.77±1.74	2.018*	0.044
	非党员（n=2956）	7.61±1.66		
和谐情感	党员（n=549）	9.07±1.30	2.848**	0.004
	非党员（n=2956）	8.89±1.43		

续表

维度	政治身份	均值 ± 标准差	t	p
富强行为倾向	党员（n=549）	12.28 ± 2.12	7.101**	0.000
	非党员（n=2956）	11.58 ± 2.14		
民主行为倾向	党员（n=549）	7.68 ± 1.64	4.876**	0.000
	非党员（n=2956）	7.31 ± 1.64		
文明行为倾向	党员（n=549）	7.13 ± 1.57	2.236*	0.025
	非党员（n=2956）	6.97 ± 1.56		
和谐行为倾向	党员（n=549）	7.72 ± 1.60	3.505**	0.000
	非党员（n=2956）	7.46 ± 1.62		

3. 是否独生子女的大学生国家价值观认同度无显著差异

我们对是否独生子女的大学生国家价值观认同度的差异进行了显著性检验（表5-2-20），发现二者间无显著差异，表明是否独生子女对国家价值观的认同度不产生明显影响。

表 5-2-20 是否独生子女大学生国家价值观差异检验

维度	独生子女	均值 ± 标准差	t	p
国家价值观认知	是（n=1222）	35.08 ± 4.74	−0.467	0.641
	否（n=2283）	35.00 ± 4.52		
国家价值观情感	是（n=1222）	33.45 ± 4.16	1.046	0.296
	否（n=2283）	33.61 ± 4.28		
国家价值观行为倾向	是（n=1222）	33.47 ± 5.32	0.737	0.461
	否（n=2283）	33.61 ± 5.21		
国家价值观总分	是（n=1222）	101.99 ± 11.58	0.542	0.588
	否（n=2283）	102.21 ± 11.23		

（二）国家价值观认同情况存在的问题

1. 男大学生国家价值观认同度较低，对文明、和谐的认知认同及民主、文明的行为倾向认同不高

数据分析发现（表5-2-21），男大学生在国家价值观认知认同、行为倾向认同及认同总分上显著低于女大学生。基于此，我们进一步检验了不同性别大学生在国家价值观四个词汇上的认知认同、行为倾向认同的差异。

表 5-2-21　男女大学生在国家价值观认同度上的差异检验

	性别	均值 ± 标准差	t	p
国家价值观认知	男（n=1729）	34.55 ± 4.81	-6.061**	0.000
	女（n=1776）	35.49 ± 4.34		
国家价值观情感	男（n=1729）	33.45 ± 4.35	-1.388	0.165
	女（n=1776）	33.65 ± 4.12		
国家价值观行为倾向	男（n=1729）	33.35 ± 5.41	-2.350*	0.019
	女（n=1776）	33.76 ± 5.08		
国家价值观总分	男（n=1729）	101.35 ± 11.97	-4.055**	0.000
	女（n=1776）	102.90 ± 10.67		

男女大学生国家价值观四个词汇认知认同上的显著性检验发现（表5-2-22），男大学生在文明、和谐的认知认同上显著低于女大学生；行为倾向认同方面，男大学生在民主、文明的行为倾向认同上显著低于女大学生。由此可知，男女大学生国家价值观认同度的差异主要由于二者对文明、和谐的认知认同及民主、文明行为倾向认同的差异导致。

表 5-2-22　不同性别大学生国家价值观认知认同、行为倾向认同差异检验

维度	性别	均值 ± 标准差	t	p
富强认知	男（n=1729）	7.08 ± 1.69	-1.407	0.160
	女（n=1776）	7.16 ± 1.63		
民主认知	男（n=1729）	6.61 ± 1.68	-0.693	0.488
	女（n=1776）	6.65 ± 1.66		

续表

维度	性别	均值 ± 标准差	t	p
文明认知	男（n=1729）	8.11±1.51	-4.930**	0.000
	女（n=1776）	8.36±1.48		
和谐认知	男（n=1729）	12.75±2.44	-7.464**	0.000
	女（n=1776）	13.32±2.07		
富强行为倾向	男（n=1729）	11.69±2.22	0.042	0.967
	女（n=1776）	11.69±2.08		
民主行为倾向	男（n=1729）	7.26±1.70	-3.766**	0.000
	女（n=1776）	7.47±1.58		
文明行为倾向	男（n=1729）	6.93±1.58	-2.442*	0.015
	女（n=1776）	7.06±1.55		
和谐行为倾向	男（n=1729）	7.46±1.67	-1.493	0.136
	女（n=1776）	7.54±1.57		

2. 理科类大学生国家价值观认同度较低，对民主、和谐认知认同及情感认同不高

数据分析发现（表5-2-23），理科类大学生国家价值观总分、认知认同及情感认同显著低于文科类大学生。基于此，我们进一步对国家价值观四个词汇的认知认同、情感认同差异进行显著性检验（表5-2-24）。独立样本t检验发现，理科类大学生对文明、和谐的认知认同及情感认同皆显著低于文科类大学生。

表5-2-23 文理科大学生国家价值观认同度差异检验

维度	专业	均值 ± 标准差	t	p
国家价值观认知	文科类（n=1112）	35.34±4.26	2.753**	0.006
	理科类（n=2393）	34.88±4.74		
国家价值观情感	文科类（n=1112）	33.90±4.12	3.276**	0.001
	理科类（n=2393）	33.39±4.28		

续表

维度	专业	均值 ± 标准差	t	p
国家价值观行为倾向	文科类（n=1112）	33.71±5.13	1.203	0.229
	理科类（n=2393）	33.48±5.31		
国家价值观总分	文科类（n=1112）	102.95±10.43	2.894**	0.004
	理科类（n=2393）	101.76±11.74		

表 5-2-24　文理科大学生国家价值观认知认同、情感认同差异检验

维度	专业	均值 ± 标准差	t	p
富强认知	文科类（n=1112）	7.10±1.71	−0.522	0.602
	理科类（n=2393）	7.13±1.64		
民主认知	文科类（n=1112）	6.56±1.66	−1.616	0.106
	理科类（n=2393）	6.66±1.67		
文明认知	文科类（n=1112）	8.35±1.50	3.077**	0.002
	理科类（n=2393）	8.18±1.50		
和谐认知	文科类（n=1112）	13.33±1.98	5.111**	0.000
	理科类（n=2393）	12.91±2.39		
富强情感	文科类（n=1112）	8.71±1.46	1.616	0.106
	理科类（n=2393）	8.62±1.50		
民主情感	文科类（n=1112）	8.18±1.58	−1.544	0.123
	理科类（n=2393）	8.27±1.46		
文明情感	文科类（n=1112）	7.94±1.70	4.543**	0.000
	理科类（n=2393）	7.65±1.73		
和谐情感	文科类（n=1112）	9.06±1.33	4.203**	0.000
	理科类（n=2393）	8.85±1.45		

3.211 高校大学生国家价值观认同度较差，民主、文明、和谐行为倾向认同显著低于非 211 高校大学生

数据分析发现（表 5-2-25），211 高校大学生在国家价值观的行为认同及认同总分方面极显著低于非 211 高校大学生。基于此，我们

进一步对国家价值观四个词汇的行为倾向认同差异进行了显著性检验（表 5-2-26），发现 211 高校大学生对民主、文明、和谐的行为倾向认同皆显著低于非 211 高校大学生。

表 5-2-25 是否 211 高校大学生国家价值观认同度差异比较

维度	是否 211 高校	均值 ± 标准差	t	p
国家价值观认知	是（n=1197）	34.83 ± 4.67	-1.819	0.069
	否（n=2308）	35.13 ± 4.56		
国家价值观情感	是（n=1197）	33.44 ± 4.13	-1.103	0.270
	否（n=2308）	33.61 ± 4.29		
国家价值观行为倾向	是（n=1197）	33.04 ± 5.23	-4.232**	0.000
	否（n=2308）	33.83 ± 5.24		
国家价值观总分	是（n=1197）	101.31 ± 11.30	-3.104**	0.002
	否（n=2308）	102.56 ± 11.36		

表 5-2-26 是否 211 高校大学生国家价值观行为倾向认同差异比较

维度	是否 211 高校	均值 ± 标准差	t	p
富强行为倾向	是（n=1197）	11.66 ± 2.21	-0.57	0.57
	否（n=2308）	11.70 ± 2.13		
民主行为倾向	是（n=1197）	7.20 ± 1.65	-4.32**	0.00
	否（n=2308）	7.46 ± 1.64		
文明行为倾向	是（n=1197）	6.85 ± 1.56	-4.13**	0.00
	否（n=2308）	7.08 ± 1.56		
和谐行为倾向	是（n=1197）	7.33 ± 1.64	-4.54**	0.00
	否（n=2308）	7.59 ± 1.61		

4. 高年级本科生国家价值观认同度较差，除富强认知、文明认知认同外，其他词汇认知认同、行为倾向认同皆显著低于低年级本科生

数据分析发现（表 5-2-27），高年级本科生国家价值观认同总分、

认知行为及行为倾向认同极显著低于低年级本科生。基于此，我们进一步对国家价值观四个词汇的认知认同及行为倾向认同差异进行了显著性检验（表5-2-28），发现高年级本科生对民主、和谐的认知认同显著低于低年级本科生，富强、民主、文明、和谐行为倾向认同显著低于低年级本科生。

表5-2-27 本科生高低年级大学生国家价值观认同度差异检验

维度	高低年级	均值 ± 标准差	t	p
国家价值观认知	低年级（n=1469）	35.10±4.54	2.572**	0.010
	高年级（n=686）	34.56±4.59		
国家价值观情感	低年级（n=1469）	33.78±4.26	1.446	0.148
	高年级（n=686）	33.50±4.32		
国家价值观行为倾向	低年级（n=1469）	33.79±5.23	5.092**	0.000
	高年级（n=686）	32.56±5.29		
国家价值观总分	低年级（n=1469）	102.67±11.29	3.946**	0.000
	高年级（n=686）	100.62±11.35		

表5-2-28 本科生高低年级大学生国家价值观认知认同、行为倾向认同差异检验

维度	高低年级	均值 ± 标准差	t	p
富强认知	低年级（n=1469）	7.03±1.67	0.331	0.741
	高年级（n=686）	7.01±1.69		
民主认知	低年级（n=1469）	6.68±1.66	4.101**	0.000
	高年级（n=686）	6.37±1.67		
文明认知	低年级（n=1469）	8.19±1.55	−0.196	0.844
	高年级（n=686）	8.20±1.51		
和谐认知	低年级（n=1469）	13.20±2.19	2.094*	0.036
	高年级（n=686）	12.99±2.29		
富强行为倾向	低年级（n=1469）	11.71±2.12	2.926**	0.003
	高年级（n=686）	11.42±2.25		

续表

维度	高低年级	均值 ± 标准差	t	p
民主行为倾向	低年级（n=1469）	7.43 ± 1.62	3.546**	0.000
	高年级（n=686）	7.16 ± 1.66		
文明行为倾向	低年级（n=1469）	7.09 ± 1.57	5.133**	0.000
	高年级（n=686）	6.72 ± 1.59		
和谐行为倾向	低年级（n=1469）	7.56 ± 1.59	4.018**	0.000
	高年级（n=686）	7.26 ± 1.68		

5. 专科生对国家价值观情感认同低，行为倾向认同高，具体表现为对富强、民主情感认同低，对民主、文明、和谐行为倾向认同高

数据分析发现（表5-2-29），不同学历层次的大学生国家价值观情感认同及行为倾向认同皆存在显著差异。多重比较发现，情感认同上，专科生显著低于本科生和研究生，行为倾向认同上，专科生显著高于本科生和研究生。基于此，我们进一步对不同学历层次大学生国家价值观四个词汇的情感认同及行为倾向认同差异进行显著性检验。

表5-2-29 不同学历层次大学生国家价值观认同度差异检验

维度	学历层次	均值 ± 标准差	F	p
国家价值观认知	专科生（n=405）	35.17 ± 4.28	1.233	0.292
	本科生（n=2182）	34.93 ± 4.56		
	研究生（n=918）	35.19 ± 4.82		
国家价值观情感	专科生（n=405）	32.95 ± 4.20	5.379**	0.005
	本科生（n=2182）	33.69 ± 4.28		
	研究生（n=918）	33.49 ± 4.13		
国家价值观行为倾向	专科生（n=405）	34.27 ± 5.09	4.701**	0.009
	本科生（n=2182）	33.40 ± 5.28		
	研究生（n=918）	33.61 ± 5.24		

续表

维度	学历层次	均值 ± 标准差	F	p
国家价值观总分	专科生（n=405）	102.38 ± 10.32	0.284	0.753
	本科生（n=2182）	102.03 ± 11.34		
	研究生（n=918）	102.29 ± 11.81		

富强、民主、文明、和谐情感认同及行为倾向认同差异显著性检验发现（表 5-2-30），情感认同上，富强、民主、文明情感认同有显著差异。多重比较发现：富强、民主情感认同上，专科生显著低于本科生和研究生；文明情感认同上，研究生显著成绩低于本科生。

表 5-2-30　不同学历层次大学生国家价值观情感认同差异检验

维度	学历层次	均值 ± 标准差	F	p
富强情感	专科生（n=405）	8.49 ± 1.51	3.178*	0.042
	本科生（n=2182）	8.65 ± 1.48		
	研究生（n=918）	8.72 ± 1.50		
民主情感	专科生（n=405）	7.84 ± 1.64	16.220**	0.000
	本科生（n=2182）	8.30 ± 1.50		
	研究生（n=918）	8.27 ± 1.42		
文明情感	专科生（n=405）	7.72 ± 1.82	9.361**	0.000
	本科生（n=2182）	7.84 ± 1.74		
	研究生（n=918）	7.54 ± 1.64		
和谐情感	专科生（n=405）	8.89 ± 1.45	0.624	0.536
	本科生（n=2182）	8.90 ± 1.43		
	研究生（n=918）	8.96 ± 1.37		

行为倾向认同上，不同学历层次大学生在四个词汇的行为倾向认同上皆存在显著差异（表 5-2-31）。多重比较发现：富强行为倾向认同上，研究生显著高于本科生；民主、文明、和谐行为倾向认同上，皆是专科生显著高于本科生和研究生。

表 5-2-31　不同学历层次大学生国家价值观行为倾向认同差异检验

维度	学历层次	均值 ± 标准差	F	p
富强行为倾向	专科生（n=405）	11.70 ± 2.06	3.878*	0.021
	本科生（n=2182）	11.62 ± 2.17		
	研究生（n=918）	11.85 ± 2.15		
民主行为倾向	专科生（n=405）	7.57 ± 1.63	3.331*	0.036
	本科生（n=2182）	7.34 ± 1.64		
	研究生（n=918）	7.35 ± 1.66		
文明行为倾向	专科生（n=405）	7.24 ± 1.49	5.908**	0.003
	本科生（n=2182）	6.98 ± 1.58		
	研究生（n=918）	6.94 ± 1.54		
和谐行为倾向	专科生（n=405）	7.75 ± 1.57	5.373**	0.005
	本科生（n=2182）	7.47 ± 1.63		
	研究生（n=918）	7.47 ± 1.63		

6.家庭经济条件较好大学生国家价值观认同度较差，仅民主情感认同表现不明显，其他词汇认知认同、情感认同皆较差

数据分析发现（表5-2-32），不同家庭经济条件大学生国家价值观总分、认知认同、情感认同上有极显著差异，进一步的多重比较发现，家庭经济条件较好的大学生在国家价值观的认知、情感及总分上显著低于家庭经济条件一般及较差的大学生。

基于此，我们进一步对国家价值观四个词汇认知认同、情感认同差异进行了显著性检验（表5-2-33），发现除民主情感认同无显著差异外，其他皆存在显著差异。多重比较发现，家庭经济条件较好的大学生这几个词汇上的认知认同及情感认同得分最低，富强、和谐认知认同显著低于家庭经济条件一般及较差的大学生，民主、文明认知认同显著低于家庭经济条件一般的大学生，富强、文明、和谐情感认同低于经济条件一般及较差的大学生。

表 5-2-32　不同家庭经济条件大学生国家价值观认同度差异检验

维度	家庭经济条件	均值 ± 标准差	F	p
国家价值观认知	较好（n=325）	33.83±5.46	17.227**	0.000
	一般（n=2378）	35.30±4.54		
	较差（n=802）	34.70±4.30		
国家价值观情感	较好（n=325）	32.21±4.86	18.920**	0.000
	一般（n=2378）	33.74±4.14		
	较差（n=802）	33.54±4.16		
国家价值观行为倾向	较好（n=325）	33.00±5.63	2.733	0.065
	一般（n=2378）	33.55±5.14		
	较差（n=802）	33.80±5.40		
国家价值观总分	较好（n=325）	99.04±13.60	14.126**	0.000
	一般（n=2378）	102.59±11.12		
	较差（n=802）	102.05±10.84		

表 5-2-33　不同家庭经济条件大学生国家价值观认知认同、情感认同差异检验

维度	家庭经济条件	均值 ± 标准差	F	p
富强认知	较好（n=325）	7.00±1.71	3.436*	0.032
	一般（n=2378）	7.25±1.69		
	较差（n=802）	7.15±1.64		
民主认知	较好（n=325）	6.45±1.64	7.274**	0.001
	一般（n=2378）	6.70±1.67		
	较差（n=802）	6.53±1.66		
文明认知	较好（n=325）	8.12±1.63	3.309*	0.037
	一般（n=2378）	8.28±1.47		
	较差（n=802）	8.15±1.53		
和谐认知	较好（n=325）	11.94±2.88	43.690**	0.000
	一般（n=2378）	13.17±2.18		
	较差（n=802）	13.11±2.15		

续表

维度	家庭经济条件	均值 ± 标准差	F	p
富强情感	较好（n=325）	8.37 ± 1.74	8.833**	0.000
	一般（n=2378）	8.72 ± 1.47		
	较差（n=802）	8.58 ± 1.43		
民主情感	较好（n=325）	8.18 ± 1.54	0.671	0.511
	一般（n=2378）	8.26 ± 1.48		
	较差（n=802）	8.20 ± 1.55		
文明情感	较好（n=325）	7.04 ± 1.77	30.638**	0.000
	一般（n=2378）	7.80 ± 1.72		
	较差（n=802）	7.87 ± 1.68		
和谐情感	较好（n=325）	8.61 ± 1.58	9.454**	0.000
	一般（n=2378）	8.97 ± 1.40		
	较差（n=802）	8.89 ± 1.39		

7. 父母文化程度高的大学生国家价值观情感认同较低，主要对文明的情感认同较低

数据分析发现（表5-2-34），不同父母文化程度大学生国家价值观情感认同存在显著差异，多重比较发现，父母文化程度在大学及以上学历的大学生，国家价值观情感认同显著低于父母文化程度为中小学的大学生。基于此，我们对不同父母文化程度大学生国家价值观中四个词汇的情感认同进行了进一步的显著性差异检验（表5-2-35）。

表5-2-34 不同父亲文化程度大学生社会主义核心价值观认同度差异检验

维度	父亲文化程度	均值 ± 标准差	F	p
国家价值观认知	小学（n=620）	34.78 ± 4.30	1.832	0.160
	中学/中专（n=2159）	35.14 ± 4.58		
	大学及以上（n=726）	34.89 ± 4.89		

续表

维度	父亲文化程度	均值 ± 标准差	F	p
国家价值观情感	小学（n=620）	33.69 ± 4.24	4.619**	0.010
	中学/中专（n=2159）	33.66 ± 4.23		
	大学及以上（n=726）	33.13 ± 4.21		
国家价值观行为倾向	小学（n=620）	33.31 ± 5.22	1.071	0.343
	中学/中专（n=2159）	33.65 ± 5.20		
	大学及以上（n=726）	33.50 ± 5.42		
国家价值观总分	小学（n=620）	101.78 ± 10.60	2.183	0.113
	中学/中专（n=2159）	102.45 ± 11.32		
	大学及以上（n=726）	101.52 ± 12.04		

表 5-2-35　不同母亲文化程度大学生国家价值观认同度差异检验

维度	母亲文化程度	均值 ± 标准差	F	p
国家价值观认知	小学（n=1059）	34.89 ± 4.26	1.656	0.191
	中学/中专（n=1927）	35.15 ± 4.63		
	大学及以上（n=519）	34.83 ± 5.10		
国家价值观情感	小学（n=1059）	33.71 ± 4.19	4.245*	0.014
	中学/中专（n=1927）	33.59 ± 4.26		
	大学及以上（n=519）	33.07 ± 4.21		
国家价值观行为倾向	小学（n=1059）	33.44 ± 5.05	0.453	0.636
	中学/中专（n=1927）	33.63 ± 5.26		
	大学及以上（n=519）	33.53 ± 5.61		
国家价值观总分	小学（n=1059）	102.05 ± 10.51	1.474	0.229
	中学/中专（n=1927）	102.38 ± 11.47		
	大学及以上（n=519）	101.43 ± 12.52		

对不同父亲文化程度大学生国家价值观四个词汇情感认同的多因素方差分析发现（表 5-2-36），文明情感认同存在显著差异，多重比较发现，父亲文化程度为大学及以上的本科生对文明的情感认同显著低于其他两者。

表 5-2-36 不同父亲文化程度大学生国家价值观情感认同差异检验

维度	学历层次	均值 ± 标准差	F	p
富强情感	小学（n=620）	8.65 ± 1.42	0.633	0.531
	中学/中专（n=2159）	8.67 ± 1.49		
	大学及以上（n=726）	8.60 ± 1.56		
民主情感	小学（n=620）	8.16 ± 1.55	2.382	0.093
	中学/中专（n=2159）	8.28 ± 1.49		
	大学及以上（n=726）	8.18 ± 1.49		
文明情感	小学（n=620）	7.91 ± 1.74	11.761**	0.000
	中学/中专（n=2159）	7.79 ± 1.71		
	大学及以上（n=726）	7.48 ± 1.74		
和谐情感	小学（n=620）	8.97 ± 1.37	0.811	0.444
	中学/中专（n=2159）	8.92 ± 1.43		
	大学及以上（n=726）	8.87 ± 1.41		

对不同母亲文化程度大学生国家价值观四个词汇情感认同的多因素方差分析发现（表5-2-37），文明情感认同存在显著差异，多重比较发现，母亲文化程度为大学及以上的本科生对文明的情感认同显著低于其他两者。

表 5-2-37 不同母亲文化程度大学生国家价值观情感认同差异检验

维度	学历层次	均值 ± 标准差	F	p
富强情感	小学（n=1059）	8.64 ± 1.41	0.702	0.496
	中学/中专（n=1927）	8.68 ± 1.50		
	大学及以上（n=519）	8.59 ± 1.60		
民主情感	小学（n=1059）	8.24 ± 1.51	0.576	0.562
	中学/中专（n=1927）	8.26 ± 1.50		
	大学及以上（n=519）	8.18 ± 1.49		

续表

维度	学历层次	均值 ± 标准差	F	p
文明情感	小学（n=1059）	7.88 ± 1.72	13.424**	0.000
	中学/中专（n=1927）	7.76 ± 1.72		
	大学及以上（n=519）	7.40 ± 1.72		
和谐情感	小学（n=1059）	8.96 ± 1.36	0.747	0.474
	中学/中专（n=1927）	8.90 ± 1.46		
	大学及以上（n=519）	8.89 ± 1.37		

三、社会价值观认同现状分析

（一）社会价值观认同情况发展特点

1. 学生党员社会价值观认同度显著高于非学生党员，发挥了榜样示范作用

数据分析发现（表5-2-38），学生党员在认知认同及认同总分上显著高于非学生党员。进一步对社会价值观四个词汇认知认同差异的显著性检验发现（表5-2-39），学生党员在自由、公正、法治认知认同上显著高于非学生党员。

表5-2-38 是否学生党员社会价值观认同度差异检验

维度	政治身份	均值 ± 标准差	t	p
社会价值观认知	党员（n=549）	32.55 ± 3.87	4.842**	0.000
	非党员（n=2956）	31.72 ± 3.68		
社会价值观情感	党员（n=549）	29.21 ± 3.40	1.238	0.216
	非党员（n=2956）	29.01 ± 3.55		
社会价值观行为倾向	党员（n=549）	29.33 ± 4.91	1.726	0.084
	非党员（n=2956）	28.94 ± 4.88		
社会价值观总分	党员（n=549）	91.09 ± 9.44	3.366**	0.001
	非党员（n=2956）	89.66 ± 9.07		

表 5-2-39　是否学生党员社会价值观认知认同差异检验

维度	政治身份	均值 ± 标准差	t	p
自由认知	党员（n=549）	13.51 ± 2.04	3.150**	0.002
	非党员（n=2956）	13.21 ± 2.07		
平等认知	党员（n=549）	6.98 ± 1.38	0.164	0.870
	非党员（n=2956）	6.97 ± 1.36		
公正认知	党员（n=549）	6.08 ± 1.51	2.849**	0.004
	非党员（n=2956）	5.88 ± 1.49		
法治认知	党员（n=549）	5.98 ± 1.54	4.587**	0.000
	非党员（n=2956）	6.35 ± 1.52		

2. 211 高校大学生社会价值观认知认同较好，非 211 高校大学生情感认同及行为倾向认同较好

数据分析发现（表 5-2-40），211 高校大学生社会价值观认同总分、情感认同及行为倾向认同显著低于非 211 高校大学生，认知认同则显著高于非 211 高校大学生。基于此，进一步对社会价值观四个词汇认知认同、情感认同及行为倾向认同的差异进行显著性检验（表 5-2-41）。独立样本 t 发现，在公正、法治的认知认同上，211 高校大学生认同度高于非 211 高校大学生，其他的维度上，除自由认知认同、自由情感认同及公正情感认同无显著差异外，皆是非 211 高校大学生认同度高于 211 高校大学生。

表 5-2-40　是否 211 高校大学生社会价值观认同度差异比较

维度	是否 211 高校	均值 ± 标准差	t	p
社会价值观认知	是（n=1197）	32.04 ± 3.74	2.220*	0.026
	否（n=2308）	31.75 ± 3.71		
社会价值观情感	是（n=1197）	28.72 ± 3.34	−3.880**	0.000
	否（n=2308）	29.20 ± 3.61		

续表

维度	是否 211 高校	均值 ± 标准差	t	p
社会价值观行为倾向	是（n=1197）	28.34±4.87	-5.762**	0.000
	否（n=2308）	29.34±4.86		
社会价值观总分	是（n=1197）	89.10±9.13	-3.661**	0.000

表 5-2-41　是否 211 高校大学生社会价值观认知认同、情感认同及行为倾向认同差异检验

维度	是否 211 高校	均值 ± 标准差	t	p
自由认知	是（n=1197）	13.33±2.06	1.628	0.104
	否（n=2308）	13.21±2.07		
平等认知	是（n=1197）	6.88±1.37	-2.837**	0.005
	否（n=2308）	7.02±1.36		
公正认知	是（n=1197）	5.99±1.45	2.228*	0.026
	否（n=2308）	5.87±1.51		
法治认知	是（n=1197）	5.83±1.52	3.566**	0.000
	否（n=2308）	5.64±1.53		
自由情感	是（n=1197）	8.38±1.45	1.709	0.088
	否（n=2308）	8.29±1.58		
平等情感	是（n=1197）	7.12±1.51	-2.246*	0.025
	否（n=2308）	7.24±1.46		
公正情感	是（n=1197）	7.35±1.51	-1.836	0.066
	否（n=2308）	7.45±1.51		
法治情感	是（n=1197）	5.87±1.92	-5.189**	0.000
	否（n=2308）	6.23±1.98		
自由行为倾向	是（n=1197）	7.75±1.56	-2.252*	0.024
	否（n=2308）	7.88±1.58		
平等行为倾向	是（n=1197）	7.46±1.60	-2.506*	0.012
	否（n=2308）	7.60±1.62		
公正行为倾向	是（n=1197）	6.71±1.56	-2.197*	0.028
	否（n=2308）	6.83±1.57		
法治行为倾向	是（n=1197）	6.42±1.89	-9.029**	0.000
	否（n=2308）	7.02±1.88		

3. 是否独生子女对大学生社会价值观认同度无明显影响

我们对是否独生子女的大学生社会价值观认同度的差异进行了显著性检验（表5-2-42），发现二者间无显著差异，表明是否独生子女对社会价值观的认同度不产生明显影响。

表5-2-42 是否独生子女大学生社会价值观差异检验

维度	独生子女	均值 ± 标准差	t	p
社会价值观认知	是（n=1222）	31.76 ± 3.69	−1.043	0.297
	否（n=2283）	31.89 ± 3.73		
社会价值观情感	是（n=1222）	29.06 ± 3.56	0.241	0.810
	否（n=2283）	29.03 ± 3.51		
社会价值观行为倾向	是（n=1222）	28.91 ± 4.93	−0.811	0.417
	否（n=2283）	29.05 ± 4.86		
社会价值观总分	是（n=1222）	89.72 ± 9.14	−0.765	0.444
	否（n=2283）	89.97 ± 9.15		

（二）社会价值观认同情况存在的问题分析

1. 男大学生社会价值观认同度总体较低，仅公正、法治认知认同较好

数据分析发现（表5-2-43），男大学生在社会价值观认知认同、情感认同、行为倾向认同及认同总分上显著低于女大学生。基于此，我们进一步检验了不同性别大学生在社会价值观四个词汇上的认知认同、情感认同及行为倾向认同的差异（表5-2-44）。研究发现，男大学生公正、法治认知认同显著高于女大学生，此外，除自由、平等情感认同无显著差异外，男大学生在其他方面皆显著低于女大学生。

表 5-2-43　男女大学生社会价值观认同度差异检验

维度	性别	均值 ± 标准差	t	p
社会价值观认知	男（n=1729）	31.72±3.78	-2.005*	0.045
	女（n=1776）	31.97±3.65		
社会价值观情感	男（n=1729）	28.64±3.59	-6.564**	0.000
	女（n=1776）	29.42±3.41		
社会价值观行为倾向	男（n=1729）	28.31±4.98	-8.353**	0.000
	女（n=1776）	29.67±4.70		
社会价值观总分	男（n=1729）	88.67±9.41	-7.815**	0.000
	女（n=1776）	91.06±8.72		

表 5-2-44　男女大学生社会价值观认知认同、情感认同及行为倾向认同差异检验

维度	性别	均值 ± 标准差	t	p
自由认知	男（n=1729）	13.09±2.16	-4.701**	0.000
	女（n=1776）	13.42±1.96		
平等认知	男（n=1729）	6.89±1.37	-3.677**	0.000
	女（n=1776）	7.05±1.36		
公正认知	男（n=1729）	5.97±1.51	1.979*	0.048
	女（n=1776）	5.87±1.47		
法治认知	男（n=1729）	5.78±1.52	2.806**	0.005
	女（n=1776）	5.63±1.53		
自由情感	男（n=1729）	8.30±1.52	-0.717	0.474
	女（n=1776）	8.34±1.55		
平等情感	男（n=1729）	7.18±1.52	-0.819	0.413
	女（n=1776）	7.22±1.45		
公正情感	男（n=1729）	7.21±1.54	-7.948**	0.000
	女（n=1776）	7.62±1.46		
法治情感	男（n=1729）	5.96±2.01	-4.470**	0.000
	女（n=1776）	6.25±1.91		
自由行为倾向	男（n=1729）	7.70±1.60	-5.155**	0.000
	女（n=1776)	7.97±1.53		

续表

维度	性别	均值 ± 标准差	t	p
平等行为倾向	男（n=1729）	7.38 ± 1.64	-6.208**	0.000
	女（n=1776）	7.72 ± 1.57		
公正行为倾向	男（n=1729）	6.66 ± 1.53	-5.148**	0.000
	女（n=1776）	6.93 ± 1.58		
法治行为倾向	男（n=1729）	6.57 ± 1.96	-7.599**	0.000
	女（n=1776）	7.06 ± 1.83		

2. 理科类大学生社会价值观认同度较低，仅公正、法治认知认同较好

数据分析发现（表5-2-45），文理科大学生在社会价值观认知认同、情感认同及认同总分上有显著差异，其中理科类大学生在认知认同方面显著高于文科类大学生，在情感认同及认同总分方面显著低于文科类大学生。基于此，我们对文理科大学生社会价值观四个词汇的认知认同、情感认同进行了进一步的差异检验（表5-2-46）。在认知认同方面，公正、法治认知认同上理科类大学生显著高于文科类大学生，自由认知上理科类大学生显著低于文科类大学生。在情感认同方面，文科类大学生在自由、平等、公正情感认同上皆显著高于理科类大学生。

表5-2-45　文理科大学生社会价值观认同度差异检验

维度	专业	均值 ± 标准差	t	p
社会价值观认知	文科类（n=1112）	31.65 ± 3.68	-2.170*	0.030
	理科类（n=2393）	31.94 ± 3.74		
社会价值观情感	文科类（n=1112）	29.56 ± 3.44	5.952**	0.000
	理科类（n=2393）	28.80 ± 3.54		
社会价值观行为倾向	文科类（n=1112）	29.21 ± 4.61	1.774	0.076
	理科类（n=2393）	28.90 ± 5.01		
社会价值观总分	文科类（n=1112）	90.41 ± 8.49	2.350*	0.019
	理科类（n=2393）	89.64 ± 9.43		

表 5-2-46　文理科大学生社会价值观认知认同情感认同差异检验

维度	专业	均值 ± 标准差	t	p
自由认知	文科类（n=1112）	13.41±1.90	3.098**	0.002
	理科类（n=2393）	13.18±2.13		
平等认知	文科类（n=1112）	6.96±1.35	−0.265	0.791
	理科类（n=2393）	6.98±1.37		
公正认知	文科类（n=1112）	5.72±1.55	−5.334**	0.000
	理科类（n=2393）	6.01±1.46		
法治认知	文科类（n=1112）	5.55±1.60	−4.045**	0.000
	理科类（n=2393）	5.78±1.48		
自由情感	文科类（n=1112）	8.41±1.51	2.453*	0.014
	理科类（n=2393）	8.27±1.54		
平等情感	文科类（n=1112）	7.37±1.54	4.731**	0.000
	理科类（n=2393）	7.12±1.45		
公正情感	文科类（n=1112）	7.60±1.48	4.947**	0.000
	理科类（n=2393）	7.33±1.52		
法治情感	文科类（n=1112）	6.17±1.99	1.361	0.174
	理科类（n=2393）	6.08±1.95		

3. 是否学生干部社会价值观无显著差异，未发挥应有的榜样作用

数据分析发现（表 5-2-47），担任学生干部的大学生社会价值观认同度并没有显著高于未担任学生干部的大学生，反映出学生干部并未发挥出榜样示范作用。

表 5-2-47　是否担任学生干部大学生社会价值观认同度差异检验

维度	学生干部	均值 ± 标准差	t	p
社会价值观认知	是（n=1290）	31.92±3.68	0.913	0.361
	否（n=2215）	31.80±3.74		
社会价值观情感	是（n=1290）	28.99±3.49	−0.563	0.573
	否（n=2215）	29.06±3.55		

续表

维度	学生干部	均值 ± 标准差	t	p
社会价值观行为倾向	是（n=1290）	29.11±4.98	1.049	0.294
	否（n=2215）	28.93±4.83		
社会价值观总分	是（n=1290）	90.03±9.14	0.715	0.475
	否（n=2215）	89.80±9.15		

4.高年级本科生社会价值观认同度较差，对平等、公正认知认同，法治情感认同，平等、公正、法治行为倾向认同度较差

数据分析发现（表5-2-48），高年级本科生社会价值观认知认同、情感认同、行为倾向认同及认同总分显著高于低年级大学生。基于此，我们进一步对高低年级大学生社会价值观四个词汇认知认同、情感认同及行为倾向认同差异进行显著性检验（表5-2-49）。独立样本t检验发现：在认知认同方面，高年级本科生平等、公正认知认同显著高于低年级本科生；情感认同方面，高年级本科生法治情感认同显著高于低年级本科生；行为倾向认同方面，高年级本科生平等、公正法治行为倾向认同显著高于低年级本科生。

表5-2-48　本科生高低年级大学生社会价值观差异检验

维度	高低年级	均值 ± 标准差	t	p
社会价值观认知	低年级（n=1469）	32.11±3.63	2.992**	0.003
	高年级（n=686）	31.61±3.64		
社会价值观情感	低年级（n=1469）	29.20±3.56	2.576**	0.010
	高年级（n=686）	28.78±3.44		
社会价值观行为倾向	低年级（n=1469）	29.47±4.91	5.526**	0.000
	高年级（n=686）	28.24±4.64		
社会价值观总分	低年级（n=1469）	90.78±9.15	5.154**	0.000
	高年级（n=686）	88.63±8.82		

表 5-2-49 本科生高低年级大学生社会价值观认知认同、情感认同及行为倾向认同差异检验

维度	高低年级	均值 ± 标准差	t	p
自由认知	低年级（n=1469）	13.36 ± 1.98	1.051	0.294
	高年级（n=686）	13.26 ± 2.07		
平等认知	低年级（n=1469）	7.06 ± 1.36	3.443**	0.001
	高年级（n=686）	6.85 ± 1.29		
公正认知	低年级（n=1469）	6.00 ± 1.46	3.852**	0.000
	高年级（n=686）	5.74 ± 1.55		
法治认知	低年级（n=1469）	5.70 ± 1.50	−1.033	0.302
	高年级（n=686）	5.77 ± 1.56		
自由情感	低年级（n=1469）	8.37 ± 1.54	−0.047	0.963
	高年级（n=686）	8.37 ± 1.50		
平等情感	低年级（n=1469）	7.20 ± 1.42	−0.833	0.405
	高年级（n=686）	7.25 ± 1.51		
公正情感	低年级（n=1469）	7.40 ± 1.53	0.163	0.870
	高年级（n=686）	7.39 ± 1.48		
法治情感	低年级（n=1469）	6.24 ± 1.94	5.213**	0.000
	高年级（n=686）	5.77 ± 1.92		
自由行为倾向	低年级（n=1469）	7.92 ± 1.55	2.920	0.004
	高年级（n=686）	7.71 ± 1.59		
平等行为倾向	低年级（n=1469）	7.63 ± 1.63	2.873**	0.004
	高年级（n=686）	7.42 ± 1.56		
公正行为倾向	低年级（n=1469）	6.86 ± 1.56	3.600**	0.000
	高年级（n=686）	6.61 ± 1.51		
法治行为倾向	低年级（n=1469）	7.05 ± 1.88	6.397**	0.000
	高年级（n=686）	5.50 ± 1.83		

5. 学历越高，对社会价值观的认知认同越高，行为倾向认同越差，表现出知行脱节倾向

数据分析发现（表 5-2-50），不同学历层次大学生社会价值观认

知认同及行为倾向认同存在显著差异。多重比较发现：认知认同上，学历越高，认同程度越高，专科生显著低于其他两个学历层次大学生；行为倾向认同上，学历层次越高，得分越低，研究生显著低于本科生和专科生。基于此，我们进一步检验了社会价值观四个词汇在认知认同、行为倾向认同上的差异显著性（表5-2-51）。

表 5-2-50　不同学历层次大学生社会价值观认同度差异检验

维度	学历层次	均值 ± 标准差	F	p
社会价值观认知	专科生（n=405）	30.84 ± 3.68	16.877**	0.000
	本科生（n=2182）	31.96 ± 3.64		
	研究生（n=918）	32.03 ± 3.86		
社会价值观情感	专科生（n=405）	29.26 ± 3.56	1.950	0.142
	本科生（n=2182）	29.07 ± 3.53		
	研究生（n=918）	28.87 ± 3.50		
社会价值观行为倾向	专科生（n=405）	29.89 ± 4.67	13.878**	0.000
	本科生（n=2182）	29.08 ± 4.86		
	研究生（n=918）	28.41 ± 4.97		
社会价值观总分	专科生（n=405）	90.00 ± 8.43	2.533	0.080
	本科生（n=2182）	90.11 ± 9.10		
	研究生（n=918）	89.30 ± 9.53		

多因素方差分析发现，不同学历层次大学生在自由、公正、法治的认知认同上存在显著差异，多重比较结果为：自由认知认同上，本科生＞研究生＞专科生，专科生对自由的认知认同显著低于其他两个学历层次大学生；公正认知认同上，研究生＞本科生＞专科生，专科生显著低于其他两个学历层次大学生；法治认知认同上，研究生＞本科生＞专科生，专科生显著低于其他两个学历层次大学生。

表 5-2-51　不同学历层次大学生社会价值观认知认同差异检验

维度	学历层次	均值 ± 标准差	F	p
自由认知	专科生（n=405）	12.87 ± 2.03	8.407**	0.000
	本科生（n=2182）	13.33 ± 2.01		
	研究生（n=918）	13.26 ± 2.18		
平等认知	专科生（n=405）	7.02 ± 1.39	1.915	0.148
	本科生（n=2182）	6.99 ± 1.34		
	研究生（n=918）	6.90 ± 1.40		
公正认知	专科生（n=405）	5.61 ± 1.59	12.234**	0.000
	本科生（n=2182）	5.92 ± 1.49		
	研究生（n=918）	6.05 ± 1.44		
法治认知	专科生（n=405）	5.35 ± 1.59	13.963**	0.000
	本科生（n=2182）	5.72 ± 1.52		
	研究生（n=918）	5.82 ± 1.49		

多因素方差分析发现（表 5-2-52），不同学历层次大学生在平等、公正、法治行为倾向认同上存在显著差异，多重比较结果为：三者皆是专科生行为倾向得分最高，研究生得分最低；其中平等行为倾向上，专科生显著高于研究生，公正和法治行为倾向上专科生显著高于本科生和研究生。

表 5-2-52　不同学历层次大学生社会价值观行为倾向认同差异检验

维度	学历层次	均值 ± 标准差	F	p
自由行为倾向	专科生（n=405）	7.82 ± 1.58	0.431	0.650
	本科生（n=2182）	7.85 ± 1.57		
	研究生（n=918）	7.80 ± 1.58		
平等行为倾向	专科生（n=405）	7.72 ± 1.61	4.049*	0.018
	本科生（n=2182）	7.56 ± 1.61		
	研究生（n=918）	7.45 ± 1.62		

续表

维度	学历层次	均值 ± 标准差	F	p
公正行为倾向	专科生（n=405）	6.98 ± 1.66	3.463*	0.031
	本科生（n=2182）	6.78 ± 1.55		
	研究生（n=918）	6.74 ± 1.55		
法治行为倾向	专科生（n=405）	7.37 ± 1.80	39.242**	0.000
	本科生（n=2182）	6.88 ± 1.88		
	研究生（n=918）	6.42 ± 1.93		

6. 家庭经济条件较好大学生社会价值观较差，对自由认知认同，平等、公正情感认同，自由、平等、公正及法治行为倾向认同较低，家庭经济条件较差大学生公正认知认同较低

数据分析发现（表5-2-53），不同家庭经济条件的大学生社会价值观认同总分、认知认同、情感认同及行为倾向认同皆存在显著差异，多重比较发现，家庭经济条件较好及较差的大学生在社会价值观的认知上显著低于家庭经济条件一般的大学生，情感、行为及总分上家庭经济条件较好的大学生显著低于其他两种家庭经济条件大学生。基于此，我们对不同家庭经济条件大学生社会价值观四个词汇认知认同、情感认同及行为倾向认同差异进行了显著性检验。

表 5-2-53　不同家庭经济条件大学生社会价值观差异检验

维度	家庭经济条件	均值 ± 标准差	F	p
社会价值观认知	较好（n=325）	31.31 ± 3.78	7.751**	0.000
	一般（n=2378）	32.01 ± 3.71		
	较差（n=802）	31.58 ± 3.70		
社会价值观情感	较好（n=325）	28.22 ± 3.88	9.620**	0.000
	一般（n=2378）	29.11 ± 3.44		
	较差（n=802）	29.14 ± 3.58		

续表

维度	家庭经济条件	均值 ± 标准差	F	p
社会价值观行为倾向	较好（n=325）	27.88 ± 5.27	9.398**	0.000
	一般（n=2378）	29.10 ± 4.79		
	较差（n=802）	29.15 ± 4.95		
社会价值观总分	较好（n=325）	87.42 ± 10.31	13.521**	0.000
	一般（n=2378）	90.22 ± 8.98		
	较差（n=802）	89.88 ± 8.98		

对不同家庭经济条件大学生社会价值观认知认同的多因素方差分析发现（表5-2-54），不同家庭经济条件大学生自由及公正认知认同存在显著差异，多重比较发现，家庭经济条件较好的大学生自由认知认同显著低于其他两种经济条件大学生，公正认知认同方面，家庭经济条件较好＞家庭经济条件一般＞家庭经济条件较差，且两两之间存在显著差异，表明经济条件越好的大学生，对社会持有更多公平公正的观念。

表5-2-54　不同家庭经济条件大学生社会价值观认知认同差异检验

维度	家庭经济条件	均值 ± 标准差	F	p
自由认知	较好（n=325）	12.48 ± 2.35	26.657**	0.000
	一般（n=2378）	13.37 ± 1.99		
	较差（n=802）	13.24 ± 2.09		
平等认知	较好（n=325）	6.86 ± 1.44	2.263	0.104
	一般（n=2378）	7.00 ± 1.35		
	较差（n=802）	6.92 ± 1.38		
公正认知	较好（n=325）	6.19 ± 1.44	9.803**	0.000
	一般（n=2378）	5.93 ± 1.50		
	较差（n=802）	5.77 ± 1.50		
法治认知	较好（n=325）	5.78 ± 1.45	0.996	0.369
	一般（n=2378）	5.71 ± 1.50		
	较差（n=802）	5.65 ± 1.62		

对不同家庭经济条件大学生社会价值观情感认同的多因素方差分析发现（表5-2-55），不同家庭经济条件的大学生平等、公正、法治情感认同存在显著差异，多重比较发现：平等情感认同上，家庭经济条件较好和一般的大学生显著低于家庭经济条件较差的大学生；公正情感认同上，家庭经济条件较好的大学生显著低于其他两种；法治情感认同上，家庭经济条件较好和较差的大学生显著低于家庭经济条件一般的大学生。

表5-2-55 不同家庭经济条件大学生社会价值观情感认同差异检验

维度	家庭经济条件	均值 ± 标准差	F	p
自由情感	较好（n=325）	8.22 ± 1.58	1.350	0.259
	一般（n=2378）	8.35 ± 1.52		
	较差（n=802）	8.28 ± 1.54		
平等情感	较好（n=325）	8.32 ± 1.53	4.526*	0.011
	一般（n=2378）	7.14 ± 1.61		
	较差（n=802）	7.16 ± 1.46		
公正情感	较好（n=325）	7.33 ± 1.48	15.014**	0.000
	一般（n=2378）	7.20 ± 1.48		
	较差（n=802）	7.00 ± 1.55		
法治情感	较好（n=325）	7.43 ± 1.49	5.124**	0.006
	一般（n=2378）	7.53 ± 1.53		
	较差（n=802）	7.42 ± 1.51		

对不同家庭经济条件大学生社会价值观行为倾向认同的多因素方差分析发现（表5-2-56），不同家庭经济条件的大学生在自由、平等、公正、法治行为倾向认同上皆存在显著差异，且皆是家庭经济条件较好的大学生显著低于其他两种家庭经济条件的大学生，其他两者间无显著差异。

表 5-2-56　不同家庭经济条件大学生社会价值观行为倾向认同差异检验

维度	家庭经济条件	均值 ± 标准差	F	p
自由行为倾向	较好（n=325）	7.59±1.72	4.908**	0.007
	一般（n=2378）	7.88±1.53		
	较差（n=802）	7.81±1.62		
平等行为倾向	较好（n=325）	7.19±1.68	10.677**	0.000
	一般（n=2378）	7.56±1.59		
	较差（n=802）	7.67±1.63		
公正行为倾向	较好（n=325）	6.58±1.63	3.831*	0.022
	一般（n=2378）	6.80±1.56		
	较差（n=802）	6.86±1.53		
法治行为倾向	较好（n=325）	6.53±2.08	4.293*	0.014
	一般（n=2378）	6.86±1.86		
	较差（n=802）	6.82±1.96		

7. 父亲为高学历的大学生社会价值观情感认同较差，自由、平等、公正情感认同较低，母亲学历更高的大学生社会价值观行为倾向认同较差，公正、法治行为倾向认同较低

对不同父亲文化程度大学生社会价值观认同度差异检验发现（表5-2-57），不同父亲文化程度大学生在情感认同上有显著差异，基于此，我们对社会价值观四个词汇情感认同的差异状况进行了进一步的分析。分析发现（表5-2-58），不同父亲文化程度大学生在自由、平等及公正情感认同上存在显著差异，多重比较发现，父亲为大学及以上学历的大学生自由情感认同显著低于父亲为中学/中专学历的大学生，平等情感认同和公正情感认同显著低于其他两种情况。

表 5-2-57　不同父亲文化程度大学生社会价值观认同度差异检验

维度	父亲文化程度	均值 ± 标准差	F	p
社会价值观认知	小学（n=620）	31.77±3.70	1.000	0.368
	中学/中专（n=2159）	31.81±3.70		
	大学及以上（n=726）	32.02±3.79		
社会价值观情感	小学（n=620）	31.85±3.72	3.844*	0.021
	中学/中专（n=2159）	28.99±3.52		
	大学及以上（n=726）	29.15±3.47		
社会价值观行为倾向	小学（n=620）	28.74±3.67	1.257	0.285
	中学/中专（n=2159）	29.04±3.52		
	大学及以上（n=726）	29.17±4.89		
社会价值观总分	小学（n=620）	29.03±4.86	0.739	0.478
	中学/中专（n=2159）	28.76±4.95		
	大学及以上（n=726）	29.00±4.89		

表 5-2-58　不同父亲文化程度大学生社会价值观情感认同度差异检验

维度	父亲文化程度	均值 ± 标准差	F	p
自由情感	小学（n=620）	8.18±1.56	3.476*	0.031
	中学/中专（n=2159）	8.36±1.52		
	大学及以上（n=726）	8.30±1.53		
平等情感	小学（n=620）	8.32±1.53	2.987*	0.050
	中学/中专（n=2159）	7.23±1.51		
	大学及以上（n=726）	7.23±1.42		
公正情感	小学（n=620）	7.08±1.61	7.329**	0.001
	中学/中专（n=2159）	7.20±1.48		
	大学及以上（n=726）	7.47±1.53		
法治情感	小学（n=620）	7.47±1.50	0.093	0.911
	中学/中专（n=2159）	7.23±1.52		
	大学及以上（n=726）	7.42±1.51		

对不同母亲文化程度大学生社会价值观认同度差异检验发现（表5-2-59），不同母亲文化程度大学生在行为倾向认同上有显著差异，基于此，我们对社会价值观四个词汇行为倾向认同的差异状况进行了进一步的分析。分析发现（表5-2-60），不同母亲文化程度大学生在公正及法治行为倾向认同上有显著差异，多重比较发现，母亲为小学文化程度的大学生在公正及法治行为倾向上显著高于其他两种。这是一个值得进一步分析的数据结果，由此在一定程度上反映出社会生活中下阶层大学生对公正、法治有着更多的内心渴望。

表 5-2-59 不同母亲文化程度大学生社会价值观认同度差异检验

维度	母亲文化程度	均值 ± 标准差	F	p
社会价值观认知	小学（n=1059）	8.24±1.55	0.583	0.558
	中学/中专（n=1927）	8.35±1.54		
	大学及以上（n=519）	8.37±1.49		
社会价值观情感	小学（n=1059）	7.28±1.43	1.462	0.232
	中学/中专（n=1927）	7.19±1.48		
	大学及以上（n=519）	7.07±1.56		
社会价值观行为倾向	小学（n=1059）	7.45±1.50	2.980*	0.05
	中学/中专（n=1927）	7.44±1.52		
	大学及以上（n=519）	7.25±1.52		
社会价值观总分	小学（n=1059）	6.06±1.99	0.775	0.461
	中学/中专（n=1927）	6.13±1.96		
	大学及以上（n=519）	6.12±1.93		

表 5-2-60 不同母亲文化程度大学生社会价值观行为倾向认同度差异检验

维度	母亲文化程度	均值 ± 标准差	F	p
自由行为倾向	小学（n=1059）	7.80±1.56	0.947	0.388
	中学/中专（n=1927）	7.87±1.55		
	大学及以上（n=519）	7.80±1.65		

续表

维度	母亲文化程度	均值 ± 标准差	F	p
平等行为倾向	小学（n=1059）	7.62 ± 1.64	1.375	0.253
	中学/中专（n=1927）	7.52 ± 1.60		
	大学及以上（n=519）	7.52 ± 1.62		
公正行为倾向	小学（n=1059）	6.91 ± 1.56	4.255*	0.014
	中学/中专（n=1927）	6.75 ± 1.56		
	大学及以上（n=519）	6.71 ± 1.60		
法治行为倾向	小学（n=1059）	6.95 ± 1.84	4.729**	0.009
	中学/中专（n=1927）	6.79 ± 1.93		
	大学及以上（n=519）	6.65 ± 1.95		

四、个人价值观认同现状分析

（一）个人价值观认同情况发展特点

1. 学生党员个人价值观认同度较好，爱国、敬业、诚信、友善的认知认同、情感认同及行为倾向认同情况皆较理想

数据分析发现（表5-2-61），学生党员个人价值观认同总分及认知认同、情感认同、行为倾向认同皆显著高于非学生党员。对个人价值观四个词汇认同度差异的进一步的分析发现（表5-2-62），除友善行为倾向方面党员学生与非党员学生存在边缘显著效应外，其他方面党员学生显著高于非党员学生。

表5-2-61 是否学生党员大学生个人价值观认同度差异检验

维度	政治身份	均值 ± 标准差	t	p
个人价值观认知	党员（n=549）	43.61 ± 5.38	5.695**	0.000
	非党员（n=2956）	42.17 ± 5.46		
个人价值观情感	党员（n=549）	39.43 ± 4.92	3.739**	0.000
	非党员（n=2956）	38.53 ± 5.19		

续表

维度	政治身份	均值 ± 标准差	t	p
个人价值观行为倾向	党员（n=549）	32.23±4.50	5.110**	0.000
	非党员（n=2956）	31.16±4.50		
个人价值观总分	党员（n=549）	115.27±13.00	5.598**	0.000
	非党员（n=2956）	111.86±13.11		

表 5-2-62 是否学生党员大学生个人价值观认知认同、情感认同、行为倾向认同差异检验

维度	政治身份	均值 ± 标准差	t	p
爱国认知	党员（n=549）	13.14±1.94	5.400**	0.000
	非党员（n=2956）	12.64±2.00		
敬业认知	党员（n=549）	9.13±1.28	3.800**	0.000
	非党员（n=2956）	8.88±1.44		
诚信认知	党员（n=549）	8.67±1.51	6.512**	0.000
	非党员（n=2956）	8.20±1.57		
友善认知	党员（n=549）	12.66±2.03	2.298*	0.022
	非党员（n=2956）	12.45±2.06		
爱国情感	党员（n=549）	12.95±2.09	2.681**	0.007
	非党员（n=2956）	12.68±2.17		
敬业情感	党员（n=549）	8.65±1.46	3.864**	0.000
	非党员（n=2956）	8.37±1.60		
诚信情感	党员（n=549）	9.15±1.30	2.300*	0.022
	非党员（n=2956）	9.01±1.39		
友善情感	党员（n=549）	8.68±1.40	2.902**	0.004
	非党员（n=2956）	8.48±1.46		
爱国行为倾向	党员（n=549）	8.80±1.41	5.377**	0.000
	非党员（n=2956）	8.42±1.53		
敬业行为倾向	党员（n=549）	8.10±1.59	4.150**	0.000
	非党员（n=2956）	7.78±1.64		
诚信行为倾向	党员（n=549）	8.01±1.63	3.137**	0.002
	非党员（n=2956）	7.76±1.67		

续表

维度	政治身份	均值 ± 标准差	t	p
友善行为倾向	党员（n=549）	7.32±1.46	1.923	0.055
	非党员（n=2956）	7.19±1.50		

2.211 高校大学生个人价值观认知认同显著高于非 211 高校大学生，主要表现为诚信认知认同度较高

数据分析发现（表 5-2-63），211 高校大学生个人价值观认知认同显著低于非 211 高校大学生，基于此，我们对是否 211 高校大学生个人价值观四个词汇的认同差异情况进行了进一步检验（表 5-2-64），结果表明，211 高校大学生在诚信认知认同上显著高于非 211 高校大学生。

表 5-2-63　是否 211 高校大学生个人价值观认同度差异比较

维度	是否 211 高校	均值 ± 标准差	t	p
个人价值观认知	是（n=1197）	42.71±5.56	2.465*	0.014
	否（n=2308）	42.23±5.42		
个人价值观情感	是（n=1197）	38.54±5.19	−1.084	0.278
	否（n=2308）	38.74±5.14		
个人价值观行为倾向	是（n=1197）	31.15±4.44	−1.647	0.100
	否（n=2308）	31.41±4.56		
个人价值观总分	是（n=1197）	112.41±13.28	−0.033	0.973
	否（n=2308）	112.39±13.08		

表 5-2-64　是否 211 高校大学生个人价值观认知认同差异比较

维度	是否 211	均值 ± 标准差	t	p
爱国认知	是（n=1197）	12.74±2.02	0.266	0.790
	否（n=2308）	12.72±1.99		
敬业认知	是（n=1197）	8.97±1.37	1.578	0.115
	否（n=2308）	8.89±1.45		

续表

维度	是否211	均值 ± 标准差	t	p
诚信认知	是（n=1197）	8.57±1.50	8.016**	0.000
	否（n=2308）	8.12±1.58		
友善认知	是（n=1197）	12.44±2.07	−0.857	0.392
	是（n=1197）	12.50±2.05		

3. 学历层次高的大学生个人价值观认知认同较高，尤其是对个人价值观中的爱国、诚信认知认同较好

数据分析发现（表5-2-65），不同学历层次的大学生个人价值观的认知认同存在显著差异。认知认同方面，多重比较结果为：研究生＞本科生＞专科生，专科生个人价值观的认知认同度最低，显著低于其他两个学历层次的大学生。

表5-2-65 不同学历层次大学生个人价值观认同度的差异检验

维度	学历层次	均值 ± 标准差	F	p
个人价值观认知	专科生（n=405）	41.32±5.09	10.575**	0.000
	本科生（n=2182）	42.42±5.44		
	研究生（n=918）	42.81±5.65		
个人价值观情感	专科生（n=405）	38.66±4.97	0.854	0.426
	本科生（n=2182）	38.76±5.19		
	研究生（n=918）	38.49±5.18		
个人价值观行为倾向	专科生（n=405）	31.53±4.28	0.954	0.385
	本科生（n=2182）	31.25±4.54		
	研究生（n=918）	31.42±4.57		
个人价值观总分	专科生（n=405）	111.51±11.64	1.192	0.304
	本科生（n=2182）	112.42±13.27		
	研究生（n=918）	112.72±13.48		

基于此，我们对不同学历层次大学生个人价值观四个词汇认知认

同差异进行了进一步的分析（表5-2-66），发现在爱国认知认同和诚信认知认同上几者之间有显著差异。多重比较发现，在爱国认知认同及诚信认知认同上，研究生＞本科生＞专科生，专科生显著低于本科生和研究生。

表5-2-66　不同学历层次大学生个人价值观认知认同差异检验

维度	学历层次	均值 ± 标准差	F	p
爱国认知	专科生（n=405）	12.24 ± 1.95	15.359**	0.000
	本科生（n=2182）	12.74 ± 1.98		
	研究生（n=918）	12.89 ± 2.02		
敬业认知	专科生（n=405）	8.81 ± 1.44	1.336	0.263
	本科生（n=2182）	8.93 ± 1.43		
	研究生（n=918）	8.95 ± 1.40		
诚信认知	专科生（n=405）	7.82 ± 1.51	37.494**	0.000
	本科生（n=2182）	8.23 ± 1.56		
	研究生（n=918）	8.59 ± 1.55		
友善认知	专科生（n=405）	12.45 ± 2.01	1.766	0.171
	本科生（n=2182）	12.53 ± 2.06		
	研究生（n=918）	12.38 ± 2.06		

4.是否独生子女对大学生个人价值观认同度无明显影响

我们对是否独生子女大学生个人价值观认同度的差异进行了显著性检验（表5-2-67），发现二者间无显著差异，表明是否独生子女对个人价值观的认同度不产生明显影响。

表5-2-67　是否独生子女大学生个人价值观差异检验

维度	独生子女	均值 ± 标准差	t	p
个人价值观认知	是（n=1222）	42.52 ± 5.61	－0.994	0.320
	否（n=2283）	42.33 ± 5.39		

续表

维度	独生子女	均值 ± 标准差	t	p
个人价值观情感	是（n=1222）	38.59±5.22	0.720	0.471
	否（n=2283）	38.72±5.13		
个人价值观行为倾向	是（n=1222）	31.29±4.63	−0.299	0.765
	否（n=2283）	31.34±4.46		
个人价值观总分	是（n=1222）	112.40±13.44	−0.028	0.978
	否（n=2283）	112.39±12.99		

（二）个人价值观认同情况存在的问题

1. 男大学生个人价值观认同较低，敬业、友善认知认同，爱国、诚信、友善情感认同，爱国、敬业、友善行为倾向认同较差

数据分析发现（表5-2-68），男大学生个人价值观认知认同、情感认同、行为认同及认同度总分皆显著低于女大学生。基于此，我们对个人价值观四个词汇认知认同、情感认同及行为倾向认同差异进行了进一步的分析检验（表5-2-69），结果发现：男大学生在敬业、友善认知认同上显著低于女大学生，在爱国、诚信、友善情感认同上显著低于女大学生，在爱国、敬业、友善行为倾向认同上显著低于女大学生。

表5-2-68 男女大学生在个人价值观认同度上的差异检验

维度	性别	均值 ± 标准差	t	p
个人价值观认知	男（n=1729）	42.13±5.74	−2.842**	0.005
	女（n=1776）	42.66±5.18		
个人价值观情感	男（n=1729）	38.08±5.38	−6.828**	0.000
	女（n=1776）	39.26±4.87		
个人价值观行为倾向	男（n=1729）	30.87±4.61	−5.877**	0.000
	女（n=1776）	31.76±4.39		
个人价值观总分	男（n=1729）	111.08±13.78	−5.883**	0.000
	女（n=1776）	113.68±12.37		

表 5-2-69　男女大学生在个人价值观认同度上的差异检验

维度	性别	均值 ± 标准差	t	p
爱国认知	男（n=1729）	12.69±2.05	-0.972	0.331
	女（n=1776）	12.76±1.94		
敬业认知	男（n=1729）	8.83±1.51	-3.724**	0.000
	女（n=1776）	9.01±1.33		
诚信认知	男（n=1729）	8.33±1.58	1.917	0.055
	女（n=1776）	8.22±1.56		
友善认知	男（n=1729）	12.29±2.11	-5.526**	0.000
	女（n=1776）	12.67±1.98		
爱国情感	男（n=1729）	12.39±2.25	-9.140**	0.000
	女（n=1776）	13.05±2.01		
敬业情感	男（n=1729）	8.42±1.59	0.175	0.861
	女（n=1776）	8.41±1.57		
诚信情感	男（n=1729）	8.95±1.44	-3.300**	0.001
	女（n=1776）	9.11±1.31		
友善情感	男（n=1729）	8.32±1.52	-7.779**	0.000
	女（n=1776）	8.70±1.36		
爱国行为倾向	男（n=1729）	8.42±1.57	-2.488*	0.013
	女（n=1776）	8.54±1.46		
敬业行为倾向	男（n=1729）	7.67±1.63	5.873**	0.000
	女（n=1776）	7.99±1.62		
诚信行为倾向	男（n=1729）	7.75±1.68	-1.906	0.057
	女（n=1776）	7.86±1.66		
友善行为倾向	男（n=1729）	7.04±1.47	-6.671**	0.000
	女（n=1776）	7.38±1.51		

2. 理科类大学生个人价值观认同较低，爱国、友善情感认同，敬业行为倾向认同度较差

数据分析发现（表 5-2-70），理科类大学生个人价值观情感认同、

行为倾向认同及认同总分显著低于文科类大学生。进一步对个人价值观四个词汇认同差异显著性检验发现（表5-2-71）：情感认同方面，理科大学生爱国、友善情感认同显著低于文科大学生；行为倾向认同方面，理科大学生敬业行为倾向显著低于文科大学生。

表5-2-70　文理科大学生个人价值观认同度差异检验

维度	专业	均值 ± 标准差	t	p
个人价值观认知	文科类（n=1112）	42.60 ± 5.14	1.486	0.137
	理科类（n=2393）	42.30 ± 5.62		
个人价值观情感	文科类（n=1112）	39.26 ± 4.86	4.609**	0.000
	理科类（n=2393）	38.40 ± 5.27		
个人价值观行为倾向	文科类（n=1112）	31.65 ± 4.27	2.891**	0.004
	理科类（n=2393）	31.17 ± 4.62		
个人价值观总分	文科类（n=1112）	113.51 ± 12.10	3.420**	0.001
	理科类（n=2393）	111.88 ± 13.58		

表5-2-71　文理科大学生个人价值观情感认同、行为倾向认同差异检验

维度	专业	均值 ± 标准差	t	p
爱国情感	文科类（n=1112）	13.09 ± 1.97	6.968**	0.000
	理科类（n=2393）	12.55 ± 2.22		
敬业情感	文科类（n=1112）	8.44 ± 1.60	0.740	0.459
	理科类（n=2393）	8.40 ± 1.57		
诚信情感	文科类（n=1112）	9.09 ± 1.35	1.760	0.079
	理科类（n=2393）	9.00 ± 1.39		
友善情感	文科类（n=1112）	8.64 ± 1.39	3.558**	0.000
	理科类（n=2393）	8.45 ± 1.48		
爱国行为倾向	文科类（n=1112）	8.49 ± 1.47	0.361	0.718
	理科类（n=2393）	8.47 ± 1.54		
敬业行为倾向	文科类（n=1112）	8.02 ± 1.60	4.692**	0.000
	理科类（n=2393）	7.74 ± 1.65		

续表

维度	专业	均值 ± 标准差	t	p
诚信行为倾向	文科类（n=1112）	7.87 ± 1.64	1.606	0.108
	理科类（n=2393）	7.77 ± 1.68		
友善行为倾向	文科类（n=1112）	7.26 ± 1.52	1.451	0.147
	理科类（n=2393）	7.18 ± 1.48		

3. 是否学生干部大学生个人价值观认同度无显著差异，榜样示范作用未发挥

数据分析发现（表5-2-72），是否担任学生干部的大学生在个人价值观的认同总分及认知认同、情感认同、行为倾向认同上无显著差异，学生干部未发挥榜样示范作用。

表5-2-72　是否担任学生干部大学生个人价值观认同度差异检验

维度	学生干部	均值 ± 标准差	t	p
个人价值观认知	是（n=1290）	42.48 ± 5.50	0.701	0.484
	否（n=2215）	42.35 ± 5.45		
个人价值观情感	是（n=1290）	38.89 ± 5.23	1.855	0.064
	否（n=2215）	38.55 ± 5.12		
个人价值观行为倾向	是（n=1290）	31.42 ± 4.58	0.999	0.318
	否（n=2215）	31.27 ± 4.48		
个人价值观总分	是（n=1290）	112.79 ± 13.30	1.363	0.173
	否（n=2215）	112.16 ± 13.05		

4. 高年级本科生个人价值观行为倾向认同较差，其中敬业、友善行为倾向认同较低

数据分析发现（表5-2-73），高年级本科生个人价值观行为倾向认同显著低于低年级本科生，进一步对个人价值观四个词汇行为倾向认同差异的显著性检验发现（表5-2-74），高年级本科生在敬业、友善行为倾向认同上显著低于低年级本科生。

表 5-2-73　高低年级本科生个人价值观行为趋向差异检验

维度	高低年级	均值 ± 标准差	t	p
个人价值观认知	低年级（n=1469）	42.48±5.33	0.762	0.446
	高年级（n=686）	42.29±5.65		
个人价值观情感	低年级（n=1469）	38.85±5.15	1.246	0.213
	高年级（n=686）	38.55±5.26		
个人价值观行为倾向	低年级（n=1469）	31.40±4.53	2.316*	0.021
	高年级（n=686）	30.91±4.54		
个人价值观总分	低年级（n=1469）	112.73±13.07	1.592	0.112
	高年级（n=686）	50.24±13.67		

表 5-2-74　高低年级本科生个人价值观行为倾向认同差异检验

维度	高低年级	均值 ± 标准差	t	p
爱国行为倾向	低年级（n=1469）	8.43±1.55	0.418	0.676
	高年级（n=686）	8.40±1.56		
敬业行为倾向	低年级（n=1469）	7.89±1.59	2.595**	0.010
	高年级（n=686）	7.69±1.66		
诚信行为倾向	低年级（n=1469）	7.86±1.66	0.849	0.396
	高年级（n=686）	7.79±1.73		
友善行为倾向	低年级（n=1469）	7.22±1.50	2.839**	0.005
	高年级（n=686）	7.02±1.46		

5. 家庭经济条件较好的大学生个人价值观认同较差，个人价值观四个词汇的认知、认同情感、认同行为倾向认同皆较低

数据分析发现（表 5-2-75），不同家庭经济条件大学生个人价值观认同总分、认知认同、情感认同及行为倾向认同皆存在显著差异，多重比较发现，家庭经济条件较好的大学生在认知认同、情感认同、行为倾向认同及认同总分上显著低于经济条件一般和经济条件较差的大学生。基于此，对不同家庭经济条件大学生个人价值观四个词汇的认知认同、情感认同及行为倾向认同差异情况进行显著性检验。

表 5-2-75　不同家庭经济条件大学生个人价值观认同度差异检验

维度	家庭经济条件	均值 ± 标准差	F	p
个人价值观认知	较好（n=325）	40.74 ± 6.31	19.632**	0.000
	一般（n=2378）	42.70 ± 5.32		
	较差（n=802）	42.15 ± 5.41		
个人价值观情感	较好（n=325）	37.06 ± 6.31	19.514**	0.000
	一般（n=2378）	38.94 ± 4.97		
	较差（n=802）	38.54 ± 5.07		
个人价值观行为倾向	较好（n=325）	30.22 ± 5.03	10.769**	0.000
	一般（n=2378）	31.46 ± 4.43		
	较差（n=802）	31.37 ± 4.52		
个人价值观总分	较好（n=325）	108.03 ± 15.96	21.886**	0.000
	一般（n=2378）	113.10 ± 12.72		
	较差（n=802）	112.07 ± 12.80		

多因素方差分析发现（表 5-2-76），不同家庭经济条件大学生个人价值观四个词汇认知认同皆存在显著差异，多重比较结果为：爱国认知认同方面，家庭经济条件一般＞家庭经济条件较差＞家庭经济条件较好，且两两之间存在显著差异；敬业、友善认知认同方面，家庭经济条件较好的大学生显著低于其他两种情况的大学生；诚信认知认同方面，家庭经济条件较好的大学生显著低于家庭经济条件一般的大学生。

表 5-2-76　不同家庭经济条件大学生个人价值观认知认同差异检验

维度	家庭经济条件	均值 ± 标准差	F	p
爱国认知	较好（n=325）	12.23 ± 2.20	15.396**	0.000
	一般（n=2378）	12.83 ± 1.94		
	较差（n=802）	12.59 ± 2.06		
敬业认知	较好（n=325）	8.61 ± 1.56	8.967**	0.000
	一般（n=2378）	8.96 ± 1.39		
	较差（n=802）	8.91 ± 1.43		

续表

维度	家庭经济条件	均值 ± 标准差	F	p
诚信认知	较好（n=325）	8.09 ± 1.68	4.404*	0.012
	一般（n=2378）	8.32 ± 1.55		
	较差（n=802）	8.20 ± 1.58		
友善认知	较好（n=325）	11.82 ± 2.26	20.136**	0.000
	一般（n=2378）	12.58 ± 1.99		
	较差（n=802）	12.44 ± 2.09		

多因素方差分析发现（表 5-2-77），不同家庭经济条件大学生个人价值观四个词汇情感认同皆存在显著差异，多重比较结果为，爱国、敬业、诚信及友善情感认同方面皆是家庭经济条件较好的大学生显著低于其他两种情况的大学生。

表 5-2-77 不同家庭经济条件大学生个人价值观情感认同差异检验

维度	家庭经济条件	均值 ± 标准差	F	p
爱国情感	较好（n=325）	11.95 ± 2.46	24.769**	0.000
	一般（n=2378）	12.84 ± 2.08		
	较差（n=802）	12.68 ± 2.20		
敬业情感	较好（n=325）	8.28 ± 1.72	3.392*	0.034
	一般（n=2378）	8.46 ± 1.55		
	较差（n=802）	8.33 ± 1.60		
诚信情感	较好（n=325）	8.65 ± 1.71	14.688**	0.000
	一般（n=2378）	9.09 ± 1.32		
	较差（n=802）	9.02 ± 1.38		
友善情感	较好（n=325）	8.18 ± 1.75	9.342**	0.000
	一般（n=2378）	8.56 ± 1.42		
	较差（n=802）	8.51 ± 1.42		

多因素方差分析发现（表 5-2-78），不同家庭经济条件的大学生个人价值观四个词汇情感认同皆存在显著差异，多重比较结果为：爱国行为倾向认同上，家庭经济条件较好的大学生显著高于家庭经济一般大学生；敬业、诚信及友善行为倾向认同上，家庭经济条件较好的大学生显著低于其他两种情况的大学生。

表 5-2-78 不同家庭经济条件大学生个人价值观行为倾向认同差异检验

维度	家庭经济条件	均值 ± 标准差	F	p
爱国行为倾向	较好（n=325）	8.26 ± 1.65	5.242**	0.005
	一般（n=2378）	8.53 ± 1.49		
	较差（n=802）	8.43 ± 1.54		
敬业行为倾向	较好（n=325）	7.50 ± 1.82	7.696**	0.000
	一般（n=2378）	7.88 ± 1.61		
	较差（n=802）	7.83 ± 1.61		
诚信行为倾向	较好（n=325）	7.50 ± 1.80	6.133**	0.002
	一般（n=2378）	7.83 ± 1.66		
	较差（n=802）	7.85 ± 1.65		
友善行为倾向	较好（n=325）	6.98 ± 1.62	4.593**	0.010
	一般（n=2378）	7.22 ± 1.45		
	较差（n=802）	7.26 ± 1.56		

6. 高学历父母未发挥对子女个人价值观的引导作用，高学历父母的大学生个人价值观认同度不高

数据分析发现（表 5-2-79，表 5-2-80），父母学历层次不同的大学生个人价值观认同度无显著差异，这一结果表明高学历父母未发挥其对子女个人价值观的引导作用。

表 5-2-79　不同父亲文化程度大学生个人价值观认同度差异检验

维度	父亲文化程度	均值 ± 标准差	F	p
个人价值观认知	小学（n=620）	42.29±5.14	0.611	0.543
	中学含中专（n=2159）	42.48±5.47		
	大学及以上（n=726）	42.25±5.73		
个人价值观情感	小学（n=620）	38.49±5.20	1.752	0.174
	中学含中专（n=2159）	38.80±5.11		
	大学及以上（n=726）	38.45±5.27		
个人价值观行为倾向	小学（n=620）	31.34±4.43	0.229	0.795
	中学含中专（n=2159）	31.35±4.50		
	大学及以上（n=726）	31.22±4.64		
个人价值观总分	小学（n=620）	112.12±12.48	0.949	0.387
	中学含中专（n=2159）	112.63±13.13		
	大学及以上（n=726）	111.93±13.74		

表 5-2-80　不同母亲文化程度大学生个人价值观认同度差异检验

维度	母亲文化程度	均值 ± 标准差	F	p
个人价值观认知	小学（n=620）	42.29±5.13	0.275	0.759
	中学含中专（n=2159）	42.43±5.57		
	大学及以上（n=726）	42.47±5.76		
个人价值观情感	小学（n=620）	38.66±5.00	1.726	0.178
	中学含中专（n=2159）	38.78±5.19		
	大学及以上（n=726）	38.31±5.37		
个人价值观行为倾向	小学（n=620）	31.40±4.38	0.401	0.669
	中学含中专（n=2159）	31.32±4.51		
	大学及以上（n=726）	31.19±4.83		
个人价值观总分	小学（n=620）	112.36±12.38	0.388	0.678
	中学含中专（n=2159）	112.53±13.28		
	大学及以上（n=726）	111.96±14.15		

五、社会主义核心价值观总体认同结果分析

（一）大学生社会主义核心价值观总体认同情况分析

从大学生对社会主义核心价值观的总体认同情况来看，大学生对社会主义核心价值观的认同情况发展态势较好，不过存在知行脱节的现象，需要在提升对社会主义核心价值观认知认同的基础上，注重情感的培养，尤其要重视大学生社会主义核心价值观行为倾向认同的提升，真正把社会主义核心价值观的认同融入大学生实际生活中，发挥价值观对实际生活的指引作用。

社会主义核心价值观三个层面的认同中，大学生对国家价值观的认同处于中间水平，存在认知高于行为的情况，即对国家价值观在理智层面能够有所认识，在情感层面也能够接受，但具体到行为倾向层面，则难以对自身行为方式加以指引。同时，在国家价值观的四个词汇中，大学生对文明的认同情况最值得具体分析，文明与富强、民主、和谐相比，更具体、更明晰，在日常生活中也最具有可操作性，最能体现对大学生日常生活的指导意义。从调查数据来看，大学生对文明的认知程度较好，情感接受上也尚可，但行为倾向得分较低，进一步说明大学生对社会主义核心价值观知与行的不统一。

社会主义核心价值观三个层面的认同中，大学生对社会价值观的认同程度最低，并且认知认同得分低于行为倾向认同得分，这与其他两个层面的认同情况表现出的不同特点，反映出在社会价值观的认同提升中，如何指导大学生理性看待与自由、平等、公正、法治相关的问题是任重而道远的。社会价值观层面的四个词汇中，大学生对法治的认同情况相对来说最值得重视，其认知认同、情感认同及行为倾向认同都比较低，这种情况对于社会主义法治建设提出了严峻的考验。

社会主义核心价值观三个层面中，大学生对个人价值观的认同程度最高，这也是对个人具体行为方式最具有指引意义的价值观层面。

从我们的调查数据来看，个人价值观对具体行为的指引作用在一定程度上正发挥着积极效应。不过，这个层面的价值观认同仍然存在颇为严重的知行脱节，大学生在理性上认同的方面，行为方式上不一定能够遵循执行，如何提高个人价值观对行为方式的引导，仍然是社会主义核心价值观建设中最为重要的课题。同时，个人价值观层面的四个核心词，大学生对友善的认同情况不太理想，如何提升个体在生活中对他人的积极关注，帮助他人，减少矛盾争执，创建和谐人际环境值得重视。

（二）大学生社会主义核心价值观心理认同的发展特点与存在问题分析

1. 大学生社会主义核心价值观认同度发展特点分析

我们对不同类别大学生社会主义核心价值观及三个层面价值观的认知认同、情感认同、行为倾向认同及认同总体的差异情况进行了显著性检验，检验结果发现不同类别大学生社会主义核心价值观心理认同呈现出不同的发展特点。

学生党员对社会主义核心价值观的认同情况从总体上显著好于非学生党员，他们对社会主义核心价值观各个层面的认知认同、情感认同及行为倾向认同皆好于非学生党员，这一结果表明当前各高校的党组织在学生党员的选拔、培养方面卓有成效，并且学生党员也能意识到自己的党员身份，在认同及践行社会主义核心价值观方面发挥了应有的积极示范作用，这一点在以后的学生党员选拔和培养中应继续坚持。

学生干部在对社会主义核心价值观的总体认同及国家价值观的认同度上显著高于非学生干部，不过，二者在社会价值观及个人价值观层面上的认同差异并不显著，这一结果说明学生干部的示范效应还未形成，在以后学生干部的选拔及培养中应注重对思想政治素质的考察及提升，促使其能够为普通同学做出表率和榜样。

是否独生子女对社会主义核心价值观的认同不存在显著差异,这表明是否独生子女不是社会主义核心价值观的重要影响因素。可见,独生子女作为现阶段这一特殊历史时期存在的一个群体,其成长发展过程中虽然表现出某些独特之处,但他们对社会主义核心价值观的认知认同、情感认同及行为倾向认同并未因独生子女身份而有所不同,这一调查结果更让人们坚定了独生子女一代也能担当大任的信心。

2.大学生社会主义核心价值观认同情况存在问题分析

我们在调查中也发现一些值得进一步分析探讨的问题。数据分析发现,社会主义核心价值观认同度在性别、学科类别、是否211高校、年级、学历层次、家庭经济条件及父母文化程度等方面均存在差异。男大学生、理工类大学生、211高校大学生、高年级本科生、家庭经济条件较好的大学生对社会主义核心价值观的认同情况不够理想,父母文化程度高的大学生对社会主义核心价值观的情感认同也不够理想,并且学历层次在认知与行为倾向认同上发生逆转,认知认同随学历增长而上升,行为倾向认同则出现相反的变化趋势,学历越高,行为倾向认同度越低,认知与行为的脱节现象突出。

(1)社会主义核心价值观认同度的性别差异及学科类别差异分析。

调查发现,男大学生对社会主义核心价值观在认知认同、情感认同、行为倾向认同及认同总分上皆极显著低于女大学生,具体到国家价值观、社会价值观及个人价值观三个层面的认同方面,除了男大学生比较关注的公正、法治认知认同外,其他方面或者显著低于女大学生,或者二者无显著差异。在社会主义核心价值观心理认同的学科类别差异中也有相似的结果,理科类大学生对社会主义核心价值观的认同显著低于文科类大学生。二者的一致性或许与理工类专业男大学生较多有关。这样的结果提示我们应重视提升男大学生、理科类大学生对社会主义核心价值观的心理认同度。同时,该结果从一定程度上反映出男大学生对原本男性占有主导权、控制权的意识形态领域的关注度逐渐降低，而以女大学生为代表的女性开始以强势的姿态出现，这一发展态势之下，未来社会生活中女性的重要性必然会进一步提升。同时也反映出理工类大学生更倾向于从技术层面渗透对社会生活的影响，而文科类大学生则更愿意直接探究价值观对生命的重要性。

（2）社会主义核心价值观认同度的学校类型差异分析。

211高校大学生对社会主义核心价值观的认同情况在总体上低于非211高校大学生，除了社会价值观认知认同及个人价值观的诚信认知认同显著高于非211高校大学生外，其他方面或者显著低于非211高校大学生，或者二者无显著差异。这一数据统计结果与我们的预期相反，也反映出大学生的综合素养与学业成绩相关度并不太高，在关注大学生学业成绩、专业能力的同时，也应注重大学生思想政治素质的提升，以使大学生能够保持思想政治素质与专业素质的一致性，寻求个人潜力发挥的同时要为国家的发展、社会的进步产生推动力。

（3）社会主义核心价值观认同度的年级差异分析。

高年级本科生社会主义核心价值观认同度显著低于低年级本科生，其原因在于：一方面讲授宣传社会主义核心价值观的主阵地——思想政治理论课主要集中于大学一二年级；另一方面低年级大学生刚刚踏入大学校园，更能够按学校、社会的行为规范要求约束自身言行，而高年级大学生面临毕业，面临升学就业，关注的重心更多集中于自身的发展与前途，更容易受到不良社会风气的侵袭与影响。因而，如何持之以恒地发挥社会主义核心价值观对高年级大学生的积极影响，提高其认知水平、深化其情感体验、规范其行为方式显得十分重要。

（4）社会主义核心价值观认同度的学历层次差异分析。

调查数据结果表明，不同学历层次的大学生对社会主义核心价值观的认知认同有随学历上升的趋势，而行为倾向认同则随学历的上升而下降，具体体现为专科生的认知认同较差，但行为倾向认同较高，而本科生和研究生认知认同较好，行为倾向认同较差。这种趋向在国家价值观层面、社会价值观层面皆有所体现，个人价值观层面不同学历层次只表现出认知认同上的差异，行为倾向认同上的差异则不明显。这一结果反映出不同学历层次的大学生在社会主义核心价值观的认知认同与行为倾向认同上脱节现象严重，这一结果为我国的高层次高学历人才培养提出了尖锐的、值得学界深思的问题，即如何在提升高层次人才的专业性、尖端性的同时，使其以认知指导行为，真正践行意识层面领悟到的正向指导，产生巨大的行为力量。

（5）社会主义核心价值观认同度的家庭经济条件及父母文化程度差异分析。

除了大学生个体性别、年级、专业等方面的影响因素外，家庭因素也是影响大学生社会主义核心价值观的重要因素。家庭经济条件较好的大学生社会主义核心价值观认同度差，这反映出家庭经济条件较好的大学生，其成长环境的优越并未在其价值观的层面上有所体现。父母文化程度高的大学生对社会主义核心价值观情感认同更低，这一结果表明，文化程度高的父母对子女的教育重心可能更多地放在知识的学习、技能的提高等方面，对子女的情感教育有所忽略。因而，社会主义核心价值观的培育中，需要家庭教育观念与家庭教育重心发生重要的转变，以形成家庭、学校、社会的教育合力而对社会主义核心价值观的培育发挥综合效应。

以社会主义核心价值观引领大学生思想，实现大学生对核心价值观的认同是高校思想政治教育的中心任务和首要目标，这一目标的实现与达成应以大学生对社会主义核心价值观理解与认同、接受与内化并自觉指导实践为基本要求。而了解把握当前大学生对社会主义核心价值观认同现状特点及存在的问题是提升其认同度的前提与基础，也有助于提高高校社会主义核心价值观教育的实效性，有助于为高校社会主义核心价值教育提供可靠依据和有效对策。

第三节　当代大学生社会主义核心价值观认知模式分析

一、现状调查样本情况

大学生社会主义核心价值观认知模式正式调查中，累计发放问卷3700份，回收问卷3613份，其中有效问卷3505份，占回收问卷的97%。其中，男生1729人，女生1776人；211高校1197人，非211高校2308人；文科生1112人，理科生2393人；专科生405人，本科生2185人，研究生（含硕士、博士）918人。调查对象来自东北、华北、华中、西北、西南、华南几大区18所高校的大学生，具体情况见前文表5-1-14。

数据分析显示，大学生对社会主义核心价值观认同度处于中等偏高水平，其中情感认同最高，行为认同最低，个人价值观认同最高，社会价值观认同最低。同时，男大学生、理科类大学生、211高校大学生、高年级本科生、专科生认知认同及本科和研究生的行为倾向认同、家庭经济条件较好及父母文化程度高的大学生值得我们特别关注。[1] 高校要针对青年学生的认知特点、心理特点和行为特点，用他们愿意听、听得进去、听得明白的方式方法讲清楚社会主义核心价值观的理论逻辑和实践逻辑，增强大学生对社会主义核心价值观的认同度，以帮助青年学生"把人生第一粒扣子扣好"。

二、总体情况呈现

（一）大学生社会主义核心价值观三种认知模式得分情况

对大学生社会主义核心价值观认知模式运用情况的描述性统计

---

[1] 正式施测学校包括吉林大学、沈阳航空航天大学、北京中医药大学、黄冈师范学院、合肥工业大学、上海交通大学、兰州大学、重庆科技学院、广东海洋大学等共计18所高校，时间为2021年5月。

发现（表 5-3-1），大学生社会主义核心价值观认知模式总平均分为 4.07，高于中等临界值，表明我国大学生对社会主义核心价值观进行认知时这几种认知模式运用得都比较多。其中，命题认知得分最高，意象图式得分最低，各平均值大小比较依次为：命题认知模式＞隐转喻认知模式＞意象图式认知模式。

表 5-3-1　大学生社会主义核心价值观三种认知模式得分情况

维度	N	极小值	极大值	均值	标准差
命题认知	3505	1.60	5.00	4.30	0.52
意象图式认知	3505	1.92	4.92	3.80	0.47
隐转喻认知	3505	2.17	5.00	4.13	0.54
认知模式	3505	2.53	4.97	4.07	0.46

（二）大学生国家价值观层面三种认知模式得分情况

大学生对国家价值观的三种认知模式中（表 5-3-2），命题认知得分最高，意象图式认知得分最低，三种认知模式大小比较依次为：命题认知＞隐转喻认知＞意象图式认知。

表 5-3-2　大学生国家价值观三种认知模式得分情况

维度	N	极小值	极大值	均值	标准差
命题认知	3505	1.00	5.00	4.21	0.78
意象图式认知	3505	1.00	5.00	3.97	0.73
隐转喻认知	3505	1.83	5.00	4.10	0.61

（三）大学生社会价值观层面三种认知模式得分情况

大学生对社会价值观的三种认知模式中（表 5-3-3），命题认知得分最高，意象图式得分最低，三种认知模式大小比较依次为：命题认知＞隐转喻认知＞意象图式认知。

表 5-3-3　大学生社会价值观三种认知模式得分情况

维度	N	极小值	极大值	均值	标准差
命题认知	3505	1.00	5.00	4.42	0.66
意象图式认知	3505	1.00	5.00	3.05	0.60
隐转喻认知	3505	1.00	5.00	4.01	0.77

（四）大学生个人价值观层面三种认知模式得分情况

大学生对个人价值观的三种认知模式中（表 5-3-4），命题认知得分最高，意象图式认知得分最低，三种认知模式大小比较依次为：命题认知＞隐转喻认知＞意象图式认知。

表 5-3-4　大学生个人价值观三种认知模式得分情况

维度	N	极小值	极大值	均值	标准差
命题认知	3505	1.40	5.00	4.37	0.59
意象图式认知	3505	1.80	5.00	4.17	0.63
隐转喻认知	3505	1.50	5.00	4.24	0.67

三、认知模式特点

（一）大学生社会主义核心价值观认知模式总体呈现的特点

1. 在性别差异上，女大学生社会主义核心价值观三种认知模式的运用皆显著多于男大学生

对不同性别大学生社会主义核心价值观认知模式进了独立样本 t 检验（表 5-3-5），发现命题认知、意象图式认知及隐转喻认知模式皆存在显著差异，女大学生极显著多于男大学生，说明女大学生在学习社会主义核心价值观的过程中，命题认知模式、意象图式认知模式及隐转喻认知模式的运用皆多于男大学生。

表 5-3-5 不同性别大学生社会主义核心价值观认知模式差异检验

维度	性别	均值 ± 标准差	t	p
命题认知模式	男（n=1729）	42.75 ± 5.40	-3.044**	0.002
	女（n=1776）	43.28 ± 5.01		
意象认知模式	男（n=1729）	45.24 ± 5.75	-4.372**	0.000
	女（n=1776）	46.06 ± 5.43		
隐转喻认知模式	男（n=1729）	48.96 ± 6.88	-5.676**	0.000
	女（n=1776）	50.20 ± 6.06		

2. 在学科背景差异上，文科生对社会主义核心价值观意象认知、隐转喻认知模式的运用显著多于理科生

对不同学科类别大学生社会主义核心价值观认知模式进行独立样本t检验（表5-3-6），发现意象图式认知和隐转喻认知模式皆存在显著差异，文科类大学生对意象图式认知模式和隐转喻认知模式运用更多。

表 5-3-6 文理科大学生社会主义核心价值观认知模式差异检验

维度	学科分类	均值 ± 标准差	t	p
命题认知模式	文科类（n=1112）	43.22 ± 5.00	-1.539	0.124
	理科类（n=2393）	42.93 ± 5.31		
意象图式认知模式	文科类（n=1112）	45.95 ± 5.38	2.112*	0.035
	理科类（n=2393）	45.52 ± 5.70		
隐转喻认知模式	文科类（n=1112）	50.30 ± 5.86	4.381**	0.000
	理科类（n=2393）	49.26 ± 6.76		

3. 在学历层次差异上，专科生的认知模式水平显著低于本科生和研究生

对不同学历层次大学生社会主义核心价值观认知模式进行多因素方差分析（表5-3-7），结果发现不同学历层次大学生社会主义核心价值观命题认知模式、意象图式认知模式存在显著差异。进一步的多重

比较发现：命题认知模式上，研究生＞本科生＞专科生，且专科生命题认知模式得分显著低于其他两个学历层次；意象认知模式上，本科生＞研究生＞专科生，专科生显著低于本科生和研究生。

表 5-3-7 不同学历层次大学生社会主义核心价值观认知模式差异检验

维度	学历层次	均值 ± 标准差	F	p
命题认知模式	专科生（n=405）	42.03 ± 5.07	8.808**	0.000
	本科生（n=2182）	43.08 ± 5.20		
	研究生（n=918）	43.31 ± 5.26		
意象图式认知模式	专科生（n=405）	44.87 ± 5.24	4.904**	0.007
	本科生（n=2182）	45.82 ± 5.61		
	研究生（n=918）	45.62 ± 5.72		
隐转喻认知模式	专科生（n=405）	49.22 ± 5.84	1.440	0.237
	本科生（n=2182）	49.73 ± 6.45		
	研究生（n=918）	49.43 ± 6.90		

4. 在本科年级差异上，高低年级本科生意象认知模式、隐转喻认知模式的运用存在显著差异，低年级本科生更多采用意象图式及隐转喻认知模式

对高低年级本科生社会主义核心价值观认知模式进行独立样本 t 检验（表 5-3-8），发现高年级本科生在意象认知、隐转喻认知模式上显著低于低年级本科生。表明低年级本科生在学习社会主义核心价值观时更多以意象图式和隐转喻认知模式进行。

表 5-3-8 本科生高低年级大学生社会主义核心价值观认知模式差异检验

维度	高低年级	均值 ± 标准差	t	p
命题认知模式	低年级（n=1496）	43.21 ± 5.15	1.740	0.082
	高年级（n=686）	42.79 ± 5.30		

续表

维度	高低年级	均值 ± 标准差	t	p
意象图式认知模式	低年级（n=1496）	45.98±5.61	2.040*	0.041
	高年级（n=686）	45.46±5.62		
隐转喻认知模式	低年级（n=1496）	49.95±6.30	2.326*	0.020
	高年级（n=686）	49.26±6.75		

（二）大学生国家价值观认知模式呈现的特点

1. 女大学生更多采用命题认知及隐转喻认知模式，男大学倾向意象图式认知模式

对不同性别大学生国家价值观三种认知模式的差异进行显著性检验（表5-3-9），结果发现，女大学生在命题认知模式和隐转喻认知模式上显著多于男大学生，而意象图式认知模式上二者存在边缘显著效应，表明男大学生更倾向于使用意象图式认知。

表5-3-9 不同性别大学生国家价值观认知模式差异检验

维度	性别	均值 ± 标准差	t	p
命题认知模式	男（n=1729）	7.79±1.56	-5.397**	0.000
	女（n=1776）	8.08±1.53		
意象认知模式	男（n=1729）	12.68±2.18	1.695	0.090
	女（n=1776）	12.55±2.20		
隐转喻认知模式	男（n=1729）	24.38±3.90	-3.797**	0.000
	女（n=1776）	24.85±3.45		

2. 文科类大学生更多采用命题认知及隐转喻认知模式

对不同学科类别大学生国家价值观认知模式的差异进行独立样本t检验（表5-3-10），结果发现二者在命题认知、隐转喻认知模式上存在显著差异，文科类大学生显著高于理科类大学生，表明文科类大学生对国家价值观的学习更倾向于命题认知和隐转喻认知。

表 5-3-10 文理科大学生国家价值观认知模式差异检验

维度	学科分类	均值 ± 标准差	t	p
命题认知模式	文科类（n=1112）	8.06 ± 1.55	3.313**	0.001
	理科类（n=2393）	7.88 ± 1.55		
意象认知模式	文科类（n=1112）	12.64 ± 2.23	0.365	0.715
	理科类（n=2393）	12.61 ± 2.17		
隐转喻认知模式	文科类（n=1112）	24.92 ± 3.36	3.234**	0.001
	理科类（n=2393）	24.48 ± 3.83		

3. 专科生更少采用意象图式认知模式

对不同学历层次大学生国家价值观认知模式差异进行多因素方差分析（表 5-3-11），结果发现，不同学历层次大学生国家价值观意象图式认知模式存在显著差异，进一步的多重比较结果为，本科生 > 研究生 > 专科生，且专科生意象图式认知模式的运用显著低于其他两个学历层次大学生。

表 5-3-11 不同学历层次大学生国家价值观认知模式

维度	学历层次	均值 ± 标准差	F	p
命题认知模式	专科生（n=405）	7.99 ± 1.54	0.241	0.786
	本科生（n=2182）	7.93 ± 1.56		
	研究生（n=918）	7.93 ± 1.54		
意象认知模式	专科生（n=405）	12.14 ± 2.31	11.099**	0.000
	本科生（n=2182）	12.69 ± 2.19		
	研究生（n=918）	12.66 ± 2.13		
隐转喻认知模式	专科生（n=405）	24.50 ± 3.42	0.299	0.742
	本科生（n=2182）	24.65 ± 3.63		
	研究生（n=918）	24.61 ± 3.93		

4.低年级本科生命题认知及隐转喻认知模式的运用显著多于高年级大学生

对高低年级本科生国家价值观认知模式差异显著性进行独立样本 t 检验(表 5-3-12),发现二者在命题认知及隐转喻认知模式上有显著差异,高年级本科生显著高于低年级本科生,这一结果表明高年级本科生学习国家价值观时更多采用命题认知和隐转喻认知。

表 5-3-12　本科生高低年级大学生国家价值观认知模式差异检验

维度	高低年级	均值 ± 标准差	t	p
命题认知模式	低年级(n=1496)	7.99 ± 1.57	2.382*	0.017
	高年级(n=686)	7.81 ± 1.53		
意象认知模式	低年级(n=1496)	12.71 ± 2.22	0.645	0.519
	高年级(n=686)	12.64 ± 2.11		
隐转喻认知模式	低年级(n=1496)	24.79 ± 3.56	2.580**	0.010
	高年级(n=686)	24.35 ± 3.77		

(三)大学生社会价值观认知模式呈现的特点

1.女大学生更多采用意象认知和隐转喻认知模式

对不同性别大学生社会价值观认知模式差异进行独立样本 t 检验(表 5-3-13),结果发现二者在意象图式认知和隐转喻认知模式上有显著差异,女大学生更多采用意象图式认知和隐转喻认知模式。

表 5-3-13　不同性别大学生社会价值观认知模式差异检验

维度	性别	均值 ± 标准差	t	p
命题认知模式	男(n=1729)	13.21 ± 2.03	−1.389	0.165
	女(n=1776)	13.30 ± 1.91		
意象认知模式	男(n=1729)	12.07 ± 2.42	−3.402**	0.001
	女(n=1776)	12.34 ± 2.38		
隐转喻认知模式	男(n=1729)	7.96 ± 1.61	−2.034*	0.042
	女(n=1776)	8.06 ± 1.47		

2. 不同学科分类大学生认知模式无显著差异

对不同学科类别大学生社会价值观认知模式的差异进行独立样本 t 检验（表 5-3-14），结果发现二者在三种认知模式上无显著差异。

表 5-3-14　文理科大学生社会价值观认知模式差异检验

维度	学科分类	均值 ± 标准差	t	p
命题认知模式	文科类（n=1112）	13.34 ± 1.92	1.646	0.100
	理科类（n=2393）	13.22 ± 1.99		
意象认知模式	文科类（n=1112）	12.22 ± 2.47	0.226	0.821
	理科类（n=2393）	12.20 ± 2.37		
隐转喻认知模式	文科类（n=1112）	8.02 ± 1.46	0.266	0.790
	理科类（n=2393）	8.01 ± 1.58		

3. 不同学历层次大学生命题认知和隐转喻认知模式存在显著差异，专科生更少采用命题认知和隐转喻认知模式

对不同学历层次大学生社会价值观认知模式的差异进行多因素方差分析（表 5-3-15），结果发现几者间在命题认知和隐转喻认知模式上皆存在显著差异，进一步的多重比较结果为，命题认知模式上，研究生＞本科生＞专科生，且专科生显著少于其他两个学历层次大学生。隐转喻认知模式上，本科生＞研究生＞专科生，专科生显著少于其他两个学历层次。

表 5-3-15　不同学历层次大学生社会价值观认知模式差异检验

维度	学历层次	均值 ± 标准差	F	p
命题认知模式	专科生（n=405）	12.85 ± 2.09	9.819**	0.000
	本科生（n=2182）	13.30 ± 1.94		
	研究生（n=918）	13.33 ± 1.97		

续表

维度	学历层次	均值 ± 标准差	F	p
意象认知模式	专科生（n=405）	12.07 ± 2.52	1.035	0.355
	本科生（n=2182）	12.25 ± 2.37		
	研究生（n=918）	12.18 ± 2.44		
隐转喻认知模式	专科生（n=405）	7.64 ± 1.56	13.360**	0.000
	本科生（n=2182）	8.07 ± 1.49		
	研究生（n=918）	8.03 ± 1.62		

4. 低年级本科生更多采用隐转喻认知模式

对高低年级本科生社会价值观认知模式差异进行显著性检验（表5-3-16），结果发现二者在隐转喻认知模式上有显著差异，高年级学生显著低于低年级学生。

表5-3-16 本科生高低年级大学生社会价值观认知模式差异检验

维度	高低年级	均值 ± 标准差	t	p
命题认知模式	低年级（n=1496）	13.32 ± 1.94	−0.799	0.425
	高年级（n=686）	13.25 ± 1.95		
意象认知模式	低年级（n=1496）	12.30 ± 2.37	−1.583	0.114
	高年级（n=686）	12.13 ± 2.35		
隐转喻认知模式	低年级（n=1496）	8.13 ± 1.47	−2.812**	0.005
	高年级（n=686）	7.94 ± 1.54		

（四）大学生个人价值观认知模式呈现的发展特点

1. 男大学生意象认知及隐转喻认知模式的运用显著少于女大学生

对不同性别大学生个人价值观认知模式差异进行独立样本t检验（表5-3-17），结果发现二者在意象图式认知模式和隐转喻认知模式上有显著差异，男大学生显著少于女大学生。

表 5-3-17　不同性别大学生个人价值认知模式差异检验

维度	性别	均值 ± 标准差	t	p
命题认知模式	男（n=1729）	21.74±3.03	−1.622	0.105
	女（n=1776）	21.90±2.84		
意象认知模式	男（n=1729）	20.49±3.28	−6.429**	0.000
	女（n=1776）	21.17±2.94		
隐转喻认知模式	男（n=1729）	16.62±2.78	−7.385**	0.000
	女（n=1776）	17.29±2.54		

2.理科类大学生意象认知及隐转喻认知模式的运用显著少于文科类大学生

对不同学科类别大学生个人价值观认知模式差异进行独立样本t检验（表5-3-18），结果发现二者在意象图式认知模式和隐转喻认知模式上有显著差异，理科类大学生显著低于文科类大学生。

表 5-3-18　文理科大学生个人价值认知模式差异检验

维度	学科分类	均值 ± 标准差	t	p
命题认知模式	文科类（n=1112）	21.82±2.87	−0.121	0.903
	理科类（n=2393）	21.83±2.97		
意象认知模式	文科类（n=1112）	21.09±2.92	3.358**	0.001
	理科类（n=2393）	20.71±3.21		
隐转喻认知模式	文科类（n=1112）	17.36±2.49	6.039**	0.000
	理科类（n=2393）	16.77±2.74		

3.专科生更少采用命题认知模式

对不同学历层次大学生个人价值观认知模式的差异进行多因素方差分析（表5-3-19），结果发现几者间在命题认知模式上存在显著差异，进一步的多重比较结果为，研究生＞本科生＞专科生，且专科生的命题认知模式显著低于其他两个学历层次。

表 5-3-19　不同学历层次大学生个人价值认知模式差异检验

维度	学历层次	均值 ± 标准差	F	p
命题认知模式	专科生（n=405）	21.20 ± 3.01	12.086**	0.000
	本科生（n=2182）	21.85 ± 2.92		
	研究生（n=918）	22.05 ± 2.93		
意象认知模式	专科生（n=405）	20.67 ± 2.95	0.963	0.382
	本科生（n=2182）	20.89 ± 3.16		
	研究生（n=918）	20.79 ± 3.14		
隐转喻认知模式	专科生（n=405）	17.08 ± 2.50	2.540	0.079
	本科生（n=2182）	17.01 ± 2.69		
	研究生（n=918）	16.79 ± 2.74		

4. 低年级本科生更多采用意象认知模式

对高低年级本科生个人价值观认知模式差异进行独立样本 t 检验（表 5-3-20），结果发现二者在意象认知模式上有显著差异，高年级本科生显著少于低年级本科生。

表 5-3-20　本科生高低年级大学生个人价值认知模式差异检验

维度	高低年级	均值 ± 标准差	t	p
命题认知模式	低年级（n=1496）	21.90 ± 2.90	1.297	0.195
	高年级（n=686）	21.73 ± 2.96		
意象认知模式	低年级（n=1496）	20.98 ± 3.10	1.994*	0.046
	高年级（n=686）	20.69 ± 3.27		
隐转喻认知模式	低年级（n=1496）	17.03 ± 2.65	0.532	0.595
	高年级（n=686）	16.96 ± 2.77		

（五）基于三种认知模式培育大学生社会主义核心价值观

1. 综合运用三种认知模式，开展社会主义核心价值观培育

在这几种认知模式中，作为人类认知事物起点的命题认知模式，呈现的是概念及概念之间关系的知识结构，人类的大部分知识都是以

命题认知存在的。意象图式模式可看作是对命题认知模式的补充，是在对事物之间关系的认知基础上形成的抽象的认知结构，而非具体的图像。隐转喻认知模式则是建立在命题模式和意象图式模式上的认知事物的过程和方式[1]，它是基于个体经验而通过寓意实现对事物的认知，以对抽象事物进行概念化理解和推理，达到以易感知的部分来理解整体或整体中的另一部分的目的。命题认知通过对事物自身的认识，意象图式认知通过对事物关系的把握，隐转喻认知通过寓意而实现对新的知识体系的学习。

认知语言学非常强调认知模式在个体学习中的重要性。其实，在其他领域的理论学习中，认知模式同样重要。命题认知通过对事物自身的认识、意象图式认知通过对事物关系的把握、隐转喻认知通过寓意实现对新的知识体系的学习。也就是说，在个体对新知识的学习过程中，命题模式更强调理论学习，意象图式模式更强调对实践和现实的理解，而隐转喻则可以看作一种更深刻而直接的感悟。在个体新知识体系的建构过程中，三种认知模式都发挥着重要作用。

数据分析结果说明：在大学生社会主义核心价值观的形成过程中，其对三种认知模式的运用都比较多，其中命题认知模式的得分最高，隐转喻认知模式次之，意象图式认知模式最低。这一结果说明，大学生在学习社会主义核心价值观的过程中，最为常用的是命题认知模式，这反映出大学生最常以概念及厘清概念间关系的方式来把握社会主义核心价值观的相关理论。大学生在学习社会主义核心价值观的过程中运用较少的是隐转喻认知模式，该模式能够帮助大学生把所需领悟的知识要点在不同认知域之间加以投射、转换，并通过部分替代整体的方式来加深对知识的理解，便于个体将获知的零散信息整合起来，并结合自身原有的知识经验以及主观判断，建构起在主观层面上对知识

---

[1] 刘晓莺：《认知模式及其关系探析》，《现代语文》2012 年第 5 期。

要点的个体性理解。大学生在学习社会主义核心价值观的过程中运用了意象图式认知模式，这说明大学生会在日常生活及与外界的互动中形成对社会主义核心价值观的简单而基本的认知结构。这种在亲身体验的基础上形成的基本认知结构，是联系感觉与理性的一道桥梁。正是在不同认知模式的共同作用下，大学生实现了对社会主义核心价值观由浅到深的认识与理解。这就提示教育者在课堂教学中既要在理论层面清晰明确地对相关概念加以界定，并阐释概念之间的内在联系，又需要提前预设学生理解相关理论时可能缺乏的关键知识点，并把这些关键点贯穿于具体的教学中，以缩小学生自身建构的认知结构与理论知识结构之间的偏差，强化学生对相关知识的体会与感悟。同时，也需要教育者尽量做到理论与实际的联系，如通过案例教学、实践教学环节等的设计，帮助大学生在对实践和现实的理解中把握社会主义核心价值观。

2. 依据认知模式特点开展有针对性的社会主义核心价值观培育

为了进一步把握具有不同特性的大学生学习社会主义核心价值观认知模式的差异，本文通过设计性别、专业类别、学历层次及年级等背景变量，考察了不同背景变量下大学生社会主义核心价值观认知模式的特点。这为根据大学生认知模式所呈现的特点有针对性地展开培育社会主义核心价值观的教学活动提供了帮助。

数据分析发现：（1）在性别差异方面，女大学生社会主义核心价值观三种认知模式的运用皆显著多于男大学生，具体到三个不同的价值观层面，又表现出不同的特点。在国家价值观层面，女大学生更多采用命题认知及隐转喻认知模式，男大学生则倾向意象图式认知模式；在社会价值观及个人价值观层面，女大学生意象认知和隐转喻认知模式的运用皆显著多于男大学生，而意象图式认知模式则无显著差异。（2）在学科类别差异方面，文科类大学生对社会主义核心价值观意象图式认知、隐转喻认知模式的运用显著多于理科类大学生，命题认知模式无显著差异。其中，在国家价值观层面文科类大学生更多采用命题认知及隐转喻认知模式，在个人价值观层面，文科类大学生意象图式认知及隐转喻认知模式的运用显著多于理科类大学生，二者在社会价值观层面的认知模式无显著差异。（3）学历层次差异方面，不同学历层次大学生社会主义核心价值观在命题认知模式和意象图式认知模式的运用上存在显著差异，研究生、本科生命题认知、意象图式认知模式的运用显著多于专科生，其中国家价值观层面研究生、本科生意象图式认知模式的运用显著多于专科生，社会价值观层面研究生、本科生命题认知、隐转喻认知模式的运用显著多于专科生，个人价值观层面研究生、本科生命题认知模式的运用显著多于专科生。（4）年级差异方面，低年级本科生对意象图式认知、隐转喻认知模式的使用显著多于高年级本科生。其中国家价值观层面低年级本科生命题认知和隐转喻认知模式的运用显著多于高年级本科生，社会价值观层面低年级本科生隐转喻认知模式的运用显著多于高年级本科生，个人价值观层面低年级本科生意象图式认知模式的运用显著多于高年级本科生。这些结果反映出不同性别、不同学科类别、不同学历层次、不同年级大学生对社会主义核心价值观的认知过程具有不同的特点。

（1）不同类别的大学生对社会主义核心价值观有不同的认知态度。

认知态度影响大学生认知模式的具体运用。数据分析显示，女大学生、文科生、研究生、低年级本科生对社会主义核心价值观有更积极的认知态度，这说明他们在认知结构形成过程中更善于使用不同的认知模式帮助自己理解内化相关的知识要点，形成对新知识的组织和表征。比较而言，男大学生、理工类大学生、学历层次更低的大学生、高年级本科生对社会主义核心价值观相关知识体系的认知态度则有消极性的表现，三种认知模式的分数显著低于前者。据此，教学工作中就应激发男大学生、理科生、专科生及毕业年级大学生学习、认知、践行社会主义核心价值观的兴趣及热情，调动他们这方面的积极性。

（2）不同类别的大学生对社会主义核心价值观有不同的认知模式。

例如，对国家价值观的认知，男女大学生表现出较明显的差异，女大学生倾向于使用命题认知模式及隐转喻认知模式，男大学生倾向于使用意象图式认知模式。这一结果反映出女大学生在理论学习中更善于把握相关概念及概念间的关系，并能把相关理论要点在不同概念域之间进行投射、转换以及用部分替代整体，从而把零散信息融会贯通形成自身对社会主义核心价值观的认知结构；男大学生则具有较强的思维概括能力与抽象能力，更能够在对理论的理解中联系生活经验，并在大脑中形成经验的概念化表征以及认知对象的抽象类比物，从而形成社会主义核心价值观的认知结构。因此，我们应当基于男女生不同的认知模式运用特点，设计有针对性的教学内容和教学方法。

（3）不同学历层次的大学生对社会主义核心价值观具有不同层次的认知模式水平。

数据分析结果显示，研究生、本科生的认知模式水平显著高于专科生，前者更能灵活自如地对不同的认知模式加以运用，后者在此方面的能力则较差。这一结果说明，在面对认知水平较低的教学对象时，提升其命题认知水平是关键。因而应重点采用深入浅出的教学方式，层层剖析理论要点及其内在关系，以促使教学对象形成包括认知对象成分、属性及其关系的知识网络；同时，运用好与认知内容相关的背景信息、丰富生动的案例材料、清晰明确的知识结构，以进一步提升教学对象意象图式认知及隐转喻认知能力。

基于大学生社会主义核心价值观心理认同及认知模式的问卷调查结果，去把握当代大学生对社会主义核心价值观的了解、认知及接受程度，才能有针对性地提升大学生社会主义核心价值观的心理认同度，根据其认知模式的特点与水平，才能探索出科学有效的社会主义核心价值观培育路径。

第六章　当代大学生社会主义核心价值观的认知模式

认知是一个复杂的心理过程，要切实把社会主义核心价值观转变成大学生的"自觉追求"，就必然要以大学生对其充分认知为前提。理论认知是大学生认知社会主义核心价值观的主要途径和方式，社会现实和价值实践无时无刻不影响着大学生对价值观理论的理解和接受。

第一节　认知模式理论梳理

"尊重一般意义上的哲学常识，认知包含生产知识的那些过程与状态，与感觉、情感和意志有区别。所谓的认知在现代认知心理学与科学的视域看来，往往被视为是有关于人的心灵的一种表现状态与过程，它不仅包括思维，还包括语言运用、符号操作和行为控制"[1]。对人的精神及其状态或过程的研究，在人类早期早已为之，只是更多的是一种哲学的思考。cognition 一词来源于拉丁文 cognitio，通常也译为"知识"（knowledge），"知识"也用来翻译 scientia，笛卡尔把认知和知识（scientia）区别开来，因为许多认知是混乱和不恰当的。斯宾诺莎划分

---

[1] 尼古拉斯·布宁、余纪元：《西方哲学英汉对照词典》，人民出版社 2001 年版，第 325 页。

了认知的三个等级,第一等的认知来源于那些变幻莫测和天马行空的甚至是二手的意见与经验,往往虚假也会被这种认知所承认;第二等的认知是象征着真理与寻求理性现象根本原因的理性(ratio);第三等级即最高等级的认知是直觉认知(scientia intuitive),它通过对事物本质进行深入地解剖从而验证真理的绝对正确性。今天,"认知"已经成为一门重要的科学,哲学、语言学、心理学、教育学等诸多学科都研究"认知"。通常认为是鲍布罗(D. Bobrow)和柯林斯(Collins)在1975年最先使用"认知科学"这个词,即便如此,对认知的解释仍然是仁者见仁,各有表述。什么叫"认知"呢?认知(Cognition)原是心理学上的一个普通术语,美国心理学家T. P. Houston等人在认知科学上对这个术语则有六种解释:(1)认知就是信息加工;(2)认知是心理上的符号运算;(3)认知是求解问题;(4)认知就是思维;(5)认知是一组相关联的大脑活动;(6)认知是为了一定的目的,在一定的心理结构中进行的信息加工过程。[①]"认知"与"认识"的区别主要是方法论上的,"认知"以一种更为实证的方法研究"认识"的过程,而不是纯思辨的。

乔治·莱考夫在其宏著《女人,火与危险事物》(*Women, Fire, and Dangerous Things: What Categories Reveal about the Mind*)提出了四种认知模式,分别是命题模式(propositional structure)、意象—图式模式(image-schematic structure)、隐喻模式(metaphoric mappings)和转喻模式(metonymic mappings)。在莱考夫提出此四种认知模式后,世界各地的认知科学研究者对之进行了深入阐发,当然,莱考夫的认知模式理论也是在综合Fillmore、Fauconnier和Langacker等人的结构理论、认知语法学、认知语义学等基础上提出的,中国学者也引入了莱考夫的这一说法,并对之进行了阐述,但更多的是在语言研究领域。

[①] 吴国兴:《认知科学与情报科学》,《情报学刊》1988年第3期。

一、四种认知模式

命题模式是一种知识网络和知识结构，知识结构表现为概念及概念之间的关系。命题模式是范畴存在的基本元素，是人类认知事物起点，是人类描述世界的基本信息的根本范式，它对事物进行着推理、演绎、归纳和判断。命题的集合就是知识或理论。

人们的心性与外部事物形成互动，这种互动所产生的图景就被称之为意象图式模式。经验现实主义告诉我们，人类的身体有一种仿生的功能，可以参照自然的存在而产生相应的功能，因此，身体与环境的互动落实到理性与意识行为领域就是产生意象图式的根源。而意象图式是抽象的认知结构，而非具体的图像，是理性与感觉之间的沟通，是在亲身体验的基础上形成的基本认知结构。[1]

隐喻和转喻模式是人们认识和表达抽象概念的有力工具和方式，是思维和认知方式。作为理念化认知模式的操作延伸与实现，意象图式模式和命题模式决定着隐喻模式和转喻模式，是对不同事物的基本范畴中相似成分及其与外界作用中相似意象图式之间相联系的思考方式。人们需要对日常的事物及事物间关系进行命名、感知，产生理解，形成经验，抽象提取，在大脑中建立具体事物的抽象图式，再通过隐喻模式和转喻模式使事物和事物之间的关系从客体空间映射到概念空间。运用意象图式投射具体域内容到抽象域，再通过隐喻或转喻方式形成抽象的概念。

上述四个模式相互关联，彼此联系。意象图式模式建构起隐喻模式和转喻模式的逻辑框架，处于基础地位；作为出发点和归宿，命题模式融入于其他的三种模式之间，起到贯穿作用；意象图式模式和命题模式决定着其他两种模式建构的过程。

---

[1] 成军：《范畴化及其认知模型》，《四川外国语学院学报》2006 年第 1 期。

二、认知模式相互联系

（一）命题认知模式起着决定性的作用

根据莱考夫的论述，认知模式中所涉及的特点、意涵以及概念间的关系无需通过任何联想性的方式，均由命题模式做出细致的解答。由此看来，呈现在人们眼前的万事万物之间的关联就是命题模式的内涵，人们的高级思维诸如判断、解释、接受等逻辑是来源于对万事万物的关联的一种了解。作为其他认知模式的归宿，命题模式起着决定性的作用，不管是转喻还是隐喻模式，最终得出的陈述也均以命题的形式存在。

（二）意象图式认知模式是构建其他模式的认知基础

意象图式模式是人类依据经验和理解对抽象事物和具象事物或抽象关系和具象关系组织建构的方式；意象图式来自人最初的经验，这些基本的概念和经验构成对事物规定的命题，或又通过隐喻和转喻成为人们理解其他概念的基本模式，所以意象图式模式在隐喻和转喻的投射过程中起着重要的作用。

（三）隐喻和转喻认知通常必须建立在一定的经验之上

意象图式模式是基础，命题模式是隐喻和转喻的最终归宿，隐喻和转喻都必须以命题的形式表现出来。

莱考夫认为认知模式不与世界精确相符，因为它极度简化了场景，有些社会现象的认知可能极度契合某种认知模式，而有些并不如此。同样也很容易被发现，隐喻和转喻并不是所有的认知都会产生，但命题模式肯定会存在于一切认知中，意象图式模式也会在绝大多数的认知中出现。例如社会主义核心价值观认知中应当主要以命题认知为主，这与受众所处的生活环境是相契合的，但意象图式所体现的经验途径，特别是间接经验亦成为社会主义核心价值观认知的重要来源,其效果甚至可能超越命题模式。

第二节 社会主义核心价值观的命题认知模式

社会主义核心价值观的元概念是"价值","核心"是一个表达重要性的形容词,"社会主义"不是一个抽象的概念,而是马克思主义基本原理与中国实际相结合的产物,任何离开这一结合对"社会主义核心价值"的理解都将可能产生偏差,而中国实际又是一个经验问题。所以"社会主义核心价值观"最基础的范畴是"价值",最基础的理论是"马克思主义价值理论"。例如,大学生的受教育者的身份和角色决定了其必须和更容易获取理论知识。对于社会主义核心价值观的命题,主要需要探讨的是需要获得哪些理论知识,至于如何获得,这是一个培育的问题。

一、价值论的理论源起

"价值"概念是在价值论中被界定的。关于价值论的英语词汇有三个之多,即 axiology,value theory 和 philosophy of value,通常对应译为"价值论""价值理论"和"价值哲学",在使用上没有严格的区别,很多时候被混用。作为哲学或人文社会科学的价值论,并不是早就存在的,而是近代的产物。

(一)价值论的源起

洛采之所以被称为"价值哲学之父",是"由于洛采将价值观置于伦理学、形而上学与逻辑学学科的最顶层的地位,因而,在哲学中的一门新基础科学被激起了关于'价值论'的种种争论"①。之所以说洛采提高了价值观的地位，是因为他重新提出了如下问题："人和人类生活都有着怎样的意义呢？"② 我们可以在洛采这里找到价值哲学的原初问题，即"人和人类生活的意义"，但"价值"这个概念的意义最初并不来源于洛采，而是要追溯到康德，康德是在哲学领域解读"价值"的人，康德认为，价值最直接的解读可以理解为"良善意志"，所谓的良善意志在康德看来是"单纯意志的绝对价值概念"。而在康德之前，价值一词只适用于经济学领域。但康德的价值概念又是在继承休谟对"是"与"应当"的基础上发展而来的。

在《人性论》一书中，休谟对于价值判断和事实判断进行了概念上的分辨，他认为，"ought"是价值判断的肯定式表达，"is"是事实判断的肯定式表达。对于部分学者在道德体系里从事实判断自然推理出价值判断的，休谟认为：

> 对于这些推理我必须要加上一条附论，这条附论或许会发现为相当重要的。在我所遇到的每一个道德学体系中，我一向注意到，作者在一个时期中是照平常的推理方式进行的，确定了上帝的存在，或是对人事作了一番议论；可是突然之间，我却大吃一惊地发现，我所遇到的不再是命题中通常的"是"与"不是"等连系词，而是没有一个命题不是由一个"应该"或一个"不应该"联系起来的。这个变化虽是不知不觉的，却是有极其重大的关系的。因为这个应该或不应该既然表示一种新的关系或肯定，所以就必须加以论述和说明；同时对于这种似乎完全不可思议的事情，即这个新关系如何能由完全不同的另外一些关系推出

---

① 文德尔班：《哲学史教程》（下），罗达仁译，商务印书馆1993年版，第927页。
② 梅尔茨：《十九世纪欧洲思想史》（第一卷），周昌忠译，商务印书馆1999年版，第47页。

来，也应当举出理由加以说明。不过作者们通常不是这样谨慎从事，所以我倒想向读者们建议要留神提防；而且我相信，这样一点点的注意就会推翻一切通俗的道德学体系，并使我们看到，恶和德的区别不是单单建立在对象的关系上，也不是被理性所察知的。①

在休谟看来，关于"应该"的判断是价值判断，关于"应该"的知识是价值知识，价值知识与事实知识的区别是它不来自于经验，而是关乎民众的喜好和社会风尚，不能用经验来证明，也无所谓真假。至此，价值正式成为了哲学研究的重要内容，后来由新康德主义学派完成了对价值论内涵的界定。

（二）满足需要论

价值问题就是关于"人和人类社会的意义"问题，人类社会是一个区别于自然界的"价值世界"，人文社会科学是"价值科学"。但是，价值这个概念的具体含义仍然有待于明确。文德尔班在其1914年出版的《哲学概论》一书中提出了著名的"满足需要论"，即"每种价值首先意味着满足某种需要或引起某种快感的东西"②。满足需要论代表一种关系论，即认为价值是主客体之间的一种关系，与之相对应的是客体属性说和主观感受说。客体属性说认为价值是客体的一种属性，主观感受说认为价值仅是主体的一种感受。客体属性说和主体感受说的不同之处很容易发现，这两种观点现在已不多见，但仍有不同学者强调在价值关系中主体的重要性或客体的重要性。当然，文德尔班对价值的定义也不断地被修正，美国新实在论者佩里提出兴趣价值论，

---

① 休谟：《人性论》，关文运、郑之骧译，商务印书馆2005年版，第509—510页。
② 杜任之：《现代西方著名哲学家述评（续集）》，生活·读书·新知三联书店1983年版，第35页。

认为价值是兴趣的对象,他区别了欲望和兴趣,但是其满足兴趣和满足欲望并没有本质的区别,况且兴趣的满足和欲望的满足都可以被认为是需要的满足。但不管是兴趣还是欲望,都可能会被社会赋予道德意义,任何需要都被满足的话,会带来价值和道德的冲突,所以罗尔斯就认为"善"应该被定义为"合理欲望的满足"[①]。"满足需要论"已经被普遍接受,奥地利学者艾伦菲尔斯在其《价值论体系》一书中就认为"价值可定义为一种对象与主体对它欲求之间的关系"[②]。但是,当我们习以为常、没有异议地接受了"满足需要论"时,我们是否还需要思考价值的"人和人类社会的意义"界定是如何演绎为"满足需要"的呢?厘清这两者之间的逻辑关系,是正确理解"满足需要论"的关键。

"人和人类社会的意义"如何界定,从休谟和康德的理论可知,这个问题不是一个真假问题,它的答案不取决于自然事实,而是取决于人。把"人和人类社会的意义"做此种分解应该是适当的,把它分解为"人应该是怎样的"和"人类社会应该是怎样的","人类社会应该是怎样的"其实是"人们在尊重客观规律的基础上希望人类社会是怎样的"。也就是说,人和人类社会的意义问题,是一个在尊重客观规律的基础上的主体问题,它的答案取决于主体的意识,跟主体的知、情、意密切相关,知识提供意义的可能,欲望和意志等决定着意义的内容。但是,作为客体和价值对象的客观世界是价值的基础,脱离客观世界的"意义"只可能是"幻想"。而"需要"这个概念能概括人的知、情、意的外化和对象化,于是乎,"人和人类社会的意义"这样一个较为抽象的问题在现实中就演化成了"客体满足主体需要"的问题。这种逻辑可能就是以研究"人和人类社会的意义"为基础的理论最后被命名为 axiology 的原因。

---

① 罗尔斯:《正义论》,何怀宏译,中国社会科学出版社 1988 年版,第 27 页。
② 方启迪:《价值是什么——价值学引论》,台北联经出版事业公司 1986 年版,第 34 页。

二、马克思主义价值论的主要内涵

马克思并没有使用过价值论这个概念,因为这个概念在马克思去世后才正式诞生,所以马克思主义价值论就是一个解释问题,即将马克思的一些理论解释为价值论。

(一)一个争议

马克思在多部著作中论及了"价值",但更多的是经济学领域里的"价值",马克思有没有给"价值一般"下定义?如何定义的?这样的问题却引起了很大的争议,特别是马克思是不是根据"满足需要论"来定义价值的,存在截然相反的两种观点。这个争论的焦点起源于马克思对价值概念的判断,马克思曾说,"人们对待满足他们需要的外界物的关系中产生'价值'这个普遍的概念"[1],理论界很多人从这一表述得出马克思对"价值一般"的定义,即"满足需要论"。但以王玉樑为代表的一些学者反对这种观点,认为这句话不仅不是马克思自己的意思,反而是马克思所批评的对象瓦格纳的观点[2],黄枬森主编的《马克思主义哲学体系的当代构建》采纳了这种观点,认为这是一种误解[3]。但李连科针对反对的观点为马克思价值定义的"满足需要论"做了辩护。[4] 可见,厘清该争议在马克思主义价值论中具有基础意义,下面我们试做分析。首先不得不就这句话的前后文做一个长长的引述:

第一:由于在后面一句话中,"用来满足他的需要的外部的资料"或"外部的财物"变为"外界物",所以上述关系中的第一种

---

[1] 马克思、恩格斯:《马克思恩格斯全集》(第19卷),人民出版社1963年版,第406页。
[2] 王玉樑:《评价值哲学中的满足需要论》,《马克思主义研究》2012年第7期。
[3] 黄枬森:《马克思主义哲学体系的当代建构(下)》,人民出版社2011年版,第887页。
[4] 李连科:《价值哲学引论》,商务印书馆2001年版,第65—69页。

关系就成为这样：人处在一种对作为满足他的需要的资料的外界物的关系中。但是，人们决不是首先"处在这种对外界物的理论关系中"。正如任何动物一样，他们首先是要吃、喝等等，也就是说，并不"处在"某一种关系中，而是积极地活动，通过活动来取得一定的外界物，从而满足自己的需要。（因而，他们是从生产开始的。）由于这一过程的重复，这些物能使人们"满足需要"这一属性，就铭记在他们的头脑中了，人和野兽也就学会"从理论上"把能满足他们需要的外界物同一切其他的外界物区别开来。在进一步发展的一定水平上，在人们的需要和人们借以获得满足的活动形式增加了，同时又进一步发展了以后，人们就对这些根据经验已经同其他外界物区别开来的外界物，按照类别给以各个名称。这必然会发生，因为他们在生产过程中，即在占有这些物的过程中，经常相互之间和同这些物之间保持着劳动的联系，并且也很快必须为了这些物而同其他的人进行斗争。但是这种语言上的名称，只是作为概念反映出那种通过不断重复的活动变成经验的东西，也就是反映出，一定的外界物是为了满足已经生活在一定的社会联系中的人〈这是从存在语言这一点必然得出的假设〉的需要服务的。人们只是给予这些物以专门的（种类的）名称，因为他们已经知道，这些物能用来满足自己的需要，因为他们努力通过多多少少时常重复的活动来握有它们，从而也保持对它们的占有；他们可能把这些物叫做"财物"，或者叫做别的什么，用来表明，他们在实际地利用这些产品，这些产品对他们有用；他们赋予物以有用的性质，好像这种有用性是物本身所固有的，虽然羊未必想到，它的"有用"性之一，是可做人的食物。

可见：人们实际上首先是占有外界物作为满足自己本身需要的资料，如此等等；然后人们也在语言上把它们叫做它们在实际经验中对人们来说已经是这样的东西，即满足自己需要的资料，使人们得到"满足"的物。如果说,人们不仅在实践中把这类物当做满足自己需要的资料,而且在观念上和在语言上把它们叫做"满足"自己需要的物,从而也是"满足"自己本身的物〈当一个人的需要得不到满足时,他就对自己的需要、因而也是对自己本身,处于一种不满意的状态〉,——如果说,"按照德语的用法",这就是指物被"赋予价值",那就证明:"价值"这个普遍的概念是从人们对待满足他们需要的外界物的关系中产生的,因而,这也是"价值"的种概念,而价值的其他一切形态,如化学元素的原子价,只不过是这个概念的属概念。[①]

马克思这里批评了瓦格纳从理论来确立满足需要关系的存在,根据瓦格纳的观点,满足需要关系是人与外界物之间先验地存在的,马克思认为这是错误的,人与外界物的满足需要关系首先是一个实践关系,然后才是理论关系。我们可以用"杯子"来举例。首先发生的是人有泡茶的需要,就选择了一个工具来泡茶,当人们一次次地选择这样一个工具来泡茶后,人们就把这样一个工具命名为"杯子","杯子"就有了满足人的泡茶需要的功能,从而人们就能从"杯子"中知道它的价值所在。马克思在这里强调的是,满足需要的关系是在一次次的满足需要这个实践活动之后概括出来的人与外界物之间的关系,并不是天然存在的。还有更多的实例可以证明满足需要关系首先是一个实践关系,比如灯光最先是来照明的,是在很长时间之后才可以成为景观的。但是,马克思在这里仅仅强调了满足需要首先是实践,是人的活动,他并没有否认外界物与人之间的满足需要关系,反而是论述了满足需要关系的重要性。人们是根据"满足需要"这一属性把"外界物同一切其他的外界物区别开来的";是根据"满足需要"来按照类

[①] 马克思、恩格斯:《马克思恩格斯全集》(第19卷),人民出版社1963年版,第405—406页。

别给各个外界物命名的,同样名称也就反映了外界物与人之间满足需要的关系;是因为"满足"需要的功能,人们才发生劳动、占有外界物并可能因为外界物而发生斗争的。

但至此,从上面的引述中,如果排除翻译可能存在的错误,我们还是难以辨别争议中的那个定义究竟是瓦格纳的观点还是马克思的观点,但分析马克思对瓦格纳的进一步批判,可能得出结论。马克思说:

> 由此我们看到,瓦格纳先生怎样用魔法,从"人的自然愿望"(它使教授获得自己的有限的概念世界)中立刻能得出价值、价格、财宝这三个经济范畴。但是瓦格纳先生有一个模糊的愿望:想摆脱自己的同义反复的迷宫,并且用狡猾的办法来证明"由此及彼"或者"由彼及此"。由此就得出这样的空话:"因此,财物,或外界物,被赋予价值"等等。由于瓦格纳先生把给"外界物"打上财物的印记,即把它们(在观念上)标明为和确定为满足人的需要的资料,同样叫做"赋予这些物以价值",所以他就不能说赋予"财物"本身以价值,正如不能说赋予外界物的"价值"以"价值"一样。但是他利用"财物或外界物被赋予价值"这些词来玩弄 salto mortale[①]。瓦格纳应该说:给一定的外界物打上"财物"的印记同样可以叫做:"赋予"这些物以"价值";瓦格纳正是用这种办法得出"价值概念一般"的。内容并不因为这种说法的改变而改变。这始终只是在观念上标明或确定作为满足人的需要的资料的外界物;所以,事实上只是认识和承认一定的外界物是满足"人的"需要的资料(但是,人本身事实上苦于"概念上的需要")。[②]

---

① 直译是:惊险的飞跃;这里是:把戏。——编者注 [原注]
② 马克思、恩格斯:《马克思恩格斯全集》(第19卷),人民出版社1963年版,第408—409页。

马克思在上述引文中揭示了瓦格纳定义"价值"的逻辑错误——同义反复,瓦格纳是根据外界物与人之间满足需要的关系来定义价值的,马克思批评的重点并不是定义本身,而是概念推导的方式,瓦格纳这里最大的问题是外界物与人之间满足需要的关系在他那里是"观念上的",从而"始终只是在观念上表明或确定作为满足人的需要的资料的外界物"。

(二)一种解释

从争议定义前的两个排比"如果说"来看,第一个"如果说"表述满足需要是一个从实践到理论的过程,这一观点毫无疑问是马克思所主张的,但第二个"如果说"确实是马克思在这里所批判的瓦格纳的"赋予价值"的论证方式;再看马克思在文本中对瓦格纳混淆"使用价值"和"价值"的批评,马克思在这里可能是不认同"满足需要论"的,那么也就很难说这是马克思关于价值的定义。但是,在这里可能存在这样一个问题,即,马克思批评瓦格纳混淆"使用价值"和"价值"时,这里的"价值"和"使用价值"都是经济学意义上的概念,而瓦格纳企图得出的是"价值一般"的定义,在"价值一般"的意义上,是否有一个"使用价值一般"与之对应呢?对这个问题马克思后来的思想可能出现了某些不一样,马克思说:

> 《评政治经济学上若干用语的争论》一书中的作者贝利和其他人指出,"value,valuer"[①]这两个词表示物的一种属性。的确,他们最初无非是表示物对于人的使用价值,表示物对人有用或使人愉快等等的属性,事实上,"value,valuer,Wert"[②]这些词在词源

---

① 价值。——原注
② 价值。——原注

学上不可能有其他的来源。使用价值表示物和人之间的自然关系，实际上是表示物为人而存在。①

那么，是不是可以这么理解，在一般的意义上，价值就是表示有用性，表示物对人的需要的满足，而在经济学意义上的价值是根据经济学而定义，与使用价值相对应。上述这段引文意味着马克思可以接受"价值一般"作为"满足需要论"而被定义。

综观上述引文和分析，可得出如下结论：诞生于新康德主义之前的马克思哲学，确实没有深入分析"价值一般"，马克思讨论的价值更多的是经济学意义上与使用价值对应的价值。但我们发现马克思对"满足需要"已经有了深入的剖析，并且提出了一个重要的观点："满足需要"首先必须是一个实践，其次才能成为一个理论问题。至于马克思是否认为价值是人与物之间的满足需要关系，可能既无法肯定也无法否定。但正是因为价值论和价值哲学的定义和强调发生在马克思之后，所以"马克思价值哲学"只是一种根据后面的范畴对之前理论的一种解释，而"马克思主义"内含的一个重要意义是"马克思的理论是发展的"，那么"马克思主义价值论"也是发展的产物，它有资格和必要借鉴现当代非马克思主义理论的一些有关价值论的研究成果。所以当马克思哲学的继承者们借用西方的"满足需要论"来解释和发展马克思的价值理论，在逻辑上并无不可，同样也可能是现实的反映，是时代精神的反映。而"马克思主义价值论"也体现了马克思价值论的发展，并表明它还处在并时时处在发展中的状态。所以，虽然不能回避上述争议，但我们不应该始终纠结于这一争议，而应当以发展的观点和眼光来看待问题。

马克思与洛采是同时代人，生卒时间相差不多，但两者之间没有

---

① 马克思、恩格斯：《马克思恩格斯全集》（第26卷），人民出版社1974年版，第326页。

交集，马克思不知道洛采把"人和人类社会的意义"提高到了哲学研究的首要地位。但其实马克思和洛采做的是同样的事情，"人和人类社会"是马克思哲学首要的关注点，历史唯物主义的对象只能是"人和人类社会"。"价值论"这个概念和价值哲学都诞生于马克思去世后，但并不表示马克思没有关注价值问题，恰恰相反，价值问题是马克思哲学一直涉及的问题。马克思和恩格斯的早期著作中就表现了对价值问题，特别是人的价值问题的极大关注。马克思的博士论文《德谟克利特的自然哲学和伊壁鸠鲁的自然哲学的差别》（1841）中，曾就人的自由与必然和反对神本主义价值观念等问题做过探讨。他在1843—1844年所写的《〈黑格尔法哲学批判〉导言》和《1844年经济学哲学手稿》中，一方面通过对旧社会进行深刻的揭露和批判，形成和表达了全新的共产主义社会理想和价值观念的核心内容；另一方面冷静地考察了价值和人的价值问题的一些深层理论基础。他肯定了"人的根本就是人本身"，揭示了人类劳动中两个尺度的意义和"人也按照美的规律建造""人在他所创造的世界中直观自身"等本质特征，从而在实际上把价值确认为人的本质力量对象化的显现。恩格斯1845年所写的《英国工人阶级状况》一书，则以大量的现实材料和深入的分析，揭露和控诉了资本主义的罪恶，论证了共产主义价值观念的社会基础。马克思和恩格斯在1845—1846年间所做的清算费尔巴哈哲学的工作，标志着马克思主义的成熟。《关于费尔巴哈的提纲》和《德意志意识形态》所阐述的新唯物主义世界观和方法论，要求从实践即人的主体性活动方面理解现实世界。这一根本思想为把价值科学地理解为人的实践活动中的内在因素和目的性内容提供了最重要的基础。同时，他们还提出要充分地理解"批判的，革命的实践的意义"和改造现实世界使之革命化的方向，并就人的社会存在和社会意识，人的需要、利益，人的活动的历史方式及其条件等，做了丰富的具体考察，阐明了关于历史价值的基本观点。这些研究导致了以唯物史观为基础的共产主义价值观念,在马克思和恩格斯合作的另一部代表性著作《共产党宣言》(1848)中得到了完整的表述。

共产主义价值观念的形成是科学社会主义学说成熟的显著标志,"人和人类社会"是马克思哲学首要的关注点,历史唯物主义的对象只能是"人和人类社会"。虽然"价值论"这个概念和价值哲学都诞生于马克思去世后,但并不表示马克思没有关注价值问题,恰恰相反,价值问题是马克思哲学一直涉及的问题。

(三)马克思对"哲学精华论"的表达

马克思曾说哲学与哲学家不是像蘑菇那样从地里冒出来的,哲学思想是关于时代、人民的产物。马克思的这句名言,包含着两层意思:

1. 真正的哲学的根基在于时代与创造着这个时代的人民

哲学总是自己时代精神的升华和总结,从这个意义上来理解,价值观的表达受到历史的影响。古希腊有着优秀的政治文明,因而孕育出幸福论、德性论以及公民人人获得民主平等的价值观;两河流域的苏美尔人能创造先进的"泥板书",因而孕育出苏美尔人、阿卡德人、赫梯人、亚述人绝对君主与自然神力的价值观念;古埃及人有着绝对的权力金字塔文化,因而孕育出独特的"玛阿特"崇拜价值观;传统中华帝国有着优秀的儒家文明,因而孕育出中国人独有的"家国一体"伦理传统。对于当今的时代来说,哲学的产生也同样适用于这个道理,文明是价值的母体,而文明和价值又同时受到时代与人民的影响,时代是文明与价值观的染色剂,不同的历史背景能够渲染出不同的颜色,而人民是绘画者,能够根据不同的染色剂绘制出不同风格的绘画作品。在马克思看来,与自然界的存在一样,人类社会的发展也是不以人的意志为转移的客观实在,人类社会及其生活过程等同于人类的实践及其活动过程,因此每一个时代依据不同的实践,有着不同的表达,对时代性质的不同判断将直接影响对内外观念的产生与执行。至于人民这一概念，在马克思看来，作为一种类存在的物，这一群体的独特之处是能够产生出创造世界历史的原动力，一切文明都来源于人的创造，一切价值都被人集中表达。

2. 真正的哲学融合了古今的思想，而且也能够在古今之间产生对话

这种唯物主义历史观，与中国古代的史学家司马迁的思想别无二致，换言之，"居今之世，志古之道，所以自镜也，未必尽同"（《史记·高祖功臣侯年表》）。之所以要"志古之道"，原因在于人作为一种类存在的物，在历史的时空中尽管能够创造出比前一个时代体系更宏大，逻辑更缜密，内涵更丰富的文明，但是人类的进化的评判标准并不必然全是对文明的考察，不能说古人创造的文明拙劣，因而古人是蛮貊，现代人创造的科技发达，因而现代人代表着文明。由于价值本身要相对于时代而言，因此它的发展并不是像历史一样能够线性前行，并不是历史越发展，人的价值观越崇高，价值观受到时代表达的影响，因而很有可能今人在思考同一问题或表达某一身位时，比古人更拙劣、更愚昧。因此，历史的真正意涵就在于所谓的"揽镜自鉴"，文明在进步，人的一切哲学思想也要跟着进步，要达到这一点，必须拿出一个过去的参照物详加端视，有则改之，无则加勉，如果古人的行动逻辑更高明，则今人在建构哲学体系时，就应当虚心加以学习，如果古人的行动逻辑尽管高明，但是与今天时代的表达严重脱节，则今人应该审慎思考，扬弃对待。

很显然，在探讨社会主义核心价值观与优秀传统文化的辩证关系这一学理上，马克思"哲学精华论"已经给了我们一个明确的答案。真正的价值认知逻辑，必须建构在历史的积淀、时代的表达与人们的诉求上，舍此，则价值观就会虚无缥缈。如果空谈"原创"与不切实际的"空想"，那么我们践行社会主义核心价值观就会成为一句空话。

(四)马克思主义价值论的特征

同历史上和西方的各种价值论学说相比,马克思主义价值论具有显著的科学性和革命性特征,表现为在理论上以彻底的唯物主义世界观和方法论为基础,在实践上坚持以无产阶级和人民大众为主体的共产主义价值观念。

马克思主义价值论的根本特征,是以科学的、彻底唯物主义的实践观点及其思维方式来考察价值问题,从而形成了实践唯物主义的价值理论。

首先,它把价值现象置于人类社会的历史实践中考察,指出价值是人类特有的对象性活动中的普遍内容,而不是外在于人类生存发展活动的、某种先验的、神秘的现象。它对价值现象产生和存在的基础的理解,坚持了历史唯物主义的立场和方法,不同于从某种客观理念或人的抽象本性中得出价值的唯心主义学说。

其次,马克思主义价值论立足于对人类对象性活动、主客体关系中的"两个尺度"的理解,用主客体相互关系的客观过程和结果,来说明价值产生的秘密和价值的本质。它指出,价值的本质是客体属性同主体需要和能力之间的一种统一,是世界的存在对人的意义;价值产生于人按照自己的尺度去认识世界和改造世界的活动之中。这样,它对价值的本质和来源的理解,就同人类生存和发展的客观实际过程相联系,同确认人在改造世界方面的权利和责任相联系,而不是像主观主义和唯意志主义那样,把价值看作人的主观精神绝对自由的表现,也不是像庸俗唯物主义和自然主义那样,把价值看作是与主体的创造活动无关的自然本性。

再次,马克思主义价值论坚持社会存在决定社会意识的观点,并用它去分析价值的客观形态和主观形态。它指出,人们的社会存在,包括人们的社会关系、客观利益和需要、现实能力等,及其历史条件在内,是客观的。这种客观性决定了价值的客观性;而人们社会意识,包括人们的愿望、兴趣、态度等等，是主观的。这种主观性表现为对价值认识和评价的主观性。对价值的客观形态和主观形态，必须按照唯物主义的方式加以考察，才能够奠定价值论研究的科学性基础，而避免主观主义、相对主义和非理性主义等否定性之倾向性。

最后，马克思主义价值论依据生活实践本身的丰富和历史进步性，来说明价值的无限多样性及其发展趋势。它认为，人的本质的丰富性、现实社会关系的复杂性、实践内容和条件的具体性等原因，决定了现实人类社会中的价值必然是一个在结构、层次和方向上都极其多样化的、充满了矛盾甚至对抗的多元体系；随着人类社会的不断发展，这种现实的多元化同时又表现了历史一元化的必然性。通过人的彻底解放和全面发展，真善美等基本价值将不断地得到丰富和充实，并战胜假恶丑，达到高度的统一，从而不断走向人类的最高价值即自由。这样，马克思主义价值论就把对价值的科学研究同人类的历史命运联系起来，同无产阶级革命的历史任务联系在一起，从而形成了科学共产主义价值观念的体系。

综上所述，"价值论""哲学精华论"和"马克思主义价值论"是我们对社会主义核心价值观认知的根本，是我们理解关于社会主义核心价值观命题和理论的基础。同样，这些也成为对民众进行社会主义核心价值观理论教育的重点，只有让大家从根本上理解了"价值论"和"马克思主义价值论"，才能理解社会主义核心价值体系的结构、内容，社会主义核心价值的内容以及价值评价的相关问题；这也是我们对社会现象和自己以及他人的行为进行价值评价的基础。而价值评价又反过来影响和构成民众的价值认知。价值评价在社会主义核心价值观的认知模式中，与莱考夫的意象图式模式契合。

第三节　社会主义核心价值观的意象图式认知模式

在今天这样一个信息社会，经验已经不再局限于直接经验，现实也向我们揭示，社会事件的价值评价对民众价值观的影响比对民众的理论教育要更为深刻。价值评价就构成了国民社会主义核心价值观的意象图式模式。"价值评价"已成为一种习惯性使用，但是，"评价"就是"评估价值"。理解价值评价，应当搞清楚以下几个问题：价值评价的本质、价值评价的特征、价值评价的层次、价值评价的形式以及价值评价的作用。

一、价值评价的本质和特征

评价是一种意识活动，是社会现象在人脑中的反映。但是，价值评价与我们通常所说的认识又存在细微的差别，评价是一种特殊的认识，理解评价和一般认识之间的关系，即审视价值评价作为一种特殊认识的特征，为我们正确把握评价提供了一个很好的视角，评价与一般认识可以在以下几方面进行对比。

（一）对象稍有差异

评价仅以主客体的"关系"为对象，而一般认识的对象是客体的特征和规律。客体的特征、主体的需要这些一般认识的对象在评价活动中只有处于主客体关系的视野中才被关注，这些内容只构成评价的基础，而并不是评价本身。一般认识的结果通常是用"是"联系起来的一种对事物的描述，而评价的结果却是"有""无""大""小"这样的形容词。

(二)主体的地位和作用存在差异

现代很多科学认识活动都以精密仪器为中介,甚至认识结果就是一种仪器的产物如图纸,也就是说,一些认识跟主体的差异没有任何关系,主体的作用可能就是打开一个开关。但是,评价活动,特别是价值评价和审美评价中主体必须是"在场"的,再精密的仪器也只能完成一些确定了客观指标的评价,如血常规检测中的高或低。

(三)评价标准和认识标准不同

在一般认识活动中,结果只有两种——正确或错误,从而构成真理和谬误,评价的标准是客观的。但是在评价活动中比较少用正确和错误来认定现象,评价结果亦显得多种多样,有时甚至是一个矛盾的结论,如"他确实不能这样做,但我很佩服他",这是因为评价标准本身就存在一定的主体性,评价标准的不同,直接导致对同一对象的不同评价,而此种不同评价又不是一个对错问题。

上述评价活动和一般认识之间的差异并不能否定认识和评价之间的联系,两者都是意识的反映活动,反映的对象都是客观存在的,价值现象也是客观存在的,不是主观杜撰的。另外,评价即是与实践一样,成为认识的目标和动力,即认识一个事物的目的就是对它做出评价。进一步分析可知,评价所区别于一般认识的是一种"科学认知"或说"知识性认知",评价这一意识活动就是在"科学认知"完成后加入了一个"衡量"过程,这个"衡量"过程介入了一个标准。

价值评价是评价活动中的一种,价值标准是衡量客体对主体需要的满足,从上面对评价的分析,可看出价值评价应当具有如下特征:

第一,价值评价的对象是主客体的价值关系。知识性认识的对象是客体,是以客体本身的状态为反映内容,以获得关于客体的"真"的认识为目的;价值评价是"衡量"客体的特征是否以及在何种程度上满足主体的需要。在日常生活和实际工作中,人们常常要对人或事进行评价，主要是说明这个人或事对于社会、对于人有什么积极或消极意义，从而决定对这个人或事应持何种态度。

第二，一般来说，价值评价结果与评价主体有直接联系，是以主体的特点为转移的。知识性的认识是人的主观反映客观的过程，在这一过程中主体的状态、需要与认识结果是否正确之间并没有必然的联系，认识是不以主体的具体特点为转移的。而价值评价则不同，由于价值评价是对主体与客体之间的满足关系的衡量，因而主体的客观存在状态，包括主体的需要、特点以及其他的规定性等，作为价值关系的构成要素也就必然会对评价结果产生直接的影响，使评价结果以主体的具体特点为转移。例如，对资本主义、社会主义的价值评价，对当代世界经济政治秩序的评价，不同的价值主体就可能不完全一致，甚至截然相反。

第三，价值评价结果的正确与否依赖于相关的知识性认识。价值评价是关于主客体之间关系的认识，是关于客体对主体需要满足的衡量。人们能否正确地做出这种判断，取决于人们所具有的相关的知识性认识，既包括对客体的属性、本质和规律的认识，也包括对主体的规定性、需要和发展规律等的认识。只有当人们对主体和客体都有了正确的知识性认识之后，人们才能依据这种认识做出关于主客体间价值关系的正确评价。

但是，价值评价也不是一种主观随意性的认识活动，而是必须以客观性的认识活动为基础，只有正确地反映了主客体特征及其关系的评价才是正确的评价。实践是检验评价结果的标准。正如列宁所说："必须把人的全部实践——作为真理的标准，也作为事物同人所需要它的那一点的联系的实际确定者——包括到事物的完整的'定义'中去。"[①] 一般说来，评价性的认识与知识性的认识一样，他们都是由人们

---

① 列宁：《列宁专题文集　论辩证唯物主义和历史唯物主义》，人民出版社 2009 年版，第 314 页。

改造客观世界的需要而产生的，都是为实践取得成功服务的。成功的实践既表明知识性的认识是正确的，同时也表明评价性的认识是正确的，表明评价正确地反映了客体对于主体的价值关系。

需要指出的是，在现实生活中由于评价的主体是具体的，可以是个人、群体或人类等，而这些不同的主体在需要或要求方面往往存在着差异或矛盾，这就决定了不同主体对同一事物的价值评价也常会产生差异或矛盾。比如，不同的阶级由于其阶级利益的差异或对立，势必会影响其对涉及阶级利益的经济、政治、文化方面事物的评价，从而导致评价结果的差异甚至完全对立。但是，这并不说明价值评价纯粹是一种没有任何客观标准的评价，"公说公有理，婆说婆有理"。由于人民群众的要求和利益从根本上代表着人类整体的要求和利益，是与历史发展的基本要求或趋势相一致的，因此对于任何价值评价的主体而言，其价值评价的结果只有与人民、人类整体的要求或利益相一致，才是正确的价值评价。

以上述价值评价特征考量中国传统核心价值观，可以梳理出以下三个特点：

首先，价值评价的对象是主客体的价值关系。中国传统的价值评价关系，是"身位"与"文明"之间的关系，即个人的行动范式如何透过思想的世界去获取文明的产出成果。人是价值观的主体，而优秀的文化是孕育价值系统的客体。"仁者以财发身，不仁者以身发财"（《大学》），可见"身"与"财"分别代表了价值评判的主体与客体，主体与客体之间必然发生着一定的关系，这种关联的过程，就是核心价值观创造的过程。中国古人特别强调，在人与万物之间必须有一个价值评判加以联结，"人而不仁，如礼何？人而不仁，如乐何？"（《论语·八佾》），在此间，人是价值评价的主体，而"礼""乐"是价值评价的客体，"仁"既是一种价值的评判标准，也是联结主体与客体之间的桥梁。

其次，价值评价结果根据主体的特点而转移。这个特点深刻地解释了"传承"与"变迁"之间的辩证关系。由于古人与今人所处的时代不同，因此价值主体之间的性格与特点就会各有不同：古人注重家庭，今人则更注重个人；古人注重从经籍中寻求精神的依归，今人则更依赖科技带来的触觉观感。这种不同的性格可能会导致价值观落实在行动的表现上时，各有侧重，因而可以说，价值的评价结果会依据主体的特点而转移。所以对于今人对古人价值观的传承与变迁来说，必须要看到这个"活"的一面，切忌生搬硬套，拿来主义。比如，古代人的天下意识与今天的爱国情怀在理解上就有着明显的区别：古代人的天下观念是带有封建专制色彩的政治意识，爱国很有可能等同于遵循他所在的朝代的王权与中央政府的权力的统治，因而有可能这种意识带有一定的强迫意味；而对于今天的爱国情怀而言，可以理解为是一种民族主义与国家主义的认同，官方的色彩不再那么浓郁，从过去的强迫转变为提倡。因而在理解古今的价值观变迁时，必须考虑价值评价基于主体的特点而转移这一事实。

最后，知识性认识决定着价值评价结果的合法性。传统的核心价值观是一种"正确性的行动"，中国古人并不会刻意地去证明它的合法性，这是因为，这种价值观建构于一种"知识即美德"的绝对真理之上。中国王权体制下，官方对于价值观的倡导有一个先在的前提，即首先必须在以儒家为代表的知识界展开反复的论证，一个最直接的表现就是要将价值观宣扬的东西著成经典在民间反复流传，这种论证与流传有一个好处，就是逐步地通过知识的渗透，"证成"其合法性，从而在官方推广之际，减少深入一般民众行动范式的过程中的阻力。

二、评价层次和形式

价值评价的具体形式多种多样，可以从不同的视角做出不同的界定和划分。从对象来看，可以划分为对人的价值的评价、对物的价值的评价；从主体来看，有个人评价、社会评价和历史评价；从评价的领域和功能来看，有经济评价、政治评价、法律评价、道德评价、艺术评价、学术评价；从评价时间来看，评价可分为事先评价（预测性评价）、事后评价（总结性评价）和事中评价；从评价的层次来看，有本能—下意识层次的评价，心理—情感层次的评价和理智层次的评价；从评价的内容来看，有综合评价和分类评价、定性评价和定量评价、判定性评价和比较性评价、肯定性评价和否定性评价；如此等等。对认识和理解价值评价最重要的是评价的层次和方式，它们对价值认知具有重要影响和意义。

（一）评价的层次

评价的层次以意识水平为划分标准，可分为以下四个层面：

1. 本能生理反应

此种反应还不是一种心理活动，而是体现着客体的特征同主体需要之间是否一致、是否和谐的一种生理活动，与动物的生理反应有一定的相似性。主体对此的肯定或否定反应，是瞬间的但也是更真实的评价。

2. 心理评价

心理水平的评价是一种直接的、常见的评价形式，心理评价不同于生理反应，已经有了欲望、愿望、动机、兴趣、情绪或意志的流露，但是此种层次的评价又未经理智的思考，而仅是情感和意志的反应。

3. 理智评价

这是一种经过思考的评价形式，主体的认知和知识使主体对价值关系有了比较深入的了解，然后根据信念、信仰等做出判断或决断，主体的理论水平和思想观念以及经过理智考量的情感和意志均介入了评价活动。主体的理智在此种层次的价值评价中发挥着重要作用。

4. 实践评价

此种评价形式的最大特征是，实践成为价值评价的途径、方式和标准，让评价成为一个动态的、现实的过程。前面三种评价通常也是在实践中做出的，实践评价在某种程度上综合了前面三种评价。

评价的四种层次在意识水平上存在着递进关系，但是基于评价对象的复杂性，几种层次的价值评价通常同时存在，面对某种价值关系会出现何种层次的评价，既与价值关系的复杂程度相关，当然也与评价主体有关。

（二）四种主要评价形式

在现实社会中，价值评价主要采取以下四种形式：

1. 功利评价

功利评价是对功利价值的评估、计算、比较、权衡。作为最普遍、最基本的一类价值，功利价值是构成其他价值的基础与根源，也遍及人类生产与生活的诸多面向。中国古人讲的"利用厚生""利害""得失""祸福"，现代人们说的"效益""有利于""有助于""有用性"等，所指的都是功利价值。功利价值首先是经济价值，但不限于经济价值，政治价值、军事价值、社会价值的许多内容，甚至文化价值的不少方面，也都是功利价值。功利价值侧重于物质价值，但也不限于物质价值，有些精神价值就属于功利价值，如一定的教育方法对达到某种教育目的的效用，人的价值中有许多也属于功利价值，所谓"有用人才""对社会做出了突出贡献"，都是从功利价值方面来说的。功利评价作为对功利价值的判定、评估、权衡和预测，是人们最大量、最经常进行的一种评价活动。对得失的权衡，对利害的估计，对好坏的判定，对优劣的比较，对效益的计算，对祸福的预测等等，都是功利评价的具体形式。功利主义一派看到功利价值对其他价值的基础地位和作用，这是合理的，但它由此否定其他价值的相对独立性，把它们都划归为功利价值,划归为快乐和痛苦在量上的区别,则走向了错误。

2. 道德评价

道德评价是对一定个人或集团行为的道德价值的评价。道德是一定群体认同的调节人们之间以及个人和集体之间行为关系的规范、原则的总和。道德起源于维持群体生活秩序的需要,它首先的任务是规范个体,主要的手段是舆论褒贬。在发展较好的个体那里,道德规范才变成了自己认同的信念,自觉地约束自己的行为。道德价值与道德的价值是不同的范畴,道德的价值主要指道德对于群体生存和发展需要的满足,指它对维持群体秩序和信念的效用,这本质上属于一种功利价值,在这一方面道德和法律的功能是相同的。而道德价值则是指人们的一定行为和品质是否符合道德的基本要求从而对于弘扬和维护这种道德范式的意义和作用。道德规范本来就是为了调节人们的利益矛盾而设立的,因此道德规范和道德价值表现出某种"超功利性",但它们毕竟建立在功利价值的基础上,不可能完全超功利。把道德价值和功利价值等同起来,如功利主义,或是把它们完全对立起来,如宋明理学,都是错误的。道德评价作为对道德价值的评判,具有区别于其他评价的显著特点:一是道德评价标准是社会群体的标准,也是具有一定普遍意义的标准,评价者个人的喜好、爱憎最多只能在侧重或选取标准时起一定作用,它本身不是也不能作为道德评价标准;二是道德评价侧重的是行为者的动机,效果只是动机的外在证明,它是通过动机来得到说明的;三是道德规范既是道德价值的标准又是道德评价的标准,这种同一性使一些人陷入迷惑,似乎道德价值是由道德评价"赋予"的、决定的,同时也使得不同道德体系之间、不同时代的道德评价之间难以沟通、不可通约。道德相对主义就是抓住这一点才得出主观主义的结论的。

3. 审美评价

审美评价的对象是美,而不单是引起主体美感的事物,美作为审美客体与主体之间的一种特殊关系,以审美客体的存在为前提,以主体中美感的产生为确证,它们共同构成了审美评价的对象。但是,由于审美评价的主体与获得美感的主体直接统一在一个人身上,美感也就具有了一种双重性质:一方面作为价值关系之一端,它是美存在的确证;另一方面作为审美意识和评价,它又反映了美的产生和作用。在审美评价中,评价主体和价值主体、审美需要和评价标准往往难以分开,再加上联想和想象的作用,使得一定的审美态度、审美趣味和审美能力直接地参与到审美客体的生成之中。所以,在审美评价中,评价者既不是"如实地反映"审美客体的功能和属性,也不是"如实地反映"审美主体的美感,毋宁说是他同时在创造着审美价值,是在发现着美和生产着美。优秀传统文化所塑造出来的美,是一种自由、心灵的美,因此对于传统的审美评价,是基于人的心灵与情怀、自然与人文社会的流动以及民族国家主体意识这三者之间的总体意向。传统文化之美,是美在这种包容与共存,是个人德性之美能够融入社会和谐之美,社会和谐之美进而上升至国家意识责任感之美。

4. 学术评价

学术评价就是评估一定成果的学术价值的活动。学术评价的一个显著特点,是它往往由学术界的权威和同行们来进行,因为非学术界人士缺乏专门知识,甚至连这些成果的内容都不懂,根本无法对其学术价值进行评估。由于学术研究的突出的创新性和复杂性,学术评价既是一项非常严肃和困难的工作,又是对研究成果的鉴定推广和人类认识发展有重要意义的工作,没有高度的责任感和专精广博的知识,是难以做好的。

中国古代的学术评价建基于对儒家文明及其核心价值的总体批评与继承上,儒家文明之所以能够延续千年,在于其内部形成了一种良性的"优秀文化生产机制",为了确保这种机制在经历时间的剥蚀时不会褪色,传统的中国人十分注重从学术批判的角度对这种机制进行修补。因此历代的知识分子除了"穷经进德"之外,还要对帝国儒家文明的整个价值体系做出"苟日新,日日新,又日新"的思考。一方面,既承续先王法统,使价值观永不漫漶;另一方面,又站在前贤的肩膀上对价值观中的某些缺憾做出修补,使其适应时代的变革。"法不变则事不行",在这种谦卑的学术评价姿态下,儒家文明得以完整保存。

无论哪一种价值评价,都不是一次性、终审性的,而是一个过程。从微观的角度看,任何一个合理性的评价,都要经历确立评价标准、搜集评价信息、作出判断(评价结论)、检验结论这几个环节,有时还需通过若干次的反复,才能使评价结果合理可靠;从宏观的角度看,各种评价在传播交流中相互作用、取长补短,最终形成比较合理的为一定群体一定时代所公认的评价。随着社会和时代的发展,知识在增加,思维能力在提高,价值和人们的价值观念都在发生变化,人们的评价也必然在发展和变化。把某种评价和某些规范绝对化,使之变成一种抽象的脱离时代的东西,是违反价值和评价发展的辩证法的。

三、价值评价与价值观

价值评价在实践中起着激励、制约和导向作用。首先,价值评价作为对自身的客观需要和要求的主观反映,作为人们对价值现象的认识,是推动实践不断实现价值的精神驱动力量。其次,价值评价作为实践的主体尺度,是实践活动发展的规范因素,它要求实践活动必须努力消除盲目性和随意性,必须服从于实践目标,即服从于实践满足人们客观需要这一根本目的。最后,价值评价作为实践活动的目标,是实践活动发展的导向因素,它引导实践活动朝着更充分、更全面、可持续性地满足人们日益增长的美好生活需要的方向发展。价值评价的诸多作用均是通过引导正确的价值观的确立而实现的。价值观是人们关于价值本质的认识以及对人和事物的评价标准、评价原则和评价方法的观点的体系。它与世界观和人生观是一致的。价值观对人的行为起着规范和导向作用。价值观不同的人们，行为的取向也会不同，甚至可能截然相反。即使从同一个真理性的认识出发，也可能引出不同的甚至相反的行为取向。例如，有同样化学知识的人，有的人可能为人类造福，有的人可能制造毒品危害人类。可见仅仅拥有科学知识并不能保证人们行为的价值取向的正确。马克思主义以绝大多数人的利益为评价是非、善恶、美丑的标准，归根结底是以社会的进步和人类的彻底解放为标准的。

马克思主义价值论是对人在价值生活方面的一切精神活动的看法，坚持彻底的、全面的能动反映论，是能动反映论的评价学说。

首先，它承认哲学和一切具体科学对价值问题的研究，是以人类现实生活中客观存在着的价值现象、价值关系为对象，是思维反映认识存在的一种活动。这样它就承认了价值论成为一种科学的必要性和可能性，承认了价值论的存在和发展要受生活实践的检验，同时也就排斥了将价值论完全主观随意化、直观化、非理性化的倾向。

其次，在区分价值的客观形态和主观形态的基础上，马克思主义价值论认为，在具体的价值关系中，主体关于客体价值的各种意识形式，包括认知和评价，都是主观对客观的反映，是现实价值关系在精神上的表现形式。它要求区分一定客体对一定主体事实上的价值与这一主体对它的看法、态度，并用前者来说明后者，而不是相反。这样，马克思主义价值论就把价值和评价区别开来，从而反对任何用人的兴趣、态度、价值观念等价值意义来代替客观价值的倾向，为确立评价理论的客观性标准提供了基础。

再次，马克思主义价值论并不否认评价表达了人对客体的兴趣、态度和情感。但是它并不停留于此,而是进一步指出,态度、情感、兴趣等是人本身的现实结构、需要、能力等即人的客观存在的反映,是反映自我存在的自我意识。这种意识最终是由主体存在和实践方式所决定、所制约的,是受它们检验并最终要服从于它们的。因此,人们对价值加以评价的精神形式及其标准的主观性,仍然有其客观的依据。把握评价及其标准的客观依据,是正确认识评价的本质,树立自觉的、科学的价值观念的前提。马克思主义这一评价理论及其观点,将对评价的理解同主体的自我意识联系起来,明确了人们在以自己的尺度衡量事物价值的时候,要正确认识自己和提高自觉性水平的责任,从而同情感主义、意志主义和各种非理性主义的评价观相区别。

最后,依据上述观点,马克思主义价值论其确定的标准仍然是对对象的反映是否与对象相符合,其检验形式最终在于实践。这样,马克思主义的评价论就是达到了与真理论的贯通和一致。关于认识之真理性的含义和标准的原理,对评价也适用。所不同的是,在真理论中,思维所要与之相符合的对象,仅仅是指被思维的客体;在评价论中,这一对象则主要是指主体自身的客观事实,即由主体本身的客观存在、地位、需要、能力,以及来自客体的影响所引起的结果等等所构成的客观实际状态。依据真理的客观性质,马克思主义评价论最终得出的结论是,只有以人类历史主体的存在和发展为标准,只有同社会历史发展趋势相一致的主体,才能够真正掌握先进的、科学的价值标准,才能做出完全正确的价值判断,才能够建立并实现最合理的、真正富有生命力的价值观念。

价值评价属于生产机制,而价值观则属于附属产品。优秀传统文化的魅力并不全然在于文化"优秀"的标签本身。在世界历史坐标轴中,堪称创造了优秀文化的民族有许多个,它们的文明进程不但塑造了那个民族族群的整体性格,更进一步影响到了世界文明前进的脚步。

从文明内在角度来说,平心而论,中国古人的智慧与勤劳达到了今天中国人很难企及的一个高度，经过数千年的积淀，聪明的中国古人通过不断地思考与革新，给我们留下了思想上一座又一座的"富矿"，可以说，优秀的传统文化千丝万缕、仪态万方，连专业的文化研究者都只能望洋兴叹。

比如对于当今中国而言，社会主义核心价值观的传统底蕴，蕴含于个人、社会、国家三个层面的优秀传统文化之中。"富强、民主、文明、和谐"分别对应"治国之道，必先富民""民惟邦本，本固邦宁""见龙在田，夷夏大防""不偏不易，中正和合"等优秀传统文化中的国家主张；"自由、平等、公正、法治"分别对应"为仁由己，百家争鸣""列德尚同，爱无等差""不疏贵贱，一断于公""礼法共治，德刑并用"等优秀传统文化中的社会主张；"爱国、敬业、诚信、友善"分别对应"宅兹中国，心系天下""敬业乐群，惟精惟一""诚者天道，言信行果""上善若水，仁者爱人"等优秀传统文化中的个人主张。

这样的概括，也只能说是一家之言，并不能完全概括传统与现代之间的真正关联，优秀传统文化或许根本不止上述所列的几点，我们要学习中华优秀传统文化，也不一定全然是上述所列的几点，如此一来就导致了研究者的困惑，因为研究的视角不同，因此提炼出来的文化范式也会各不相同，从而导致了研究者会思考"究竟什么才是真正的优秀传统文化"。而对于一般的国人而言，由于今天的生活方式已经从古代的"经籍的系统"转变为现代的"科学的系统"，因而人们对于过去一切已经发生了的历史，都是抱着在博物馆参观的心态去理解，要理解这些文化遗产尚且困难，更何况是要将这些文化融入日常的行动范式中，这是一个非常艰难的历程。

由此可见，如果将"中华优秀传统文化与社会主义核心价值观"之间的关系理解为是"今人为了塑造价值观去学习古人的价值观"这样的命题，很明显就会陷入一个永远无法证成的错误逻辑当中，从而我们的国人就会陷入（实际上已经陷入）一种极大的迷茫当中：旧有的传统已经被抛弃，新的观念未曾建构起来。过去的文明传统被中国人抛弃，想要重新拾起却发现已经无能为力，而新的生活方式又因为缺乏根基而无从建立，从而导致了中国人的价值观如同"飘萍"一般无处生根落地。

因此，我们所说的回归传统，本身并不是从中国古代文明中"照抄照搬"古人的生活模式或者思考习惯，更不是把古代优秀文化"挹彼注兹"，套在现代人的观念中。社会主义核心价值观吸纳优秀传统文化，首要的一点，就是要明白古代人是如何用他们的价值评判体系去产生价值观与优秀文化的。这个过程，如同我们对汽车的了解，我们需要做的，并不是原本地照抄一辆汽车的性能与配置，而是要全面地了解这辆车的设计思路、生产工艺以及核心技术。掌握了这些，我们就可以透过"生产车间"去创造千千万万辆这样的汽车，不唯如此，我们还可以透过对思路、工艺与技术的改进完善，去进一步地提升汽车的整体制造水准。同样的道理，所谓价值观的"传承""培育""践行"，当然不是也不能"原创"一种所谓的价值观，而是要了解前人价值评价的根本思路与方法，了解前人是如何透过这个评价标准去逐步地影响整体的价值观的塑造，从而吸纳这种价值评价标准，将其赋予时代与变革的色彩，以适应今天中国人的精神需求。同时，在价值评判的基础上，要做创造性的转换，使得古人留下来的价值观在今天仍旧能"熠熠生辉"，这才是培育和践行社会主义核心价值观的根本所在。

回归到价值评价与价值观本身的探讨中，古代人的价值评判标准是什么？透过上述分析，我们可以相对地理解为是一种"同心圆结构"理论，所谓的"同心圆结构"，其本质上是一种"身位"与"序列"的价值体系，即身处这一同心圆结构中的人或价值有着各自的位阶，这些环环相扣的位阶，有可能是"宅兹中国，心系天下"的爱国情怀，有可能是"敬业乐群，惟精惟一"的敬业精神，还有可能是"不偏不易，中正和合"的和谐思想，在穷天理而明人伦的结构上，它们都扮演着各自的角色。这种超稳定的结构，我们可以将其理解为上述所言汽车的"设计思路、生产工艺以及核心技术"，历代的古人都极其用心地加以呵护，使得这种生产机制能够历久不衰。有了这样的价值评价体系，价值观的输出就成了自然而然的事情。换言之，关于价值评价与价值观之间的辩证关系，我们可以从四个角度加以思考：一是如何认识中华优秀传统文化与传统核心价值观的关系；二是如何从中华优秀传统文化中准确提炼传统核心价值观的基本要素；三是如何从扬弃的角度正确认识传统核心价值观；四是传统核心价值观与社会主义核心价值观的辩证关系。

四、马克思主义价值观念体系的主要观点

19 世纪中期，在世界第一次工业革命完成之际，马克思创立了自己的科学理论，公开申明其理论是"无产阶级和人类解放的学说"。他指出："社会从私有财产等等解放出来、从奴役制解放出来，是通过工人解放这种政治形式来表现的，别以为这里涉及的仅仅是工人的解放，因为工人的解放还包含普遍的人的解放。"[①] 依据对价值和评价的实践唯物主义理解，马克思主义价值论形成了自己实践唯物主义—共产主义的价值观念。这一价值观念体系的主要观点包括：

（一）以人民群众为唯一的、最高的价值主体

人民是一个历史的、不断发展着的范畴。但马克思主义的价值观念认为，无论何时，只有符合广大人民的利益、为广大人民所接受的价值才是真正的价值，即以占人类绝大多数、并体现历史发展方向的

[①] 马克思、恩格斯：《马克思恩格斯文集》（第 1 卷），人民出版社 2009 年版，第 166 页。

人民群众为唯一的、最高的价值主体。由此产生价值判断和价值导向：凡是推动社会生产力向前发展的物质创造和精神创造，都是有价值的；凡是符合人类绝大多数的根本利益，得到人类绝大多数拥护的，都是有价值的；只有依靠人民自己来创造价值，由人民自己来占有价值和掌握实现价值的条件，才能使人类的真正价值不断得到实现和丰富发展。

（二）现实人类所追求的最高价值，是实现人的彻底解放，达到以每个人的自由而全面的发展为其原则的社会历史阶段

马克思认为，未来共产主义社会将取代资本主义社会。而共产主义社会是一种什么样的社会形态呢？马克思做出了明确的回答："代替那存在着阶级和阶级对立的资产阶级旧社会的，将是这样一个联合体，在那里，每个人的自由发展是一切人自由发展的条件。"[1] 在共产主义社会，人们将有条件按照自己的意愿自由而全面地发展，这种"全面发展的个人……是历史的产物。……是以建立在交换价值基础上的生产为前提的，这种生产在产生出个人同自己和同别人的普遍异化的同时，也产生出个人关系和个人能力的普遍性和全面性"[2]。马克思的全部理论和学说都是围绕着如何使人摆脱剥削、压迫和异化，实现人的自由、解放和发展来展开的，他把实现人的自由、解放和发展视为无产阶级和人类奋斗的理想和目标。

（三）追求和实现人类价值目标的现实途径

现实途径在于革命地改造现实社会，否定剥削人、压迫人的社会制度，建设高度的物质文明和精神文明，创造使人与人的社会分裂和

---

[1] 马克思、恩格斯：《马克思恩格斯文集》（第2卷），人民出版社2009年版，第53页。
[2] 马克思、恩格斯：《马克思恩格斯全集》（第30卷），人民出版社1995年版，第122页。

对抗彻底消失并不能再产生的历史条件，逐步实现人与自然、人与人的社会关系方面的和谐统一。无产阶级领导的人民群众的社会主义革命和建设，是实现这一历史任务的具体形式。

（四）在实现自己价值目标的过程中，必然存在着复杂、长期、尖锐的社会斗争

这些斗争表现为不同阶级、阶层、民族和国家的不同价值体系和价值观念之间的矛盾和冲突。代表人类发展方向的无产阶级和人民群众，需要经过艰苦的努力，敢于和善于处理这些矛盾，战胜敌人，同时也不断改造和丰富自己，提高自己，才能最终达到自己的目的。

正确的价值观是先进的社会集团或阶级在实践中形成的，反映了人民群众的要求，对历史发展和社会进步起着促进作用。在当代中国，树立正确的价值观，必须努力建设社会主义核心价值体系，积极培育和践行社会主义核心价值观。培育和广泛践行社会主义核心价值观，是坚持和发展中国特色社会主义的内在要求，是凝聚社会共识、实现团结和谐的根本途径，是树立国家良好形象，提升国家文化软实力的迫切需要。核心价值观是一定社会形态性质的集中体现，在社会思想观念体系中处于主导地位，决定着社会制度、社会运行的基本原则，制约着社会发展的基本方位。

第七章　当代大学生社会主义核心价值观的培育方略

全面实施素质教育,培养德智体美劳全面发展的社会主义建设者和接班人,是新时代党的教育方针。高校是传播马克思主义的重要阵地,培养具有坚定信仰的青年马克思主义者既是贯彻党的教育方针的具体体现,更是党和国家事业长远发展的根本保证。

培育社会主义核心价值观,必须以一定的认知模式与逻辑为支撑。在探讨信仰与科学之间的意象图式认知培育价值、分析意象图式的误区中,得出基于形式合理性和价值合理性相统一的核心价值观培育逻辑,在科学与信仰之间把握平衡,培育科学的信仰,就可以为社会主义核心价值观培育路径凝练出有效的认知方法,进而有利于培育目标的实现。

第一节　意象图式认知的培育图景

一、意象图式认知的培育价值

探究意象图式认知的培育价值,是开展社会主义核心价值观培育模式分析的前提。立足于对意象图式、信仰内涵的探讨,可以由此加强对信仰与科学之间培育价值的理解,厘清认识的基本脉络。

(一)意象图式：互动的认知模式

图式一词源于古希腊语，意为外观、形象；随着认知的进步发展，后来转变为对最一般基本特征的描述，或指抽象的图形、轮廓等。德语语境中，图式被赋予多种意义，在《杜登德语大词典》中将其译为：haltung（姿态）、stlelung（姿势）、figur（体形）、form（形式）等日常生活用语，在这其中它还未获得专门的哲学意义，18世纪康德于《纯粹理性批判》一书中提出了图式概念，正式将图式一词引入哲学，用于先验哲学语境中，使其成为具有特殊意义的哲学概念。图式学说在康德的批判认识理论乃至整个批判体系中占据重要地位，是康德批评哲学的关键概念。法国社会学家布迪厄认为，无意识便是对历史的遗忘，在遵循历史忘却自身的思路下，他提出分类图式是解释政治运作合法化的工具和手段，所以，可以而且应该将图式学说应用于政治生活。1980年著名语言学家乔治·莱考夫和马可·约翰逊（Mark Johnson）在《我们赖以生存的隐喻》一书中首次提出意象图式（image schema）的观点，指出"作为一种动态模型，意象图式为大众的经验提供结构的连贯性，在人们的动觉与视觉经验中反复显示"[1]，意象图式是与外部世界互动体验的认知模式。由此可见，图式概念发展至今内涵丰富，种类繁多，应用范围广泛。

本书所指图式主要是一种能感知外在世界并互动的动态结构，能阐释人在认知方面的规律现象的模式。对教育而言，意象图式理论亦同样适用，合理运用意象图式认知模式，有益于使学生在认识、理解方面产生良好效果，提升学生学习意识和学习能力。在全面培育和践行社会主义核心价值观进程中，充分有效地使用图式模型尤其是意象图式理论，遵循认知的逻辑，可以构建与外部现实世界互动体验基础

---

[1] G. Lakoff and M. Johnson, Metaphors We Live By, Chicago: The University of Chicago Press, 1980, p. 147.

上的认知方式，优化教育效果。

（二）何为信仰：内外机制的统一

构筑对社会主义核心价值观合理科学的信仰，是核心价值观意象图式认知培育的应有之义，更是全面培育和践行社会主义核心价值观的最终目标。如何有效实现培育价值和目标，必须首先厘清何为"信仰"。

"信仰"是现代汉语频繁使用的一个概念，在古代文献典籍中使用较少，主要见于相关的佛教文献之中，在 1993 年商务版的《辞源》（合订本）中有"信仰"词条，意为"信服尊敬。《法苑珠林》九四'绮语'引'智报颂'用：'生无信仰心，恒被他笑具'。唐译《华严经》十四：'人天等类同信仰'"[①]。由此推算信仰一词应是唐代就有的佛典译语，但未能在民间流传开来。马克思在人类认识和掌握世界的方式问题上，认为"宗教"是人类掌控世界的有效方式之一，而宗教的实质便是"信仰"。对于人类发展历史而言，宗教这一外在表现只是暂时的，信仰的精神才是永恒。张曙光教授指出人们形成信仰需经历三大阶段，首先是一般的相信，其次是笃信不疑的信念，最后才能形成对某种事物或精神的信仰[②]，这表明信仰以相信和毫无怀疑的信念为先在条件。刘晓凯先生表示，信仰是人们特有的一种社会现象，应从信仰的一般本质，即实践主客体关系在人类实践活动的具体展现，来澄清宗教信仰与科学信仰的界限。[③] 危琦、虞新胜等学者则指出信仰是人类对其认定的体现最高生活价值的对象的坚定不移的信赖和执着永恒的追求，其本质可通过主客体之间的相互关系加以阐释，表现在主体上即是为尊崇的心理状态，客体上表现为对信仰对象的向往和追求。[④]

---

① 转引自邓晓芒：《信仰三题：概念、历史和现实》，《马克思主义与现实》2015 年第 4 期。
② 张曙光：《"信仰"之思》，《学术研究》2000 年第 12 期。
③ 刘晓凯：《信仰的一般本质与马克思主义信仰的树立》，《人文杂志》2000 年第 6 期。
④ 危琦、虞新胜：《论马克思主义信仰的建立》，《求实》2006 年第 12 期。虞新胜、颜河清、李罕：《马克思主义信仰的哲学思考》，《江西社会科学》2005 年第 11 期。

本书认为，信仰主要是指基于主客体关系互动，主体对客体由一般的追求到深信不疑的信念，最后在心理上形成尊崇并坚定不移地信赖的内在机制，与在行为上自觉按要求行事的外在机制的统一。信仰的形成有赖于主体对客体的认知和信念，亦有科学与非科学之分。我们所倡导的社会主义核心价值观，是基于国家这一主体对政治、社会、经济、文化等方面发展的科学认知，进而产生的合理信念，是马克思主义信仰的重要组成部分。

（三）意象图式认知的培育价值：在信仰与科学之间

江泽民同志曾说，赢得青年是马克思主义政党赢得未来的根本前提。[1] 社会主义核心价值观作为马克思主义大众化的成果和内容之一，其培育效果的好坏将直接关乎政党和国家的未来发展。当代大学生作为肩负社会主义现代化建设、实现中华民族伟大复兴中国梦重任的主力军，却不同程度地出现信仰缺失、模糊以及多元化的问题，具体表现为：动摇甚至放弃对马克思主义的信仰，转而信奉西方思潮；信仰不够坚定，对马克思主义时而信、时而不信；树立信仰盲目从众和跟风，选择信仰缺乏深思熟虑。[2] 因此，合理运用意象图式认知模式，引导广大青年树立合理科学的理想信念，选择科学的马克思主义信仰，是一个十分迫切且意义深远的问题。

事物发展是内外因共同作用的结果，其中内因起着最为关键性的作用。青年一代中，有一部分人存在信仰模糊、不坚定等问题。除了外在的经济社会发展趋势以及多元思潮文化宣传的攻势外，更因为青年群体缺少应有的自身认知能力、态度以及思想文化修养。简言之，他们未能运用意象图式认知模式认识问题，以致对现象无法把握。

---

[1] 江泽民：《江泽民文选》（第三卷），人民出版社 2006 年版，第 487 页。
[2] 陈跃、熊洁：《关于当代大学生信仰问题的深层思考》，《高校理论战线》2010 年第 4 期。

一项图式表征实验结果显示：主体的认知风格（p=0.028）、客体的结构清晰度（p=0.000）差异性显著，会直接影响图式表征的实效[①]，进而影响人们对事物的认知和把握能力。规避这些影响意象图式表征的因素，引导广大青年群体用意象图式的认知方式，了解和认识社会主义核心价值观，并自觉将内容内化于心，外化于行。理想信念是人类的一种特殊精神，主宰着人们的心灵世界，约束着人们的价值取向和行为适从[②]，其作为信仰的先在前提和基础，在人们构建科学信仰过程中具有重要价值。首先，建立正确的图式认知逻辑，认识社会主义核心价值观的内容概念，清晰地认识客体；其次，进一步深化对客体的追求和信任，上升为合理的理想信念；最后，基于对理想信念的凝练、升化，将社会主义核心价值观化为内心坚定的尊崇和行为的准则，在科学与信仰之间把握平衡，培育科学的信仰。

二、意象图式认知培育的误区

意象图式认知模式为核心价值观的培育寻求一条合理有效的价值路径，但在现实适用时，因受制于社会大环境的影响，却不能正确运用。在价值危机中迷失，就会引起高等教育的危机，使原本有效的培育图式走向误区。为避免核心价值观培育的意象图式误区，厘清价值危机的概念及其表现形式以及高等教育危机的特点十分必要。

（一）价值危机

现代民族国家，不仅是一个主权、地域、政治、经济以及文化意

[①] 邱琴、胡竹菁、闵容：《影响图式归纳和类比迁移的三因素实验研究》，《心理科学》2005年第6期。

[②] 吴潜涛：《正确理解理想信念的科学含义》，《教学与研究》2011年第4期。

义上的政治共同体,更应是一个包含相同价值信念和追求的价值共同体。《何谓公民身份》一书中提到,"由于民族意识、文明与种族的因素,在我们这个时代,现代民族国家政治体制的思想在不断趋于瓦解与实际消亡"[①]。此句意在表明,随着时代向前迈进,维系国家发展的政治共同体将会消失瓦解,唯有价值共同体才能真实地维系国家存在,不会随着时代变迁而消退。价值观是国家存在和发展的纽带与灵魂,是一个国家、一个民族所共同尊崇和信奉的观念,区别于其他国家和民族的鲜明印记。随着全球化的不断发展,世界政治经济共同体逐渐形成,为人类的交往互动带来巨大的契机;但不可忽视的是也带来思想观念、价值观念的冲击。当前,中国正处于社会转型的关键时期,各方利益的整合面临着前所未有的冲突,旧的思想观念被打破,新的思想观念尚未完全成形,追求技术压倒一切、利益至上的价值观点,不免使社会陷入价值危机。价值危机主要是指处于特定社会中的个体和整个社会出现价值观混乱、缺失和错位的现象,进而引起人们信仰模糊、迷茫的问题,人们的精神世界变得空虚,陷入社会价值缺失的困境。具体表现为:

1. 技术工具控制人类思想和行为本身

科学技术的迅猛进步和发展似乎成为后工业革命时代社会发展的重要标志。尤其在当今,科技已渗透于人们生活、思想的方方面面,已全然主宰这个时代的一切。这样的变革引起哲学家和社会学家的反思与批判,胡塞尔指出,"科学的'危机'表现在生活的意义中丧失科学的意味"[②]。技术工具只是人类认识世界和改造世界的手段,不是人类生活和价值的主宰,技术理性不关注生活的价值和生活的意义。我们认为,需要重新回归对人类价值探讨,并力图摆脱技术工具的控制,

---

① 德里克·希特:《何谓公民身份》,郭忠华译,吉林出版集团 2007 年版,第 2 页。
② 胡塞尔:《欧洲科学的危机与超越论的现象学》,王炳文译,商务印书馆 2001 年版,第 15 页。

让人类控制和主宰自身,如此才能回归到价值本应之道。

2. 利益至上,价值缺位

人的价值选择源于人的需求,需求是利益的表达,人们的价值观受制于社会存在,是人们利益诉求的直接反映。列宁曾经指出"物质利益是人民生活中最为敏感的神经"[1]。可见,利益在人民生活中的重要作用,甚至决定个体的价值取向。随着城市化、信息化、全球化进程的加快,当今社会特有的二元结构凸显、贫富差距不断扩大,社会利益正深刻调整,使得对个体利益的关注日益彰显。据一项民意调查显示:在如何看待雷锋精神问题上,22%的人认为雷锋精神具有永恒的价值,33%的人认为雷锋精神已经背离社会主义市场经济的基本宗旨,18%的人认为尽管雷锋精神值得在现代社会提倡,但是一旦落实到自己头上,就会觉得这是一种牺牲,27%的人表示雷锋精神违背人性;在实现人生价值标志的问题上,71%的人选择发财,38%的人认为是成名成家,61%的人选择子女有出息。[2] 大多数人强调的都是个体利益至上,而对传统的集体主义、价值观鲜有提及和关注。

(二)高等教育的价值危机

高等教育危机由价值危机延伸而来。自 1999 年大学扩招以来,至 2021 年每年大学本科招录人数不断上升,升学率持续走高,正逐步实现我国高等教育普及化、大众化的目标。但是在一系列的繁荣背后,我们更应该清晰地意识到,大学扩招所带来的高等教育的危机。

---

[1] 列宁:《列宁全集》(第 13 卷),人民出版社 1987 年版,第 113 页。
[2] 樊浩等:《中国大众意识形态报告》,中国社会科学出版社 2012 年版,第 570—583 页。

表 7-1-1　全国 1999—2021 年参加高考人数和录取率[①]

时间（年）	参加高考人数（万人）	录取人数（万人）	录取率
1999	288	160	56%
2000	375	221	59%
2001	454	268	59%
2002	510	320	63%
2003	613	382	62%
2004	729	447	61%
2005	877	504	57%
2006	950	546	57%
2007	1010	566	56%
2008	1050	599	57%
2009	1020	629	62%
2010	946	657	69%
2011	933	675	72%
2012	915	685	75%
2013	912	694	76%
2014	939	698	74.3%
2015	942	700	74.3%
2016	940	705	75%
2017	940	700	74.46%
2018	975	790.99	81.13%
2019	1031	820	79.53%
2020	1071	967.	90.34%
2021	1078	1001.32	92.89%

　　高等教育扩招直接带来的便是大学生人数的剧增，由于教学设施设备和教师人数等限制，教学质量难以得到保障，许多教师满负荷工

---

① 新浪教育：《1977—2021 历年全国高考人数和录取率统计》，新浪网，2022 年 6 月 18 日。

作，教学硬件设备供应不足，无法真正达到教育的目标尤其是思想政治教育目标。当前大学生就业难，正是一个有力的实证。高校为容纳更多的学生，不断扩建校区、扩充教学设施，这一系列行为都需要财政的大力支持，不是每一个高校都能获取足够多的资金扶持，从而引发高等教育的债务风险。此外，不少高校信奉实用主义思想，导致学风浮躁、肤浅，盲目追求职称、学科名气、研究生培育数量，对学术造假、剽窃等歪风邪气视而不见，严重制约育人功能的发挥。

大学之道在于育人，高校理应是培育和健全人生观、价值观、世界观，提升人生学识和修为的神圣场所。而今，高校扩招带来的如工业般的批量化产出，盲目追逐利益的学风气息，高校育人的真正价值被搁置，是高等教育面临的主要危机。

（三）端正认知，走出危机

正值社会转型期，价值多元、价值冲突凸显，高等教育亦面临着无可避免的危机。如何帮助高校摆脱危机，重新拾起高等教育的真实目标和价值追求，这一问题显得十分迫切。基于此，就高校自身而言，需要发挥价值自觉；从其外部来说，则需要社会确立价值共识，构建价值共同体。

1. 依靠高校的价值自觉

马克思指出，"动物的建造能力建立在适合他的那个需求和尺度上，而人却知道如何依照一定的需求和尺度去经营生产，而且知道如何运用内心的尺度去赋予客观事物的对象"[1]。高校是社会精英聚集之处，更应懂得按照国家和社会的价值标准来进行教育实践。因此，高校应自觉端正对育人价值的认识，着力提升教学质量，培育合格的社会主义现代化的建设者和接班人。以社会主义核心价值观为自身行动

---

[1] 马克思、恩格斯：《马克思恩格斯全集》（第42卷），人民出版社1995年版，第96—97页。

的指导,营造公平、和谐、民主的学风氛围,为学生的全面发展创设良好的环境。

2. 构建价值共同体

以共同体内部的价值共识为基础的价值共同体是现代国家存在和发展的纽带,高等教育亦不例外。为寻求高等教育持续、健康的发展和学术繁荣,需要在高等教育这样一个共同体内部形成共同的价值观念和价值追求。"多元化是现代社会的一个基本价值,它正是建立在承认乃至偏爱价值的多样性这一事实的基础上的。"① 价值多元是一个不可否定的客观存在,高等教育要在多元价值观念中,选择一个能为共同体接受和认可的共同价值取向,则需要以社会主义核心价值观为指导,在国家和社会的共同努力下选择一个既具有现实张力又让各方信服的价值支撑点,并融入这一价值共同体。

三、核心价值观培育的逻辑

21世纪是中国现代化建设的攻坚时期,是实现中华民族伟大复兴中国梦的关键时期,要达到这些既定目标除具备必需的物质基础外,还需以强大的精神文化力量为支撑。当前,中华民族伟大复兴与社会主义现代化建设需要全面培育和践行社会主义核心价值观,并提供文化与精神层面的智力支持。基于此,开展社会主义核心价值观的培育,应遵循形式合理性与价值合理性的统一建构逻辑和原则,以实现教育目标。

(一)合理性问题的提出

古希腊哲学中的理性问题是合理性问题的原初形式,时至当代,

---

① 菲利普·德拉腊:《有否民主价值》,陆象淦译,《第欧根尼》(*Diogenes*),2004(1),第105页。

合理性问题成为西方哲学讨论的主题之一[1]，合理性问题也被赋予现代化的内涵。从马克思·韦伯到哈贝马斯，哲学家们对合理性理论进行了深入的探究和研究。劳丹表示："20世纪哲学最棘手的问题之一是合理性问题。"[2] 合理性问题备受关注，已然成为人类面临的时代问题。而合理性问题的产生源于人类对理性的反思和批判，是为实现可期望的最佳效益而遵循合乎规律、合乎目的以及实践理性的统一。由此，社会主义核心价值观培育进程中，为达到教育目标的实现，教育的实效性，就必须坚持形式合理性和价值合理性的有机统一。

（二）培育逻辑：形式合理性与价值合理性的统一

形式合理性是指外在的运作方式、方法和辅助手段符合规律、符合最终的目的；价值合理性主要是指内在的指导思想、内容合乎世界的物质性及其发展规律以及最终的目标，能够促使最佳效益的实现。由探究韦伯对理性化的研究启示来看，工具合理性与价值合理性之于现代社会不仅仅只存在相互的矛盾性质，而是具有重要的功能互补意义。[3] 由此看来，形式合理性与价值合理性亦具有重要的功能互补意义，能够统一于共同的物质实体，互为补充地发挥功能，使效用最大化。在全面培育社会主义核心价值观过程中，在遵循形式合理性和价值合理性相互统一的逻辑下，应建构何种具体的统一路径，是需要着重回答的问题。

1. 凝练教育价值理念，创设价值合理性的前提

价值由社会价值系统和个人价值系统组成，其中教育的价值合理性是社会价值系统的重要构成部分。此种价值合理性是在社会的政治、经济、文化、历史交互作用基础上的抽象和提升，是确立教育对象后

---

[1] 张弘政：《马克思发展理论的社会发展合理性意蕴》，《理论与现代化》2006年第1期。
[2] 劳丹：《进步及其问题》，刘新民译，华夏出版社1990年版，第116页。
[3] 袁阳：《工具合理性、价值合理性与现代化》，《社会科学研究》1991年第5期。

在施教过程中应遵循或具备的一种根本态度和根本准则。"理念"是合乎规律和合乎目的的统一，从事任何活动皆须理念的支持，创新教育领域的行动方案和计划亦如此。教育价值理念是人类教学的思想表征，一经确立就是教学实践的一种"软约束"或"非正式制度"，依靠内心的思想信念约束着教育主客体的行为方式。人们具备创设或建构相应的价值观念、范畴的能力，因而在教育实践中，按照已有的社会关系、教学联系凝练核心价值观的教育价值理念，以此来约束和规范教育主客体实践行为，是可行且必要的。为价值合理性的实现创设前提，有益于达到价值合理性和形式合理性统一于社会主义核心价值观培育的实践过程。

2. 加强和健全培育机制保障，追求形式合理性

核心价值观培育制度是保障教育价值理念存在并付诸实践，实现教育实效的外在规则支撑。核心价值观培育需要内在的教育价值理念和外在的制度、形式规则共同作用，互为补充。因此，应坚持以中国特色社会主义理论体系为指导，立足于我国社会主义初级阶段的基本国情以及教育实践，建立健全社会教育、高校教育体制，改进并进一步完善现有培育的方式方法，健全现有舆论引导和奖惩机制。社会主义核心价值观培育的逻辑是坚持形式合理性和价值合理性的统一，故而培育体制机制的构建还应遵循价值合理性的规范和引导，使之成为价值合理性成功实现的外在保障，以达到两种合理性的有机统一。合理、完备的体制机制的形成对于全面培育社会主义核心价值观有十分重要的意义，为教育实效和目标的达到提供有力的外在支撑。

第二节 隐喻和转喻认知的教育智慧

智慧不仅是每一个体的追求，更应是教育的追求；教育是一项渴

求智慧的艺术。自马克斯·范梅南首次使用"教学的智慧性"概念开展"教学智慧"研究以来，人们已经意识到教育智慧对于教育主体教育实践活动以及专业发展的重要意义。教学智慧是教育实践中的智慧性活动，它是教育实践行动的语言，意味着教师能在教学情景中保持积极的行动，在情感和反应上由衷地行动。[1] 田慧生指出："教育智慧是教师教育理念、知识学养、情感与价值观、教育机智、教学风格等多方面素质的综合体现，具有更广泛、丰富的涵义。"[2] 教育智慧含义丰富，其中隐喻和转喻的认知模式是教育智慧的具体表现，是教师在教育实践中智慧的运用。社会主义核心价值观培育，要求教育者充分发挥教育智慧，以达到最佳效果，因而，对隐喻和转喻认知模式的探讨尤为必要。

一、隐喻与转喻认知的教育启发

隐喻和转喻最初是符号学中的重要概念，在传统语言学中被视为语言修饰现象。随着对两者研究的不断深入，人们意识到隐喻和转喻不仅仅是一种修饰符号，而且是一种认知模式。探讨隐喻与转喻认知模式对教育的启发，首先必须对隐喻和转喻的概念以及特点加以分析和厘清。

（一）隐喻与转喻的概念及特点

关于隐喻的研究已有两千多年的历史，但长久以来都将隐喻理论作为特殊的语言修饰符号概念开展研究，直至 18 世纪初期，G. Vico 首次阐释了隐喻具有的认知功能。随后许多语言学家从认知的角度对隐喻展开研究，1980 年莱考夫和约翰逊在《我们赖以生存的隐喻》一书，从认知的视角着手，探究了概念隐喻与语言形式的内在关联，将

---

[1] 王鉴：《教学智慧：内涵、特点与类型》，《课程·教材·教法》2006 年第 6 期。
[2] 田慧生：《时代呼唤教育智慧及智慧型教师》，《教育研究》2005 年第 2 期。

隐喻作为一种认知模式加以考察。"隐喻是利用一种概念表达另一种概念，要求这两种概念之间相互关联，此种关联是客观事物在人的认知领域里的联系。"[1]隐喻侧重于用一个语言符号表达两种具有内在关联的事物。语言丰富、广泛，人们不可能无限地创造新的语词来表述和描绘新进的事物。隐喻的运用使直观具体的表达变得婉转和多样，面对新鲜的概念，人们可通过对客观事物内在关联的认知，用隐喻将这种概念生动地表达出来。

隐喻将具有联系的两个事物用同一语言符号标识出来，可以看出隐喻能够通过派生或延伸的方式表达事物，并随着人类思维的进步、认知能力的发展，更加丰富、生动地表述事物。因此，派生性、生动性是隐喻最为突出的两大特点。

转喻不同于隐喻，20世纪80年代以前认知语言学家将转喻视作隐喻的分支或只是在阐述隐喻时顺带提及。直到1980年莱考夫和约翰逊第一次把转喻描述为一个认知过程[2]，从20世纪90年代后期开始，一些语言学家才真正开始关注转喻，进行专门的转喻研究。转喻是一种蕴含"接近"与"突显"的关系，其特点在于其代替性，任何事物都具有很多特征，若是一一描述会使认识变得复杂和困难，因而，人们常常习惯于用一个较为突出的特征来概括事物整体，以便于认识事物。例如，一个人在同一时期扮演着多种角色，但是其教师身份最为突出，于是人们习惯称他为老师。转喻是人们认识事物的重要方式之一，其概括性和代替性特点为人们认知事物提供便捷。

（二）对核心价值观培育的启发

隐喻和转喻作为人们认知客观事物的重要方式，其自身所具有的

---

[1] 赵艳芳：《认知语言学概论》，上海外语出版社2001年版，第99页。
[2] 朱建新、左广明：《再论认知隐喻和转喻的区别与关联》，《外语与外语教学》2012年第5期。

特征为人们更高效、全面地认识事物提供有益途径，为增强教育有效性带来启发。在全面培育社会主义核心价值观进程中，应当充分运用并发挥隐喻与转喻的特点和功能，以期提升教育效果。

首先，隐喻从已知领域延伸或投射到未知的领域和事物，是沟通已知与未知的桥梁。弘扬社会主义核心价值观，教育者应十分熟悉隐喻，善于引导教育对象聚焦不同学科、内容、生活事件的相似点，构建彼此之间的内在联系，达到触类旁通的效果，帮助学生更好地领悟和认知社会主义核心价值观的丰富内容，并在实际生活中自己践行。

其次，转喻对事物的特征进行系统的分析和概括，最终选取最为突出的特征来概括这一事物，使认知更加清晰和深入。在社会主义核心价值观培育过程中，教育者需要发掘讲授内容的突出特征，尽量用简明扼要的语词概括纷繁复杂的内容，以便于学生更好地理解和把握教学知识，激发学习兴趣，提高教学实效性。

最后，教育者要有意识地向教育对象"灌输"隐喻与转喻理论，引导并帮助他们合理运用隐喻与转喻的认知模式，改善他们在学习社会主义核心价值观时无所适从、学习效率低下、缺乏学习动力的困境。

二、核心价值观隐喻与转喻认知的关联性：软件隐喻的工作机制

隐喻与转喻作为人类两种基本的认知模式，虽然内涵与特点有所差异，但却具备内在的关联性，现实生活中二者经常交织在一起，两者相互作用。软件隐喻实则是融合隐喻与转喻的认知方式，考察其具体的工作机制，对隐喻与转喻关联的分析是前提。

（一）隐喻与转喻相互作用，统一于语言表述

1. 隐喻以转喻为基础

很多语言学家认为隐喻和转喻是人类认知模式中的基础部分，在

这之中，与隐喻相较，转喻更为基础。莱考夫和约翰逊在1999年的专著中将其阐释为，转喻是被用来解释人们生活实践中一些基本的概念隐喻，意在表明转喻是隐喻表述得以进行的前提。拉丹（Radden）和克韦切斯（Kövecses）以语义三角为切入点，论证了转喻是语言中更为基础的属性。[①] 这进一步证明，在整个语言表述体系中，转喻是隐喻的前提和基础。

2. 隐喻与转喻是相互作用的连续体

隐喻和转喻作为一种连续体，可理解为两者的相互作用促使隐喻与转喻形成一种连续的状态，彼此不断作用向前演进。拉丹认为转喻为隐喻两个概念域提供联系和依据，后又提出了"字面意义—转喻—隐喻连续体"[②]。犹如一条线段，两端为转喻，中间则是以转喻为基础的隐喻，这样不断连续的状态。刘正观认为隐喻与转喻构成连续体状态，不仅关注连续体两端的转喻，也关注模糊的中间地带。[③] 这进一步证实，隐喻与转喻两者相互作用、相互影响，以转喻为基础，构成一个不断向前推进的连续体。

（二）软件隐喻运作机制

隐喻"metaphor"源于希腊语"metephora"，其词根"meta"的意为"超越"，"pherein"则译为"传送"，即"意思的转换"。所有的隐喻皆建立在两种不同事物的关联之上，由此，人们可以创设诸多表达事物的隐喻。计算机科学兴起以后，技术语言特殊而丰富，软件开发会运用种类繁多的代码，也就是所谓的软件隐喻，证实了隐喻在语

---

① 转引自杨波、张辉：《隐喻与转喻的相互作用：模式、分析与应用》，《外语研究》2008年第5期。
② 转引自杨波、张辉：《隐喻与转喻的相互作用：模式、分析与应用》，《外语研究》2008年第5期。
③ 刘正光：《论转喻与隐喻的连续体关系》，《现代外语》2002年第1期。

言应用中的广泛性。软件隐喻源于计算机软件的开发,是指将原本繁杂的程序,使之通过软件代码的意思转化而变得简便。在教育领域中,也可创设特殊的软件隐喻,以使种类繁多的教育内容变得言简意赅,易于教育对象学习和接受。教育实践中的软件隐喻主要是指为提升教育质量,实现教育目标,教育主体通过优化教学硬件设施设备、改进教学方式,化灌输式为渗透式的教育手段,以有形的图文与无形语言表达艺术相结合的方式,传递教育内容。在教育中运用软件隐喻,有益于使原本生硬、深奥的教育内容,通过可观可感的意思转化表达出生动有趣的形态,从而达到更好的教育实效。

核心价值观培育,若要发挥软件隐喻的作用,厘清其工作机制是前提。软件隐喻实质上是隐喻和转喻相互融合的结构,转喻作为隐喻的基础,在教育实践过程中首先是通过指代将特征多样、内涵丰富的教育内容予以简明清晰的语言表述,在此基础上,再探寻不同事物之间的关联性和相似点;其次,优化对教育环境的布置、教学内容图文化以及教学语言的生动化,使教育内容体系之间的知识融会贯通,使原本生硬、固化的教育内容在这些软件的呈现下变得生动、有趣。对于不少教育对象和教育者而言,社会主义核心价值观教育理论性极强,内容晦涩深奥,因此,运用软件隐喻认知模式,通过潜移默化的熏陶、渗透来传递内容,进一步强化教育主客体对教育内容的认知和理解,有助于优化和提升社会主义核心价值观培育的有效性。

三、核心价值观中培育的实践性

教育智慧是当今教育与课堂教学成败的关键因素之一。教育智慧是教育者良好教育品质的展现,在教育实践中主要表现为教育者对教育工作内容的规律性把握、创造性驾驭和深刻洞悉、敏锐反应以及灵活机智应对的综合能力[①]。转识成智作为人们生活、学习、工作中必不可少的智慧，是教育智慧最为直接的体现。在核心价值观培育的实践中，有效发挥转识成智的教育智慧，有助于教育目标的实现。

（一）转识成智的含义

"转识成智"源于佛教，在佛教意义中，"识"与"智"是人类意识活动的不同层次，"识"代表"世间之人"，"智"表征"出世间之人"，是人们认知世界的两种不同境界。"识"是我们日常生活中谈及的知识，知识是人类实践经验和文化积淀系统化和符号化的象征。"慧"意指智慧，智慧是人类利用自身所具备的知识、技能解决现实问题的能力和本领，生活经验和文化正是智慧的结晶。知识与智慧同是人类历史发展的概念，但智慧却不等同于知识，而是知识的凝练、深化。虽然转识成智在现代意义上已经超越原来的表征，但依然揭示人类意识活动的两个不同层次，知识告知我们对象的属性以及怎么样，而智慧指引我们走向更美好的生活，走向更高的人生境界。

转识成智应用于教育领域，对教育者而言不仅要掌握基本的教育教学知识，还应具备教育智慧，端正对教育本真意义的认知，教育者不仅是知识传递者，更是开拓智慧的引领者。教育者应将教学实践推向更高的层次，提升自身教学能力和人生境界。对于整个教育体系而言，应紧跟以智慧创新型人才为发展主流的趋势，将教育目标、教育的价值由培养学识渊博的"知识人"，转变为培育博学多识、思维开阔的"智慧人"。

（二）转识成智的教育智慧实现路径

全面践行与培育社会主义核心价值观，需要充分利用转识成智的

[①] 田慧生：《时代呼唤教育智慧及智慧型教师》，《教育研究》2005年第2期。

教育智慧。因而，应遵循丰富个人知识、提升个体自我修养、勤于实践的培育路径，着力提升教育者转识成智的能力，展现教育智慧。

1. 丰富个体知识是转识成智的基础

知识是教育实践中最为基本的沟通媒介，智慧是教育实践的最终目标。怀特海指出："从整体上看，所谓教育的概念不过是使受教育者用恰当的行动和有关的思想去应付时时刻刻出现的情况，去迎接生活中的各种直接经历。"[①] 此句意在表明，教育的目的是使受教育者获得生活中的知识和经历，培育相关的思想、行动的智慧。其中，个体的知识储备是智慧养成的基础，亦是教育智慧实现的有效路径。个人知识主要指个体所掌握的生活与发展的直接的、间接的、显性的、隐性的、静态的、动态的知识的总和，是人类发展的前提。个体知识源于个体教育体验的习得和个体对现实社会的反思，对教育者而言，就是要通过理论学习和教学实践反思，丰富自身知识，超越狭隘的智力型、知识型教育，迈入意义更深远、广泛的智慧教育领域。对受教育者来说，在教育实践中获取知识仅是学习的目的之一，更为深刻的目标是通过知识的积累，提高创新能力，培养生活智慧，成为智慧型人才。教育是一门以个体知识为媒介，培育人生智慧的艺术，教育主客体具备丰富的知识，转识成智，是实现教育最终目标的基础和前提。

2. 提升自身修养是转识成智的纽带

唯物辩证法启示我们，当量变积累到一定程度必然引起质变，也就是说知识不可能永远停留于积累阶段。教育教学领域里，个人的知识储备到一定程度后，也会出现由"知识"到"智慧"的转变问题。实现知识到智慧的跨越，关键在于"转"，"转"作为知识成智慧的纽带和桥梁也就是一个人的自身修养。从教育学角度而言，自身修养就是个体在知、情、意、行各方面逐步实现的过程。教学过程中教育者

---

① 怀特海：《教育的目的》，庄莲平、王立中译，文汇出版社2012年版，第66页。

向教育对象传授丰富的知识，教育对象能否完全吸收、认同并付诸实践，提升和完善自我，皆有赖于其内在的修养能力。英国哲学家怀特海批评教育时曾说："在古代的学校里，哲学家们渴望传授智慧，而在现代的大学里，我们卑微的目标却是教授各种科目。"[①] 而传授智慧这一点很像中国古人所说的"古之学者为己，今之学者为人"（《论语·宪问》）。教育的最终价值与目标，在于将今天的人所谓的知识转化为古代人所定义的那种智慧。培育弘扬社会主义核心价值观的最终目标是个体对社会主义核心价值观的内容进行思考、归纳以达到整体性的领悟，将社会主义核心价值观价值内化于心，外化于行动。若一个人自身修养不足，便不能顺利实现"转"，也就停滞于积累知识、对事物分散描述的阶段，无法领悟智慧的奥妙，对社会主义核心价值观的把握也就停留于表面、缺乏深度。

转识成智的实现中，自身修养极为重要。不论是教育者抑或教育对象，当获取大量知识时，要自觉从这些外在的、分散的知识中去观察、思考、归纳，经过系统的科学探究，领悟事物的整体性，把握知识的本质。注重自身修养的提升，将枯燥、繁杂的知识转化为个体立身处世的信念和准则，培育人生智慧。

3. 勤于实践是转识成智的关键

列宁曾说："判断一个人的智识是根据其具体的行动，而不是根据自己的看法与表白。"这是意在强调个体将所学知识转化为自身所拥有的生存和生活智慧，个体具备丰富的知识存储、极高的人生修养，若不经历实践也无法实现什么。因此，勤于实践，将所学的知识应用于自身的学习、生活、工作等实践中去，才是智慧之人。理论与实践不可分离，否则将陷入形而上学或纸上谈兵的困境，教育教学过程中，教师尊重教育对象的主体性是转识成智的试金石。

---

① 怀特海：《教育的目的》，庄莲平、王立中译，文汇出版社2012年版，第41页。

教学过程的实现需要教育者与教育对象共同参与、共同对话，教育者是教育对象学习的组织者和引导者，为教育对象的学习和发展提供平台支持和环境保障。波兰尼指出，"所有的科学知识都是个体参与的"，教育对象的个体认知经验、认知水平等主体性特征是顺利实现教育目标的重要方面。转识成智按照"知识—内化—实践—反思—智慧"脉络进行①，在核心价值观培育进程中，教育对象自身的能力和努力是关键。教育实践过程中教育者的作用不能被无限扩大，必须充分尊重教育对象的认知水平、学习习惯、思维方式等主体性特质，引导他们开启创新性思维，协助他们实现从知识到智慧的转化，才能真正实现转识成智的教育价值。对教育对象而言，积极参与社会实践、志愿者活动，在现实生活中合法行使自身的权利，履行相应的义务，将所习得的社会主义核心价值观内容、知识付诸生活、工作、学习之中，才能全面深化对社会主义核心价值观的认知，经过实践的反复检验才能凝练人生经验，获得人生智慧。

4. 开发教学载体是转识成智的动力

雅斯贝尔斯认为，教育并不是理智知识和认识的堆积，而是对人的灵魂进行感化与震慑的教育。②实现人类灵魂的引导和教育，理智知识的积累、修养的提升以及积极的实践是不可或缺的重要因素。而运用现代教学技术，开发适应学生认知方式和习惯的教学载体，有助于促进教学功能的发挥，提升教学效率，从而有效地加速和推动转识成智的实现。

科学技术的发展改变了人类的生存、生活方式，同样也改变着传统的教学模式。多媒体、互联网、微博、微信、QQ等现代技术工具的出现，丰富了教学载体，为教学目标的实现带来巨大契机。在社会

---

① 徐祖胜：《教学过程中"转识成智"的过程理解与策略分析》，《中国教育学刊》2014年第3期。
② 雅斯贝尔斯：《什么是教育》，邹进译，生活·读书·新知三联书店1991年版，第4页。

主义核心价值观培育过程中使用多媒体技术,可将抽象高深的社会主义核心价值观内容通过动态的图像、视频以及特定的隐喻符号演绎出来;生动的形象展示,赋予教育对象切身的感知体验,增强了其对知识的理解和把握。同时,运用互联网、微信、微博等在线交流平台,可时时实现教育主客体之间的交流、探讨,分享与教育内容相关的图文资料,并进行在线的思考、分析和引导。随时随地的在线交流方式,突破了时空距离带来的交流学习的障碍,使教育者能通过现实生活中的实例,探寻其中的隐喻关联,传递生活哲学和人生智慧,推动和加速教育对象转识成智的实现。

第三节 构建社会主义核心价值观的培育路径

"培育和践行社会主义核心价值观,是推进中国特色社会主义伟大事业、实现中华民族伟大复兴中国梦的战略任务"[①],这是关乎民族与国家未来成长的重要课题。结合对象特点、把握路径选择、立足顶层设计,构建起社会主义核心价值观的培育思路与方法,意义深远。

一、立足顶层设计,紧扣融入教育的切入点

任何事物的培育和建构都必须遵循一定的章法和方向,社会主义核心价值观的培育需要高屋建瓴从顶层设计的高度,规划培育的战略思路、逻辑和具体路径,为社会主义核心价值观教育的开展厘定方向、制定规则。立足于当前社会发展趋势和现实状况,应主要从坚持方向

---

① 中共中央办公厅印发:《关于培育和践行社会主义核心价值观的意见》,《人民日报》2013年12月24日,第1版。

性与开放性、传承性与创新性、系统性与层次性相统一为切入点,促进社会主义核心价值观顺利融入教育。

(一)坚持方向性与开放性的统一

社会主义是经过历史证明了的能够指引中国走向繁荣复兴的根本道路。就当代中国而言,面对复杂的、多元的西方社会思潮的冲击,要把握社会主义核心价值观培育的本质与思路,必须坚持科学社会主义的基本准则和社会主义的本质这一根本方向,正确甄别资本主义的核心价值观,坚定社会主义信念,坚持中国特色社会主义理论体系。

同时,培育和践行社会主义核心价值观必须牢固树立与坚持社会主义这一根本方向,不能盲目排斥其他社会的优秀文明成果,而是要坚持方向性与开放性的统一,既要坚持根本方向,又积极吸收和借鉴国外文化的有益成分。列宁指出:"只有了解人类创造的一切财富以丰富自己的头脑,才能成为共产主义者。"[①] 全面培育和践行社会主义核心价值观要学习借鉴和吸收国外创造的文化中的积极成分,从而更好地发展和完善自身。因而,我们开放学习外国的文明成果时,要坚持批判的态度,坚持社会主义的原则和立场,吸收对社会主义事业发展以及社会主义核心价值观培育的有益部分,避免西方设置的文化陷阱。

(二)坚持传承性与创新性的统一

中华优秀传统文化是民族的印记和特色,根植于中国人民内心,深刻影响着每一个中国人的思维方式和行为特征,是中华民族特有的文化基因。在全面培育和弘扬社会主义核心价值观的今天,更需要从中汲取文化养料,使社会主义核心价值观更具生命力和感染力。传统

---

① 列宁:《列宁选集》(第4卷),人民出版社1995年版,第285页。

文化精华与糟粕并存，我们应着眼时代的发展变化，对传统文化进行全面的分析和认知，继承和发扬优秀的文化基因，对片面的、极端的、带有封建专制主义影响等传统文化予以抛弃。

传承中华优秀传统文化是对中华民族文化积淀的尊重，是对中华文明发展历史的尊重，而绝不是颂古否今。传统文化的传承要科学化，不能试图以传统文化替代今天社会主义的主旋律。应根据实际情况，不断创新，为传统优秀文化融入新内容，从而为社会主义核心价值观培育目标的实现，强化传统优秀文化的生命力，提供强有力的文化支撑。

（三）坚持系统性与层次性的统一

在社会主义核心价值体系的基础上，党的十八大以来对社会主义核心价值观进行了进一步提炼，分别厘定了国家、社会与公民个体践行与遵守的价值诉求与内容，实现国家、社会、公民三个层面的高度协调、融会贯通、紧密联系统一于社会主义核心价值观。

唯物辩证法启示我们，看问题既要全面，也要抓重点；培育社会主义核心价值观也需要抓重点人群，重点示范，注重层次性。青年群体是我国未来社会主义现代化建设的主力军，正处于价值观形成发展阶段，可塑性极强；作为社会主义事业的领导核心，党员干部是人民群众从事社会主义事业的具体引导者和榜样。因此，加强社会主义核心价值观教育的关键和重点在于，抓好党员干部与青年群体的思想道德教育，这有助于为全面建设社会主义现代化国家，实现"四个全面"培育合格的接班人。"其身正，不令而行；其身不正，虽令不从。"要增加社会主义核心价值观的践行与认同，必须充分发挥党员的示范引领作用，影响广大人民群众行为方式与价值观念，推动社会主义核心价值观培育在不同层次、不同群体中展开，提升教育有效性。

二、把握路径选择，抓住融入教育的重点

注重实践体验、营造良好环境、加强宣传教育以及完善制度构建，是提升社会主义核心价值观融入教育的重点，同时也是全面培育和弘扬社会主义核心价值观，增强价值认同的具体方法。

（一）加强宣传是社会主义核心价值观融入教育的支撑点

康德曾说："人类知晓什么是真理不等于人们知晓为什么是真理，即使知道何为真理亦不等于知道如何去做。"[①] 这里旨在表明，教会人们"知"是一切学习和行动的前提和基础。社会主义核心价值观培育，增强包括广大党员干部与青年一代在内的所有中国公民对社会主义核心价值观的认知、接受和认同，加强宣传教育，引领人们完成对社会主义核心价值观的"知"至关重要。着力开展社会主义核心价值观宣传教育，是社会主义核心价值观入耳入脑最后内化于心的前提。

1.创新传播载体，把社会主义价值体系与现实需求相结合

人们需要什么，才会想去获取什么，对于宣传社会主义核心价值观来说，关注人民群众的现实需要，把价值体系的精神与人们的需求结合起来，根据其需要和心理特点创新传播的内容和手段，使人们从以往的被动接受宣传转变为主动索取信息，提高社会主义核心价值观传播的主动性和有效性。首先，创新传播社会主义核心价值观的文化载体。生活水平的提高使人们更注重精神文化方面的需求，将社会主义核心价值体系贯穿于文化产品之中，可使其随着文化的渗透拓展传播范围。如制作、销售以社会主义核心价值观为主题的宣传光盘、书籍、报纸、杂志、电影、电视剧等，以及开展相关的文艺表演、专题讲座等，通过文化形式展现社会主义核心价值体系的精神，提升文化

---

① 转引自何大隆：《英国：合力传播核心价值观》，《瞭望》2007年第22期。

软实力。其次，创新传播社会主义核心价值观的网络载体。互联网已成为思想文化信息的集散地和社会舆论的放大器，我们要充分认识以互联网为代表的新兴媒体的社会影响力，高度重视互联网的建设、运用、管理，努力使互联网成为传播社会主义先进文化的前沿阵地、提供公共文化服务的有效平台、促进人们精神生活健康发展的广阔空间。因此，迅速占领网络阵地传播社会主义核心价值观，把由政府为主的传播变为人人都可以传播，利用互联网上的各种资源，如各大综合网站以及论坛、博客、微博等社交网络平台将社会主义核心价值体系在最短的时间传播到最大的范围。同时，各级宣传部门要加强网络思想文化建设，紧抓网络宣传教育阵地，为社会主义核心价值观培育搭建宣传教育新载体，增强宣传教育实效。

2. 提倡通俗表达，把理论内容与大众话语相结合

因为人们文化水平和生活背景的差异，深奥的理论不易被群众理解和掌握，要使社会主义核心价值观融入社会教育更具实效性就要做到理论贴近群众、贴近生活，在通俗化和大众化上下功夫。列宁曾经说过："最高限度的马克思主义＝最高限度的通俗和简单明了（Umschlag）。""最高限度的马克思主义＝（Umschlag）最高限度的通俗化。"[①] 因此，广泛践行社会主义核心价值观就必须实现理论的通俗化、大众化，使不同领域、不同层次的人们都能听懂记住，这就要求我们用群众喜闻乐见的方式，用大众语言提炼和归纳社会主义核心价值观的理论内容，使其表述准确、好记易懂、朗朗上口，易于群众理解和普及。提炼社会主义核心价值观的内容时要做到准确、全面，不能脱离理论的科学性和完整性而去一味地追求简单化、通俗化，用大众、亲民的语言归纳提炼，要做到理论的科学性与通俗化的统一，真实客观地体现社会主义核心价值观的深刻内涵，体现具体性、深入性，

---

① 列宁:《列宁全集》（第 36 卷），人民出版社 1959 年版，第 467—468 页。

兼顾口语化和形象化。其次,提炼社会主义核心价值观要运用大众话语,用人民群众生活中的语言去诠释社会主义核心价值观的内容,用最朴实无华的话语增强理论的吸引力,使抽象难懂的理论变为大多数人都能听懂、看懂、记住的内容。同时,提炼社会主义核心价值观的内容还要发动人民群众的力量,带动他们对价值体系进行再创作,充分发挥他们的主体作用,鼓励创新,激发他们的主动性和创造性。

3. 改变传播策略,把语言传播与非语言传播相结合

根据传播学理论,信息传播的方式可分为语言传播和非语言传播。语言传播是指运用语言符号进行传播的方式,包括口头语言和书面语言两种形式,具有快捷、直观、方便的特点,是最重要的传播手段。非语言传播是指"除语言传播之外的一切交流形式"[1],包括图像、音乐和人的行为等,具有真实性、连续性和重复性特点,是语言传播方式的重要补充。把社会主义核心价值观融入社会教育中,就要改变以往仅使用语言传播的方式,把语言传播与非语言传播结合起来,打造传播新渠道。利用大众传媒及采取多种形式,如出版印刷品、在报纸杂志上开辟专栏、面对面讨论等,结合广告、电视电影等方式传播社会主义核心价值观。同时,通过榜样示范作用,提高大众对普及社会主义核心价值观的热情和积极性。"深入挖掘先进典型的思想和精神,让先进典型成为鲜活的教科书,使社会主义核心价值观变得更具体、更生动,更容易为人民群众所认同、所接受。"[2] 扩大宣传广度和深度,使人们在潜移默化中内化社会主义核心价值观。在全社会树立道德模范、先进典型,并大力宣传报道,通过榜样人物的一言一行诠释社会主义核心价值观的基本内容和精神内涵,发挥榜样的示范性、感染性作用,提高价值体系的感召力和影响力,推进社会主义核心价值观融

---

[1] 许静:《传播学概论》,清华大学出版社、北京交通大学出版社 2007 年版,第 42 页。
[2] 张梅:《社会主义核心价值观建设路径研究》,《学校党建与思想教育》2010 年第 8 期。

入全民教育全过程。

（二）营造良好环境是社会主义核心价值观融入教育的契合点

马克思指出："人的本质不是单个人所固有的抽象物，在其现实性上，它是一切社会关系的总和。"① 人具有社会性，人与人之间存在差异的原因之一就是所处社会环境的不同，环境具有感染人、改变人、塑造人的巨大作用。历史唯物主义告诉我们，"社会存在决定社会意识"，可见，创建良好的社会环境、营造和谐的社会氛围对社会主义核心价值观融入社会教育具有重要的意义。"与善人居，如入芝兰之室，久而不闻其香；与恶人居，如入鲍鱼之肆，久而不闻其臭。"（《说苑·杂言》）与品质高尚的人相处久了，随着时间推移自己也会变得品行高尚；与道德品行拙劣的人相处久了，自己也会变得素质低下。可见个体品质的优劣在很大程度上受制于所处环境的影响。为此，全面培育和践行社会主义核心价值观，需要与之相适应的良好环境氛围支持。改革开放四十多年，带来了中国的繁荣富强，人民生活水平、生活质量的显著提高，其历史功绩不可磨灭；但同时，随着开放的深入，一些西方敌对势力利用多种手段兜售其文化和价值观念，企图混淆甚至同化中国人民的价值尊崇。这对我们学习和认同社会主义核心价值观，坚守社会主流意识形态形成一定的干扰和冲击。厘清和化解我国思想文化领域各种价值观念的干扰，凝练新时期人们正确的价值选择和判断准则，营造良好的思想意识氛围，是营造良好环境的首要目标。

良好环境氛围的形成还需要政府及社会各界的协同努力，政府出台相关政策，规范各行业行为准则，加强对新闻和互联网等时效性、受众广泛的行业的监督和管理，形成有益于培育社会主义核心价值观的政策导向。社会各部门自觉遵守从业道德规范和法律，尤其是大众

---

① 马克思、恩格斯：《马克思恩格斯选集》（第 1 卷），人民出版社 1995 年版，第 56 页。

传媒行业，必须要坚守新闻人的道德底线，传播符合国家意识形态和有利于社会主义核心价值观培育的内容，紧跟时代步伐不断更新和创新，为深化国民对社会主义核心价值观的理性认识，增进情感认同，营造有益环境。

（三）注重实践体验是社会主义核心价值观融入教育的关键点

人类社会发展的前提与马克思主义的本质属性是实践。要使社会主义核心价值观融入人们的内心，关键在于理论向实践的转化，培育社会主义核心价值观若是停留于理论宣传、知识"灌输"层面，社会主义核心价值观将缺乏生命力，不能真正根植于人们内心，外显于实际行动。社会主义核心价值观的践行只有从知行合一上下功夫才能外化为人们的自觉行动，内化为人们的行动逻辑。加强社会主义核心价值观教育，应坚持可操作原则，注重方式多元化，从生活中具体、细微的实践活动着手。

以重要的纪念日、节日、党史国史的重大事件、革命人物纪念日以及革命文化馆、红色文化教育基地等蕴含的丰富教育资源的事物为契机，及时引导人们参与其中，通过亲身的观察和体验，使之对教育内容领悟更为深刻，增强并激发人们的爱党、爱国情怀。此外，搭建社会主义核心价值观实践活动平台，举办各类社会主义核心价值观实践教育活动，有步骤有层次地将社会主义核心价值观内容渗透于广大人民群众的生活实践、工作实践、学习实践中。在不同部门、地区评选"社会主义核心价值观践行道德模范"，以榜样的力量带动身边群众积极践行社会主义核心价值观，鼓励人们在实际生活中诚实守信、热心助人，参加各类志愿者活动，使其深刻领悟到社会主义核心价值观的价值内涵，将社会主义核心价值观的主旨、任务与内涵充分运用于实际的生活当中，逐步增强对社会主义核心价值观的认同和践行的主动性。

（四）完善制度构建是社会主义核心价值观融入教育的着力点

制度承载价值、传递理念，是主流价值体系构建的有效载体和重要保障。[①] 在全社会弘扬和践行社会主义核心价值观，增强各部门、各行业以及社会各阶层对社会主义核心价值观的认知认同和践行力度，需要完善的制度构建为其提供强有力的制度保障。社会主义核心价值观作为一种软约束，以内在的道德和价值认同规范着社会个体的思维和行为方式，在现阶段，若没有外在的"硬"制度予以强制规范，其认同和实施效果难以达到。社会主义制度在我国的确立和巩固，是社会主义核心价值观之"魂"，是其他一切制度设计之"体"。

首先，构建保障社会主义核心价值观有效实施的制度，应坚持在社会主义制度框架下进行，具体指定各行业、各阶层群体所要遵守的基本行为准则和价值判断。其次，将社会主义核心价值观的培育作为社会治理的一个常态机制，形成核心价值观的表达、协调、考核、评估、监督、反馈机制。最后，将各行业的秩序性行为纳入到社会主义核心价值观的宏观体系当中，真正确保社会主义核心价值观融入人们的日常行为规范当中。坚持"魂"与"体"有机统一的制度构建逻辑，为弘扬社会主义核心价值观，使之更具说服力、感召力以及与时俱进的生命力提供现实的制度场域。

无论何种核心价值观都应该是具体的、发展的、前进的，世界上不存在普遍适用的"普世价值"。即使是同一个核心价值观，在不同的国家和地区，不同的历史发展阶段也会有不同的表现。世界发展的历史告诉我们，任何核心价值观都必须是在不断创新总结中发展出来的。这就是说，将社会主义核心价值观融入国民教育的过程和方法都是不断变化的，它的研究前景也是丰富多样的。构建社会主义核心价值观是一个复杂的过程，让其融入国民教育中更是历史赋予我们的使

[①] 沈壮海：《社会主义核心价值观培育和践行的着力点》，《思想政治教育研究》2012年第12期。

命，这不仅仅需要全社会的共同参与，还需要各阶层的积极努力，只有"内打基础、外树形象"，牢牢把握时代的主题，内外兼修，才能在践行社会主义核心价值观的伟大实践中取得显著的成效。作为一个集大成的社会主义核心价值观，它有很多特点和方法是值得我们思考的，在研究过程中还需要结合时代性的特点，结合人格性的特色进行最具代表性的宣传和教育，这才是我们需要继续研究下去的动力和目标。

三、结合个体特点，突破融入教育的难点

任何教育活动的产生与开展都离不开"现实的个体"，任何教育活动的实施都由一系列"现实个体"完成，任何教育目标的实现都以"现实的个体"接受、认同和践行为尺度。[1]现实的个体也就是社会主义核心价值观培育的教育对象，是衡量社会主义核心价值观培育实效的尺度。要充分了解和把握教育对象的特点，并结合他们的特点有的放矢地拟定培育新路径：创建线上线下工作平台，顺应人们交往新方式，与时俱进解读核心价值内容，消除人们认知误区，这是破解制约社会主义核心价值观融入教育难点的关键。

（一）创建线上线下工作平台，顺应人们交往新方式

据中国互联网络信息中心数据显示，截至 2022 年 12 月，我国网民规模达 10.67 亿，较 2021 年 12 月增长 3549 万，互联网普及率达 75.6%。该报告显示，2022 年我国互联网应用用户规模基本保持稳定。一是线上办公市场快速发展，吸引大量网民使用。截至 2022 年 12 月，我国线上办公用户规模达 5.40 亿，较 2021 年 12 月增长 7078 万，占

---

[1] 雷骥：《现实的个人：社会主义核心价值观培育的逻辑起点》，《中国特色社会主义研究》2013 年第 2 期。

网民整体的50.6%。二是互联网医疗规范化水平持续提升，截至2022年12月，我国互联网医疗用户规模达3.63亿，较2021年12月增长6466万，占网民整体的34.0%。三是互联网成为实现乡村振兴的重要抓手，推动了农村数字化服务发展。我国网民规模持续保持平稳增长，互联网模式不断创新、线上线下服务融合加速以及公共服务线上化步伐加快，成为网民规模增长推动力。以互联网为代表的数字技术正在加速与经济社会各领域深度融合，成为促进我国消费升级、经济社会转型、构建国家竞争新优势的重要推动力。[1]

目前我国互联网覆盖面逐步扩大，网民数量不断攀升，人民生活的各方面深受互联网影响，客观上为社会主义核心价值观的弘扬提供了一个重要的平台。互联网以生动的内容、丰富的视觉影像、便捷的沟通，越来越为大众所青睐，人们喜爱上网，通过网络交往、获取知识、了解时政。以互联网为代表的第四次科技革命方兴未艾，手机等新媒体的崛起，微信、微博等平台的普及，已悄然改变了青年一代接收信息和传递信息的模式。网络已经成了当代大学生生活中必不可少的部分，对当代大学生的生活、学习、思想观念等产生了深刻的影响。因此，开展社会主义核心价值观教育，必须把握教育对象乐于上网的特点，充分发挥网络在教育中的作用。

创建线上线下工作平台，在坚持传统教育模式的基础上，建立社会主义核心价值观学习微信群、QQ群以及公众号和信息推送平台等线上工作载体。首先，注重运用网络语言表述和传播蕴含社会主义核心价值观内容的事件或新闻，迎合大众对内容的共鸣和认同。其次，注重网络平台和空间建设，通过公众号、微信平台及时推送或撰写与社会主义核心价值观相关的信息和深度好文章，并引领大众展开讨论，

---

[1] 中国互联网络信息中心：《CNNIC发布第51次〈中国互联网络发展状况统计报告〉》，中华人民共和国国家互联网信息办公室网站，2023年3月2日。

在不断的交流、探讨中深化对核心价值观的认知和认同。最后，充分利用网络交流实效性强的特点，经常与教育对象在网上沟通，答疑解惑，传播社会主义核心价值观思想，这不仅能拉近教育主客体之间的心理距离，还能及时掌握教育对象的思想动态，适时调整优化教育策略。这种顺应当代人们特点的工作机制，有益于社会主义核心价值观培育工作的开展，更有利于提升教育的实效性。

（二）与时俱进解读社会主义核心价值内容，消除人们认知误区

据中国省域民众核心价值观调研数据显示：对"振兴中华，全国各族人民应有的一种共同思想基础"的问题，明确选择马克思主义的占比为42.4%，选择将马克思主义与儒家思想一并作为共同思想基础的占比为47.5%。[1]这在一定程度上表明人们对优秀传统文化的传承和肯定，但不可忽视人们在马克思主义与以儒家思想为代表的中华优秀传统文化的关系上认知模糊，无法精准地回答当前的指导思想。在"什么是全国各族人民的共同理想"问题上，认为是"中国特色社会主义"的占比为78.3%，还有近两成多的被访者不知晓什么是全国各族人民追求的共同理想[2]，这进一步表明，当前不少民众对马克思主义指导思想和社会主义的认知还存在一定的偏差。

部分群众还未能清晰地判断一些基本的关系和了解社会主义指导思想，这是当前教育对象的特点之一。为了更好地弘扬社会主义核心价值观，增进人们对社会主义核心价值观内容和要求的深刻认知，必须首先厘清我国的指导思想与优秀传统文化之间的关系，加强社会主义基本内容和思想的教育，消除认知误区，为培育社会主义核心价值观奠定思想基础。各地区、各部分的教育者应加大基本思想理论的宣

---

[1] 陈延斌、周斌：《中国省域民众核心价值观调查报告》，《人民论坛》2015年第5期。
[2] 陈延斌、周斌：《中国省域民众核心价值观调查报告》，《人民论坛》2015年第5期。

传和教育力度，在打下坚定的思想理论前提下，再运用多种方式方法，着力提升培育实效与拓展培育路径。

（三）遵循高校育人规律，着力引导大学生群体

培育和弘扬社会主义核心价值观，是中国特色社会主义理论体系的本质要求，是推进社会主义现代化事业不断向前的重要内容。高校作为培育现代化建设主力军和合格接班人的主阵地，在全面培育和广泛践行社会主义核心价值观过程中的作用举足轻重。大学生作为社会中的特殊群体，肩负着实现中华民族伟大复兴的历史使命，这也是社会主义核心价值观的任务与题中之义。调查研究发现，当代大学生整体上个性张扬，乐于表现，目标明确，认识客观，求知求新，好奇心强，这是他们的特点。我们要善于把握大学生这一教育重点对象的特点，遵循思想政治教育的规律和过程，大力弘扬社会主义核心价值观。

首先，高校思想政治理论课是大学生思想政治教育的主渠道，根据大学生求知求新、认识客观的特征，创设富有魅力的课堂，积极开展课堂对话、课堂情景体验，引领大学生在课堂中学习和理解社会主义核心价值观。其次，大学生个性张扬、乐于表现，因而，高校应坚持理论联系实际，改革实践教学为大学生展现自我提供平台。要多组织学生参观考察和参与体验蕴含社会主义核心价值观的教育活动，如红色之旅、参观革命老区、开展社会主义核心价值观调查实践和践行活动，使大学生从做中学，将自己所学理论通过实践内化为自身信念。最后，大学生好奇、渴望独立，却不同程度地缺乏独立客观的价值判断能力，高校不仅是大学生学习生活的重要场所，更是大学生甄别社会思潮的引领者。通过固定的思想政治理论课、专家学者的相关讲座以及学生喜闻乐见的微博、微信等宣传方式，及时向学生传递符合社会主流意识形态的社会思潮，提升他们的鉴别能力，为着力提升社会主义核心价值观培育实效提供思想条件。

结　语

　　自党的十六届六中全会提出社会主义核心价值体系这一重要命题以来，对社会主义核心价值观的研究一直是核心价值体系研究的着力点。党的十八大报告明确指出："倡导富强、民主、文明、和谐，倡导自由、平等、公正、法治，倡导爱国、敬业、诚信、友善，积极培育和践行社会主义核心价值观。"党的十九大提出要"培育和践行社会主义核心价值观"，党的二十大又进一步提出要"广泛践行社会主义核心价值观"。社会主义核心价值观有多重要，社会主义核心价值观教育就有多重要。价值总是同时具有普遍性与特殊性，前者决定了在文明变迁的图景下价值能否历久不衰，后者决定了价值能否在横向的世界坐标下凸显它独有的思想魅力，在普遍性与特殊性的共同作用下，价值才能成为"观"。因此，要认知与培育社会主义核心价值观并使其在世界思想史乃至人类的整个价值坐标体系中绽放它独有的光芒，就必须要明确回答上述两个问题。

　　一种价值观能否在历史的剧场里显现它"文明"与"核心"的一面，关键要看它是否被传统与历史建构起来并得到政治权力认同。在一定的社会秩序下的常识与常规，被人们认同并被奉为权威，当传统与权力确认其合法性时，它便拥有话语权，并在潜移默化中引领着人们的生活。一个社会的核心价值观应当是不同的社会阶层都对这种文化模式产生认同。在核心价值观的形成过程中，个人、社会与国家是其关键的因素与客观的依据。

在中华文明价值观的形成过程中,个人或族群的身份认同起着关键作用,"中华"一词,就意味着文明,意味着价值。相对于蛮族而言,只要是生于中华,使用中华的语言文字,着华夏衣冠,用华夏饮食,自生至死,其意识中始终都有"文明"与"上国"的标签。千百年来,华夏文明为什么能够持久地占据世界价值的舞台?或者换言之,对社会主义核心价值观的认知与培育,应当从中国古人那里吸收什么样的经验?又换言之,是什么原因导致了文明的衰落以至于要在今天重提复兴中华文明?社会主义核心价值观是传统中华价值观的继续吗?

答案在于,除了封建王朝的儒家文化创造出的思想、信仰与行动确实保持了中国古人对文明孜孜矻矻的追求,更重要的是,这种思想、信仰与行动创造出来的和谐、秩序以及稳定,是个人、社会与国家共同奋斗追求的目标。在中国圣人的思想体系中,"表达正统价值观的适当行为同一个与宇宙保持和谐一致的统治者掌管的秩序良好的稳定社会有关"[①]。

正是有了这样基于个人心灵、社群与世界三者之间对文明与秩序的无差异理解与遵循,华夏文明绵延数千年才有了可能。"格物、致知、修身、齐家、治国、平天下",这些中国人耳熟能详的价值信仰,从本质上讲是一回事。对于传统的中华帝国而言,国家治理的最理想的方式当然是通过礼仪将文明价值渗透与灌输给所有的民众,而非通过暴力的手段;对于家庭而言,家庭维系的最理想方式是通过家长的权威使子女服膺;对于个人而言,寻求个人价值与实现个人理想的前提是履行社会职责以及遵守公认的规范。所以正是有了这样一种同一建构的价值观模式,即在肯定个人努力立德的同时,强调尊重集体的

---

① 韩书瑞、罗友枝:《十八世纪中国社会》,江苏人民出版社 2009 年版,第 90 页。

父系家长制，并重视建立在维系社会与宇宙秩序目的上的古老儒家礼仪与行为规范，这些共同构成了传统中国在个人、社会与国家三个层面上的核心价值观。

综上所述，当前理论界对社会主义核心价值观的培育与践行的研究取得了一些成果，这为社会主义核心价值观的进一步深化提供了必要的理论参考。但在研究视角、研究深度以及问题的针对性方面尚需进一步深化，主要表现在：

第一，在研究视角和领域方面有待拓展。学术界理解社会主义核心价值观的理论视角主要有唯物史观视角、哲学价值论视角、社会主义学视角、比较政党研究视角，但还应从政治学、社会学、文化学、心理学等多学科、多角度、多层次进行综合比较研究，发挥各学科优势，以期为社会和谐发展提供可资参鉴的更丰富的研究成果，为社会主义核心价值体系建设提供新的思路，搭建新的平台。

第二，在研究深度方面有待挖掘。以往的研究大多停留在经验和现象层面，具有时政性、实证性、零散性的特点，缺乏相应的历史文化传承和文化深度，特别是没有高度重视中华优秀传统核心价值观对社会主义核心价值观影响的研究。笔者以为，从深化理论研究来说，要着重对中华民族五千年的文明发展史中所积淀的优良道德传统进行全面梳理和辩证分析，并按照古为今用的原则挖掘其现代价值和进行综合创新。

第三，在研究的针对性、应用性方面有待增强。社会主义核心价值观研究既是重大的理论问题，又是重大的实践问题。理论研究非常必要，但纯粹的理论研究并不能真正解决社会主义核心价值观的现实问题。只有把理论研究和实证研究结合起来，才能推动社会主义价值观研究向更高更深层次发展，才能更好地为现实服务。而以往的研究在一定程度上具有为研究而研究、为理论而理论的学院派特点，存在与社会现实明显脱节的弊端。笔者以为，需要深入新常态的前沿开展调查研究，包括了解社会变革和利益关系调整给人们价值观念带来的影响，掌握不同阶层、不同群体的不同价值追求，了解现阶段我国的思想观念结构、价值取向结构、道德追求结构和心理素质结构，研究与社会主义核心价值观建设相配套的政策法律体系建设等。

第四，在厘清社会主义核心价值体系、社会主义核心价值观、大学生社会主义核心价值观的关系上有待增强。从目前研究现状可看出，大学生社会主义核心价值观的研究主要是在大学生社会主义核心价值体系研究的基础上引申出来的，学者们多是围绕社会主义核心价值体系对大学生社会主义核心价值观进行研究，加之研究时间相对较短，研究层次和水平还有待于进一步深化。笔者认为，在对大学生社会主义核心价值观进行研究时，要厘清社会主义核心价值体系、社会主义核心价值观、大学生社会主义核心价值观的关系，着重研究大学生社会主义核心价值观的内涵外延、理论结构及实现机制。

总的来看，当前理论界对于"社会主义核心价值观"这一命题的提出给予了高度关注，学者们从不同的视角阐述了自己的观点。已有的研究围绕社会主义核心价值观的意义、定位、内涵、特点、历史演变和实践路径等方面取得了丰硕的成果，理论创新的力度在不断加大。但学者们更多关注的是社会主义核心价值观的内容、作用、表现、地位等方面的论述和阐释，而较少对社会主义核心价值观的具体价值范畴进行深入研究。同时不可否认，目前对于社会主义核心价值观的教育，尤其对作为社会最为关注的大学生群体的教育研究仍然处在"破题"阶段，研究成果虽有一定的数量，但原创性的深入研究成果少，且真正有可操作性的应用对策研究成果还不多见，研究永远在路上！

参考文献

一、马克思主义经典著作

马克思、恩格斯:《马克思恩格斯全集》中文第一版(1—50卷),北京:人民出版社,1956—1985年。

马克思、恩格斯:《马克思恩格斯选集》中文第二版(1—4卷),北京:人民出版社,1995年。

列宁:《列宁选集》中文第三版(1—4卷),北京:人民出版社,1995年。

毛泽东:《毛泽东选集》(1—4卷),北京:人民出版社,1991年。

邓小平:《邓小平文选》(全三卷),北京:人民出版社,1995年。

江泽民:《江泽民文选》,北京:人民出版社,2006年。

胡锦涛:《胡锦涛文选》,北京:人民出版社,2016年。

习近平:《习近平谈治国理政》(第1卷),北京:外文出版社,2018年。

习近平:《习近平谈治国理政》(第2卷),北京:外文出版社,2017年。

习近平:《习近平谈治国理政》(第3卷),北京:外文出版社,2020年。

习近平:《习近平谈治国理政》(第4卷),北京:外文出版社,2022年。

二、文献汇编类

《中共中央关于全面深化改革若干重大问题的决定》，北京：人民出版社，2014年。

《中共中央关于全面推进依法治国若干重大问题的决定》，北京：人民出版社，2014年。

中共中央文献研究室:《十二大以来重要文献选编》(上)，北京：中央文献出版社，2011年。

中共中央文献研究室:《十二大以来重要文献选编》(中)，北京：中央文献出版社，2011年。

中共中央文献研究室:《十二大以来重要文献选编》(下)，北京：中央文献出版社，2011年。

中共中央文献研究室:《十三大以来重要文献选编》(上)，北京：中央文献出版社，2011年。

中共中央文献研究室:《十三大以来重要文献选编》(中)，北京：中央文献出版社，2011年。

中共中央文献研究室:《十三大以来重要文献选编》(下)，北京：中央文献出版社，2011年。

中共中央文献研究室:《十四大以来重要文献选编》(上)，北京：中央文献出版社，2011年。

中共中央文献研究室:《十四大以来重要文献选编》(中)，北京：中央文献出版社，2011年。

中共中央文献研究室:《十四大以来重要文献选编》(下)，北京：中央文献出版社，2011年。

中共中央文献研究室:《十五大以来重要文献选编》(上)，北京：中央文献出版社，2011年。

中共中央文献研究室:《十五大以来重要文献选编》(中)，北京：

中央文献出版社，2011年。

中共中央文献研究室：《十五大以来重要文献选编》（下），北京：中央文献出版社，2011年。

中共中央文献研究室：《十六大以来重要文献选编》（上），北京：中央文献出版社，2011年。

中共中央文献研究室：《十六大以来重要文献选编》（中），北京：中央文献出版社，2011年。

中共中央文献研究室：《十六大以来重要文献选编》（下），北京：中央文献出版社，2011年。

中共中央文献研究室：《十七大以来重要文献选编》（上），北京：中央文献出版社，2013年。

中共中央文献研究室：《十七大以来重要文献选编》（中），北京：中央文献出版社，2013年。

中共中央文献研究室：《十七大以来重要文献选编》（下），北京：中央文献出版社，2013年。

中共中央文献研究室：《十八大以来重要文献选编》（上），北京：中央文献出版社，2014年。

十八大报告文件起草组：《十八大报告辅导读本》，北京：人民出版社，2012年。

国家图书馆编：《传统文化中的治国理政智慧》，北京：国家图书馆出版社，2015年。

教育部：《完善中华优秀传统文化教育指导纲要》，中华人民共和国教育部网站，2014年3月28日。

张岂之主编：《中华优秀传统文化核心理念丛书》，北京：学习出版社，2014年。

张岂之主编：《中华优秀传统文化核心理念读本》，北京：学习出版社，2012年。

樊仲云主编：《中国本位文化建设讨论集》，上海：文化建设月刊社，1936年。

三、专著类

北京大学哲学系外国哲学史教研室编译：《西方哲学原著选读》，北京：商务印书馆，2007年。

本杰明·史华兹：《中国古代的思想世界》，程钢译，南京：江苏人民出版社，2008年。

蔡尚思：《中国文化的优良传统》，北京：北京大学出版社，2012年。

陈秉公：《思想政治教育学原理》，沈阳：辽宁人民出版社，2001年。

崔志胜：《社会主义核心价值观基本问题研究》，北京：中国社会科学出版社，2014年。

大卫·麦克利兰：《意识形态》，孔兆政、蒋龙翔译，长春：吉林人民出版社，2005年。

戴木才：《中国特色核心价值观的传统、现实与前景》，南宁：广西人民出版社，2011年。

邓鸿光：《个人·社会·历史——中国传统的人生价值观与民族精神》，杭州：浙江人民出版社，1994年。

杜维明：《现代精神与儒家传统》，北京：生活·读书·新知三联书店，1997年。

樊浩等：《中国大众意识形态报告》，北京：中国社会科学出版社，2012年。

方启迪：《价值是什么——价值学引论》，台北联经出版事业公司，1986年。

费尔巴哈：《费尔巴哈哲学著作选集》（上卷），荣震华、李金山译，北京：商务印书馆，1984年。

冯友兰：《中国哲学简史》，北京：北京大学出版社，2013年。

冯增俊：《当代西方学校道德教育》，广州：广东教育出版社，1993年。

葛兆光：《中国思想史》，上海：复旦大学出版社，2013年。

郭湛波：《近五十年中国思想史》，济南：山东人民出版社，1997年。

怀特海：《教育的目的》，徐汝舟译，北京：生活·读书·新知三联书店，2002年。

黄俊杰：《传统中国的思维方式及其价值观：历史回顾与现代启示》，台北：台湾大学出版社，2008年。

黄枬森主编：《马克思主义哲学体系的当代建构》，北京：人民出版社，2011年。

居云飞编著：《兴国之魂：社会主义核心价值观与中华优秀传统文化》，北京：中国社会科学出版社，2014年。

卡尔：《积极心理学：关于人类幸福和力量的科学》，郑雪等译校，北京：中国轻工业出版社，2008年。

卡尔·雅斯贝尔斯：《什么是教育》，邹进译，北京：生活·读书·新知三联书店，1991年。

柯林武德：《历史的观念》，张文杰、何兆武译，北京：商务印书馆，1998年。

李连科：《价值哲学引论》，北京：商务印书馆，2001年。

李申申等：《传承的使命：中华优秀文化传统教育问题研究》，北京：人民出版社，2011年。

李忠军：《意识形态安全与大学生政治价值观研究》，长春：东北师范大学出版社，2008年。

李宗桂：《传统与现代之间：中国文化现代化的哲学省思》，北京：北京师范大学出版社，2011年。

梁漱溟：《东西文化及其哲学》，北京：商务印书馆，1999年。

廖小平：《价值观变迁与核心价值体系的解构和建构》，北京：中国社会科学出版社，2013年。

列文森：《儒教中国及其现代命运》，郑大华、任菁译，北京：中国社会科学出版社，2000年。

马斯洛：《动机与人格》，许金声译，北京：华夏出版社，2007年。

斯宾诺莎：《伦理学》，李健译，西安：陕西人民出版社，2007年。

文德尔班：《哲学史教程》（上卷），罗达仁译，北京：商务印书馆，1987年。

吴潜涛：《社会主义荣辱观研究》，北京：中国人民大学出版社，2014年。

徐复观：《中国人性论史》，上海：华东师范大学出版社，2005年。

杨晓慧：《大学生管理研究》，北京：高等教育出版社，2012年。

杨晓慧：《当代大学生成长规律研究》，北京：人民出版社，2010年。

杨晓慧：《社会主义核心价值体系融入大学生思想政治教育全过程的基本问题研究》，北京：人民出版社，2011年。

尤尔根·哈贝马斯：《交往行动理论》（第一卷），洪佩郁、蔺青译，重庆：重庆出版社，1994年。

约翰·斯图亚特·穆勒：《功利主义》，叶建新译，北京：中国社会科学出版社，2009年。

约翰·格雷：《人类幸福论》，张草纫译，北京：商务印书馆，1997年。

张岱年：《文化与哲学》，北京：教育科学出版社，1988年。

张岂之：《张岂之谈中华优秀传统文化》，西安：太白文艺出版社，2012年。

张澍军等：《高校学生思想政治教育载体研究》，北京：北京出版社，1999年。

张澍军等：《未成年人思想道德教育》，长春：东北师范大学出版社，2009年。

张澍军主编：《社会思潮冲击与青年学生若干社会价值观念导向》，长春：东北师范大学出版社，1993年。

张耀灿、郑永廷等：《现代思想政治教育学》，北京：人民出版社，2001年。

张耀灿等：《思想政治教育学前沿》，北京：人民出版社，2006年。

赵汀阳：《天下体系：世界制度哲学导论》，南京：凤凰出版集团，2005年。

钟永圣：《传承与复兴：社会主义核心价值观的中华传统文化解读》，北京：中国青年出版社，2015年。

四、学术论文类

陈来：《中华传统文化与核心价值观》，《新湘评论》2015年第5期。

陈跃、熊洁：《关于当代大学生信仰问题的深层思考》，《高校理论战线》2010年第4期。

陈泽环：《共同理想·儒家伦理·传统话语——弘扬中华优秀传统文化的一点思考》，《江西社会科学》2012年第6期。

崔宜明：《社会主义核心价值观与中华优秀传统文化的再认识》，《道德与文明》2014年第5期。

戴木才：《继承和弘扬中华民族优秀传统核心价值观（上、下）》，《唯实》2014年第4期、第5期。

戴木才：《社会主义核心价值观初探》，《道德与文明》2007年第1期。

邓晓芒：《信仰三题：概念、历史和现实》，《马克思主义与现实》2015年第4期。

段超：《中华优秀传统文化当代传承体系建构研究》，《中南民族大学学报》2012年第2期。

冯周卓：《以马克思主义意识形态建设推进社会主义核心价值观认同》，《道德与文明》2009年第6期。

韩丽颖、杨晓慧：《当代大学生核心价值观的凝练》，《思想教育研究》2012年第11期。

何蓉：《中国历史上的"均"与社会正义观》，《社会学研究》2014年第5期。

黄蓉生、白显良：《提炼社会主义核心价值观若干问题思考》，《思想理论教育》2011年第3期。

黄蓉生、白显良：《社会主义核心价值观的提炼与表达》，《高校理论战线》2011年第11期。

纪宝成：《弘扬中华优秀传统文化，建设民族共有精神家园》，《教学与研究》2008年第4期。

江传月：《现当代中西方幸福观研究综述》，《学术论坛》2009年第4期。

蒋菲、杨晓慧：《正义与关怀：美国高校学科课程中的道德教育》，《社会科学战线》2013年第5期。

金海峰：《雅言传承文明、经典书写人生——关于在青少年中弘扬中华优秀传统文化的思考》，《现代教育科学》2009年第1期。

雷骥：《现实的个人：社会主义核心价值观培育的逻辑起点》，《中国特色社会主义研究》2013年第2期。

雷秀雅：《关于老年人主观幸福的研究——对中国及日本老年人幸福观的调查分析》，《社会科学研究》2004年第6期。

李煌明：《论儒家传统核心价值观体系的结构》，《云南师范大学学报》2009年第2期。

李荣启：《弘扬中华传统文化与建设社会主义核心价值观》，《中国文化研究》2014年第3期。

李忠军、牟霖：《思想政治教育本质认知理路探析》，《思想理论教育》2012 年第 13 期。

李忠军：《大学生社会主义核心价值体系教育的接受机制探析》，《东北师范大学学报（哲学社会科学版）》2009 年第 5 期。

李忠军：《发挥思想政治教育在社会主义核心价值体系建设中的重要作用》，《高校理论战线》2012 年第 9 期。

李忠军：《关于思想政治教育本质的几点探讨》，《东北师大学报（哲学社会科学版）》2012 年第 5 期。

李忠军：《社会主义核心价值体系大众化探析》，《社会科学战线》2010 年第 10 期。

李忠军：《试论社会主义核心价值体系与当代中国精神》，《社会科学战线》2012 年第 10 期。

李忠军：《新时期大学生政治价值观教育方法论转换的若干思考》，《思想教育研究》2010 年第 7 期。

李宗桂：《论中国传统文化的核心及其特点》，《中山大学学报》1989 年第 4 期。

李宗桂：《试论中国优秀传统文化的内涵》，《学术研究》2013 年第 11 期。

刘琼：《当代中国青年核心价值观的变革与引导》，《中国青年研究》2004 年第 5 期。

刘晓凯：《信仰的一般本质与马克思主义信仰的树立》，《人文杂志》2000 年第 6 期。

罗豪才：《弘扬中华优秀传统文化，增强民族认同感和凝聚力》，《中央社会主义学院学报》2007 年第 4 期。

潘懋元：《中华优秀传统文化与高等教育现代化建设》，《东南学术》1998 年第 3 期。

潘懋元、张应强：《华文教育与中华优秀传统文化现代价值的彰显》，《高等教育研究》1998 年第 3 期。

沈壮海:《社会主义核心价值观培育和践行的着力点》,《思想政治教育研究》2012 年第 12 期。

石书臣:《中国优秀传统文化与现代德育的内在联系》,《思想理论教育》2012 年第 3 期。

田慧生:《时代呼唤教育智慧及智慧型教师》,《教育研究》2005 年第 2 期。

田心铭:《中国特色社会主核心价值观:以人为本、实事求是、独立自主》,《马克思主义研究》2011 年第 11 期。

万斌、罗许成:《当代人生观问题的哲学反思》,《哲学研究》2006 年第 2 期。

汪立夏、吴瑾菁:《孔子"幸福观"发微》,《江西社会科学》2011 年第 8 期。

王常柱:《克尔凯郭尔个体生存幸福观辩证》,《伦理学研究》2012 年第 2 期。

王刚:《论墨子的幸福观及其实现路径》,《学校党建与思想教育》2008 年第 1 期。

王宏维:《中国传统终极价值观辨析》,《哲学研究》1996 年第 6 期。

王继尧:《优秀传统文化是社会主义核心价值观之根》,《时事报告》2014 年第 8 期。

王鉴:《教学智慧:内涵、特点与类型》,《课程·教材·教法》2006 年第 6 期。

王玉樑:《评价值哲学中的满足需要论》,《马克思主义研究》2012 年第 7 期。

王泽应:《社会主义核心价值观之本质规定性及路径选择》,《湖南师范大学社会科学学报》2007 年第 5 期。

吴桂韩:《社会主义核心价值观培育的理论逻辑与实践路径》,《中国特色社会主义研究》2013 年第 3 期。

吴潜涛:《正确理解理想信念的科学含义》,《教学与研究》2011年第4期。

徐祖胜:《教学过程中"转识成智"的过程理解与策略分析》,《中国教育学刊》2014年第3期。

杨翰卿、李保林:《论中国传统文化的当代转换》,《中国社会科学》1999年第1期。

杨晓慧:《充分发挥课堂教学在大学生思想政治教育中的主导作用》,《高校理论战线》2005年第11期。

杨晓慧:《创新大学生思想政治教育工作的思考》,《高校理论战线》2006年第12期。

杨晓慧:《当代大学生生活方式问题及对策研究》,《东北师范大学学报(哲学社会科学版)》2006年第6期。

杨晓慧:《加强大学生心理健康教育工作的思考》,《国家教育行政学院学报》2007年第6期。

杨晓慧:《略论江泽民关于马克思主义同中国实际相结合的思想》,《思想理论教育导刊》2006年第12期。

杨晓慧:《社会主义核心价值体系融入大学生思想政治教育全过程论析》,《东北师范大学学报(哲学社会科学版)》2009年第5期。

杨晓慧:《中美大学生生活方式教育比较》,《外国教育研究》2006年第11期。

应连心:《传统优秀文化:中小学德育的不竭资源》,《上海教育科研》2008年第5期。

俞吾金:《论马克思对德国古典哲学遗产的解读》,《中国社会科学》2006年第2期。

虞崇胜、张建军:《社会主义核心价值观生成的一般规律、基本原则和基本要素》,《东南学术》2013年第1期。

袁阳:《工具合理性、价值合理性与现代化》,《社会科学研究》

1991 年第 5 期。

张弘政:《马克思发展理论的社会发展合理性意蕴》,《理论与现代化》2006 年第 1 期。

张曙光:《"信仰"之思》,《学术研究》2000 年第 12 期。

张万强:《论中国传统核心思维方式的分析理性之殇》,《云南社会科学》2014 年第 6 期。

赵玉华:《中国传统文化及其价值观的总体特征解析》,《山东大学学报》2000 年第 1 期。

周兴茂:《中国人核心价值观的传统变迁与当代重建》,《东南大学学报》2010 年第 3 期。

五、学位论文类

包虹:《儒家文化与社会主义核心价值观的培育》,沈阳师范大学,2014 年。

方爱东:《社会主义核心价值观的发展历程及其当代建构》,安徽大学,2010 年。

高地:《中国共产党社会主义核心价值观教育研究》,东北师范大学,2011 年。

韩云忠:《先秦儒家礼乐文化的德育价值研究》,山东师范大学,2015 年。

洪洁:《论社会主义核心价值观与中国优秀传统文化的精神契合》,安徽大学,2015 年。

李纪岩:《当代大学生社会主义核心价值观培育研究》,山东师范大学,2010 年。

刘峥:《大学生认同与践行社会主义核心价值观研究》,中南大学,2012 年。

孙建青：《当代中国大学生核心价值观教育问题研究》，山东大学，2014年。

孙杰：《当代中国社会主义核心价值观研究》，中共中央党校，2014年。

田海舰：《社会主义核心价值观研究》，中共中央党校，2008年。

徐腾：《中国特色社会主义价值观研究》，扬州大学，2013年。

许青春：《中国特色社会主义理论体系的传统文化基础研究》，山东大学，2012年。

严瑞：《论儒家思想与社会主义核心价值观的契合与相通》，安徽大学，2015年。

周蓉辉：《中国特色社会主义核心价值观研究》，中共中央党校，2011年。

朱莉：《先秦儒家思想对社会主义核心价值观的涵养作用研究》，山东大学，2015年。

六、报纸文章类

《习近平总书记系列重要讲话精神解读之九——关于继承和弘扬优秀传统文化的论述》，《学习时报》2014年10月27日，第1版。

陈来：《中华传统文化与核心价值观》，《人民日报》2014年8月11日，第5版。

方克立、林存光：《"文明以止"：中华民族理性的文明发展观》（上），《中国社会科学报》2012年6月4日，第B1版。

方克立、林存光：《"文明以止"：中华民族理性的文明发展观》（下），《中国社会科学报》2012年6月11日，第B1版。

胡锦涛：《自觉担负起时代的重任——胡锦涛总书记关怀青年和青年工作纪实》，《中国青年报》2008年6月12日，第1版。

寇东亮:《古代中国人如何看"自由"》,《大众日报》2014年3月26日,第2版。

李忠军:《核心价值体系教育中的几个统筹》,《光明日报》2010年12月16日,第12版。

刘菲:《让中华传统文化伴娃娃成长》,《人民日报》(海外版)2015年1月9日,第5版。

沙蕙:《社会主义核心价值观与中华优秀传统文化基因》,《人民日报》(海外版)2014年8月20日,第6版。

宋乃庆:《社会主义核心价值观与中华优秀传统文化》,《光明日报》2014年10月7日,第6版。

孙守刚:《弘扬优秀传统文化,振奋中华民族精神》,《人民日报》2014年5月21日,第7版。

汪力:《科学继承中华传统核心价值观》,《人民日报》2013年7月18日,第7版。

汪瑞林:《优秀传统文化如何融入学生血液》,《中国教育报》2015年3月3日,第5版。

王泽应:《社会主义核心价值观的基本特征》,《光明日报》2007年4月3日,第9版。

吴潜涛:《准确理解社会主义核心价值体系的科学内涵》,《人民日报》2007年2月12日,第4版。

习近平:《青年要自觉践行社会主义核心价值观——在北京大学师生座谈会上的讲话》,《人民日报》2014年5月5日,第4版。

习近平:《中华优秀传统文化是中华民族的精神命脉》,《人民日报》2014年10月15日,第1版。

杨晓慧等:《高校社科学者畅谈中国梦》,《中国教育报》2013年4月18日,第8版。

张分田:《中国古代有民主主义思想吗?》,《北京日报》2003年2

月17日。

七、外文类

S. T. Cheng, "Age and Subjective Well-being Revisited: A Dis-crepancy Perspective", *Psychology and Aging*, 2004.

I. Foster, C. Kesselman, *The Grid: Blueprint for a New Computing Infrastructure*, Morgan Kaufmann Publishers, 1998.

James Dreier, *Contemporary Debates in Moral Theory*, Wiley-Blackwell Publisher, 2006.

John Burton, *Conflict: Human Needs Theory*, The Macmillan Press Ltd., 1990.

Julia Annas, *The Morality of Happiness*, METHUEN and GO. Ktd London, 1987.

Kant, *Grounding for the Metaphysics of Morals*, Hackett Publishing Company, 1993, p. 27.

H. Koivumaa-Honkanen, J. Kaprio, R. J. Honkanen, et al., "The Stability of Life Satisfaction in a 15-year Follow-up of Adult Finnshealthy at Baseline", *BMC Psychiatry*, 2005.

V. M. Ruiz, "The Five Factor or Model of Personality, Subjective Well-Being, and Social Adaptation: General-izability to the Spanish Context", *Psychological Reports*, 2005.

Terry Eagleton, *Ideology: An Introduction*, London: Verso, 1991.

附录：当代大学生社会主义核心价值观认知模式与培育路径研究调查问卷

亲爱的同学：

  你好！

  这是一项与社会主义核心价值观有关的研究工作。你的参与将对我们的研究提供很大的帮助。本问卷采用匿名方式填写，因此不必有什么顾虑。这些问题没有对错之分，只要根据自己的实际情况进行回答即可。每道题都要回答，不必费时去考虑。凡是未注明可多选的问题，均为单选题。谢谢你的支持和帮助！

  教育部社科基金重点项目"'把培育和践行社会主义核心价值观贯穿思想政治理论课教学全过程'教学模式研究"调研组

2021 年 11 月 18 日

****

第一部分

1. **性别：** A. 男　　B. 女
2. **民族：** A. 汉族　　B. 少数民族
3. **是否担任学生干部：** A. 是　　B. 否

4. 政治身份： A.党员 B.团员 C.群众

5. 家庭居住地： A.农村 B.乡镇 C.城市

6. 是否独生子女： A.是 B.否

7. 年级： A.一年级 B.二年级 C.三年级 D.四年级 E.五年级

8. 学历层次： A.专科生 B.本科生 C.硕士研究生 D.博士研究生

9. 专业类别： A.文科类 B.理学 C.工学 D.农学 E.医学

10. 父亲文化程度： A.小学及以下 B.中学（包括中专） C.大学（包括大专） D.研究生

11. 母亲文化程度： A.小学及以下 B.中学（包括中专） C.大学（包括大专） D.研究生

12. 家庭经济条件： A.很好 B.比较好 C.一般 D.比较差 E.很差

第二部分

1. 首次接触到"社会主义核心价值观"一词时，你的感觉是：
A.感兴趣，想了解 B.说不清 C.洗脑 D.说教、无聊

2. 社会主义核心价值观的具体内容有"倡导富强、民主、文明、和谐，倡导自由、平等、公正、法治，倡导爱国、敬业、诚信、友善"。对此，你：

A. 非常了解，完全清楚具体内容，能够再认和再现

B. 有些了解，知道大概内容

C. 听说过，不清楚具体内容

D. 完全不知道，从来没有听说过

3. 你是从以下那些途径知道"社会主义核心价值观"的（可多选）：

A. 从课堂教学中学习到，包括政治理论课、专业课或专题讲座等

B. 从书籍和各体媒体上得知，如电视、报纸、广播、网络、杂志、海报等

C. 与朋友的交流交谈中得知

D. 因参加各种考试或面试的需要主动学习到的

E. 其他 _____（请说明）

4. 你认为有必要大力宣传和倡导社会主义核心价值观吗？

A. 非常有必要　　B. 有必要　　C. 没必要　　D. 可有可无

5. 你认为社会主义核心价值观对于培养高素质的大学生是否有用？

A. 有用　　B. 有作用，但作用不大　　C. 不确定　　D. 没用

6. 请你将三个层面的社会主义核心价值观按照你认为的重要程度由高至低进行排序（填写选项字母）

	1	2	3	4
1. 国家层面：A. 富强 B. 民主 C. 文明 D. 和谐				
2. 社会层面：A. 自由 B. 平等 C. 公正 D. 法治				
3. 个人层面：A. 爱国 B. 敬业 C. 诚信 D. 友善				

7. 你认为以下哪些教育活动最有利于培养社会主义核心价值观？（可多选）

A. 通过相关课程进行专题介绍和解读

B. 开展读书会或观影会，通过文艺作品学习核心价值观

C. 开展时事研究讨论会，让大家畅所欲言

D. 开展爱心公益活动，深入基层参加实践活动

E. 开展知识竞赛或模范评选等竞选活动，发挥模范带头作用

F. 其他

8. 在课堂教学中，你认为哪种教学方式更有利于培养学生的社会主义核心价值观？（可多选）

A. 政治理论课教师对各个层面的核心价值观进行学理上的讲解

B. 政治理论课教师以课堂讨论的方式进行互动式的学习

C. 政治理论课教师以案例教学为主，联系各种突发事件或学生的生活实际引导学生澄清自己的行为方式与原则，从而形成社会主义核心价值观。

D. 专业课教师以渗透式的教学方式贯穿于各种专业课程的学习，让学生在无意识的状态下接受各种价值观念

E. 其他 _____（请注明）

9. 你认为以下哪个环境对社会主义核心价值观形成的影响最大？（可多选）

A. 家庭　B. 学校　C. 同龄群体　D. 网络　E. 社会　F. 其他

10. 您认为目前倡导的社会主义核心价值观的内容完善吗？

A. 不够完善 ⟶ 您认为还需补充什么内容？_____

B. 比较完善

C. 很完善

D. 说不清

11. 您会通过以身作则来传播社会主义核心价值观吗？

A. 会　　　　　　B. 不一定　　　　　　C. 不会

第三部分

对于以下的观点及情感倾向，在与你实际认知及感受相符的一项上打"√"。

项目	完全赞同	有些赞同	介于中间	有些不赞同	完全不赞同
1. 富强意味着生活底层的民众也能共享改革开放的成果	1	2	3	4	5
2. 现阶段我感受到的民主就是一种形式，没有实质上的内容	1	2	3	4	5
3. 文明是评判一个国家综合实力的要素之一	1	2	3	4	5
4. 子孙后代面对的问题他们自己解决，我们只管满足现在的需求	1	2	3	4	5
5. 自由是无拘无束，想做什么就做什么	1	2	3	4	5
6. 社会阶层之间的固化趋势加剧，流动性减弱，生活在底层的民众向上流动的可能性与机会越来越少了	1	2	3	4	5
7. 在这个拼爹拼妈讲人际关系的时代，入学、入职等方面不公正的事多了去了	1	2	3	4	5
8. 我认为通过法律解决纠纷是一件很烦琐的事	1	2	3	4	5
9. "港独""藏独""疆独"等事件与我无关，我只管好自己就可以了	1	2	3	4	5
10. 热爱本职工作，认真履行岗位职责是对从业者爱岗敬业的基本要求	1	2	3	4	5
11. 有信用的人更能取得事业的成功	1	2	3	4	5
12. 真正的友善是对陌生的、卑微的人也能保持温和的语调、柔和的目光	1	2	3	4	5
13. 国家富强会增加我的民族自豪感、民族认同感	1	2	3	4	5
14. 没有公开听取民众意见并通过听证程序就做出公共政策决策的做法，我感到很愤怒	1	2	3	4	5
15. 我认为图书馆等公共场所禁止衣衫不洁人士（如乞丐等）出入，是理所当然的	1	2	3	4	5
16. 我讨厌钩心斗角的工作氛围	1	2	3	4	5
17. 我向往自由自在无拘无束的生活方式	1	2	3	4	5
18. 虽然我很努力，但社会提供给我的向上发展的机会实在不多，这让我愤愤不平	1	2	3	4	5
19. 我很赞赏把私心放在一边，客观对待事情的人	1	2	3	4	5
20. 不依法办事的情况太多了，我都无所谓了	1	2	3	4	5
21. 各种重要的国际赛事上中国队的获胜总能让我兴奋不已	1	2	3	4	5
22. "在其位不谋其事"的人让人瞧不起	1	2	3	4	5
23. 我对守信用的人抱有好感	1	2	3	4	5

续表

项目	完全赞同	有些赞同	介于中间	有些不赞同	完全不赞同
24. 陌生人有困难而我又能够提供帮助时，我会因为没有帮助他（她）而导致的意外后果感到内疚、自责	1	2	3	4	5
25. 我认为共同富裕只是一个幻想，很难实现	1	2	3	4	5
26. 我对国家和党的民主建设进程充满信心	1	2	3	4	5
27. 加强处罚力度（如对随地吐痰等行为罚款）是提升文明程度可采取的措施之一	1	2	3	4	5
28. 我觉得情绪不好时用力踢几下或打几下小动物是件小事，没什么大不了的	1	2	3	4	5
29. 自由也要受法律、法规、规章制度的约束	1	2	3	4	5
30. 友善是尊重他人也是尊重自己的一种表现方式	1	2	3	4	5
31. 我能理解社会上某些不公正现象的出现	1	2	3	4	5
32. 法治就是一句空话，不依法办事的情况实在太多	1	2	3	4	5
33. 个人积极向上，不断努力奋斗，也是爱国的一种表现	1	2	3	4	5
34. 学生认真学习也是敬业的表现	1	2	3	4	5
35. 不诚信的言行增加了人们的生活成本	1	2	3	4	5
36. 人心难测，对非亲非友的人没必要提供需要自己付出努力的帮助	1	2	3	4	5
37. 我对国家的富裕强大充满期望	1	2	3	4	5
38. 我对某些打着民主的幌子对别国进行主权干涉的大国很鄙视	1	2	3	4	5
39. 看到某小区厕所墙上的告示语"外来民工禁止入内，违者罚款二百"时，体会到了城市的傲慢与偏见	1	2	3	4	5
40. 和谐的家庭氛围令我羡慕、向往	1	2	3	4	5
41. 剥夺自由是不能容忍的	1	2	3	4	5
42. 我对就业上的学历歧视和性别歧视感到很不满	1	2	3	4	5
43. 办事时讲点人情靠点关系没什么大不了	1	2	3	4	5
44. 钱权阶层往往凌驾于法律之上，让人无可奈何	1	2	3	4	5
45. 我对有损国家形象的行为方式，如出国旅游的人在公共场所高声喧哗无所谓	1	2	3	4	5
46. 我无法接受懒散、敷衍的工作态度	1	2	3	4	5

续表

项目	完全赞同	有些赞同	介于中间	有些不赞同	完全不赞同
47. 当自己没能信守诺言时，我会感到愧疚	1	2	3	4	5
48. 看到诸如"感动中国"中具有善意和善行的事迹时往往会让我很感动	1	2	3	4	5
49. 如果每个人都能多付出点爱心，多为他人着想，多点宽容和理解，这个社会将会变得更和谐	1	2	3	4	5
50. 没有绝对意义上的自由，自由总是相对的	1	2	3	4	5
51. 我认为机会平等比结果均等更重要	1	2	3	4	5
52. 不认真工作，口中却大讲爱国的人是假爱国	1	2	3	4	5
53. 每当看到五星红旗冉冉升起，我心中的自豪感便会油然而生	1	2	3	4	5

第四部分

在与你的实际情况相符的行为倾向上打"√"。

项目	总是这样做	有时这样做	介于中间	很少这样做	从不这样做
54. 个人的力量太薄弱，作为或不作为对国家发展影响不大	1	2	3	4	5
55. 为了把国家建设得更为富强，我愿意为此而努力	1	2	3	4	5
56. 我很少参加选举活动，既浪费时间又毫无意义	1	2	3	4	5
57. 当他人有不文明行为时，我不会加以阻拦	1	2	3	4	5
58. 我情绪不好时，也会把气往别人身上撒	1	2	3	4	5
59. 我常常按自己的想法做事，不在乎也不理会他人的看法与意见	1	2	3	4	5
60. 我对身边不同家境的同学总是一视同仁，不会因为家庭条件的不同而区别对待	1	2	3	4	5
61. 虽然讲人情靠关系有些让人不齿，但有机会时我也会这么做	1	2	3	4	5
62. 如果能够逃避惩罚，我也会钻法律的空子来获取利益	1	2	3	4	5
63. 如果有需要，我会为捍卫国家的独立主权和领土完整做出贡献	1	2	3	4	5

续表

项目	总是这样做	有时这样做	介于中间	很少这样做	从不这样做
64. 即使没有人监督我，我也会尽力做好本职工作	1	2	3	4	5
65. 随口答应别人的事后，我往往转身就忘了	1	2	3	4	5
66. 哪怕穿着简陋、衣衫不洁的人无意中撞到我，面对他（她）歉意的笑容，我也会回以友善的笑容	1	2	3	4	5
67. 我要为中国的富裕强大而努力学习，努力工作	1	2	3	4	5
68. 哪怕没有反映我的意见，民主的决策我也会支持	1	2	3	4	5
69. 看到类似于"中国式过马路"的不文明行为时，自己不会随大流，仍能严格要求自己	1	2	3	4	5
70. 我会尽量少用一次性餐具，减少白色污染	1	2	3	4	5
71. 我在享受自由权利时是以不给别人带来不必要的麻烦为前提的	1	2	3	4	5
72. 有时候，我也会通过走后门拉关系来办事	1	2	3	4	5
73. 我倾向于以自己的实力与他人公平竞争，即使有关系也不会滥用	1	2	3	4	5
74. 与公权机构发生纠纷时，为了避免麻烦，我通常选择不了了之	1	2	3	4	5
75. 我的爱国方式就是做好自己应该做的每一件事	1	2	3	4	5
76. 如果工作任务需要大量的时间精力才能完成好，我会粗糙对待	1	2	3	4	5
77. 我不会随便轻率地做出承诺以维持自己的诚信度	1	2	3	4	5
78. 别人对我不友善，我也不会对他客气	1	2	3	4	5